电子商务类专业系列教材——跨境电子商务系列

# 跨境电商营销推广（第2版）

陈道志　主　编
徐　唐　副主编

电子工业出版社
Publishing House of Electronics Industry
北京·BEIJING

## 内 容 简 介

本书以培养学生的跨境电商营销推广能力为核心，选取了常用的 8 种跨境电商营销推广方式，即 EDM 推广、SEO 推广、SEM 推广、Facebook 推广、YouTube 推广、Twitter 推广、TikTok 推广和展会推广，分别构建典型工作任务情景，采用项目任务式体例编写。每个项目的原型均来自企业的真实案例，由学习目标、导入案例、相关知识、项目情景、任务分解、同步训练 6 部分组成。学生通过学习和训练，不仅可以掌握跨境电商营销推广需要具备的理论知识，同时也能提升自己的实际营销推广能力和职业素养。

本书可作为应用型本科、高职院校跨境电商、国际贸易、电子商务等专业及相关专业课程的参考教材，也可供跨境电商运营人员、推广人员、业务人员参考、学习及培训之用。

未经许可，不得以任何方式复制或抄袭本书之部分或全部内容。
版权所有，侵权必究。

## 图书在版编目（CIP）数据

跨境电商营销推广 / 陈道志主编 . -- 2 版 . -- 北京：电子工业出版社，2023.7
ISBN 978-7-121-45685-5

Ⅰ.①跨… Ⅱ.①陈… Ⅲ.①电子商务—网络营销—高等学校—教材
Ⅳ.① F713.365.2

中国国家版本馆 CIP 数据核字 (2023) 第 092975 号

责任编辑：贺志洪
文字编辑：杜　皎
印　　刷：北京捷迅佳彩印刷有限公司
装　　订：北京捷迅佳彩印刷有限公司
出版发行：电子工业出版社
　　　　　北京市海淀区万寿路 173 信箱　邮编 100036
开　　本：787×1092　1/16　印张：16.75　字数：428.8 千字
版　　次：2019 年 4 月第 1 版
　　　　　2023 年 7 月第 2 版
印　　次：2025 年 8 月第 4 次印刷
定　　价：53.00 元

凡所购买电子工业出版社图书有缺损问题，请向购买书店调换。若书店售缺，请与本社发行部联系，联系及邮购电话：（010）88254888，88258888。

质量投诉请发邮件至 zlts@phei.com.cn，盗版侵权举报请发邮件至 dbqq@phei.com.cn。
本书咨询联系方式：（010）88254609 或 hzh@phei.com.cn。

# 前言

党的二十大报告指出，要推进高水平对外开放战略部署，依托我国超大规模市场优势，以国内大循环吸引全球资源要素，增强国内、国际两大市场两种资源的联动效应，发展数字贸易，助力国际贸易高质量发展，加快建设贸易强国。随着数字经济时代的到来、移动互联网的普及和社交媒体的飞速发展，跨境电商市场逐渐呈现出多元化、个性化的发展趋势。越来越多的商家在思考如何提高捕捉海外市场需求的敏感度和快速响应能力，如何有效地提升品牌知名度，以及品牌的曝光度和影响力，精准引流，从而增加用户黏性。这些都需要我们学习跨境电商营销推广的知识和技能。本书主要围绕跨境电商营销推广这一主题，选取了常用的 8 种跨境电商营销推广方式，即 EDM 推广、SEO 推广、SEM 推广、Facebook 推广、YouTube 推广、Twitter 推广、TikTok 推广和展会推广来组织和规划全书内容。

本书采用项目任务式体例编写，将基础知识的学习和实践操作步骤分部呈现，在实际的操作步骤中融入相关程序性知识，帮助学生实现做中学、学中做，达到理论与实践紧密结合。除此之外，本书的所有项目都紧扣一个逻辑，即制订计划、操作实施、反馈改进，从而形成系统严密的逻辑体系，进而使学生每学完一个项目都能够对该项目整体进行把握，每个项目最后以配套习题来帮助学生进一步巩固所学知识和技能。具体来说，每个项目都由学习目标、导入案例、相关知识、项目情景、任务分解、同步训练 6 部分组成。其中学习目标部分指导读者了解需要掌握的知识、能力和素质目标；在导入案例部分，精选项目相关案例，引导读者对每个项目从整体上有所了解；在相关知识部分，梳理项目开展过程中必须掌握的基础理论知识；在项目情景部分，给出项目开展的企业背景，构建典型工作任务情景；在任务分解部分，每个项目细分为具体的任务工作步骤，帮助读者明晰项目开展全过程；在同步训练部分，精心挑选了适量的知识习题及相应的实际操作或案例分析习题，以供读者检测项目学习效果，进一步巩固所学知识和技能。通过这6个部分的学习和训练，读者可以轻松掌握跨境电商营销推广每种方式必需的基础理论知识、具体步骤和操作方法，从而提升相应的职业技能及专业素养。

本书可作为应用型本科、高职院校跨境电商、国际贸易、电子商务等专业及相关专业课程的参考教材，也可供跨境电商运营人员、推广人员、业务人员参考、学习及培训之用。本书由北京联合大学陈道志老师担任主编，天津滨海职业学院徐唐老师担任副主编，北京联合大学研究生王慧娟、宋佳明、李志珍共同参与编写。

由于编者水平和经验有限，书中难免有欠妥和不足之处，恳请各位读者批评指正。

编　者

2023年3月

# 目 录

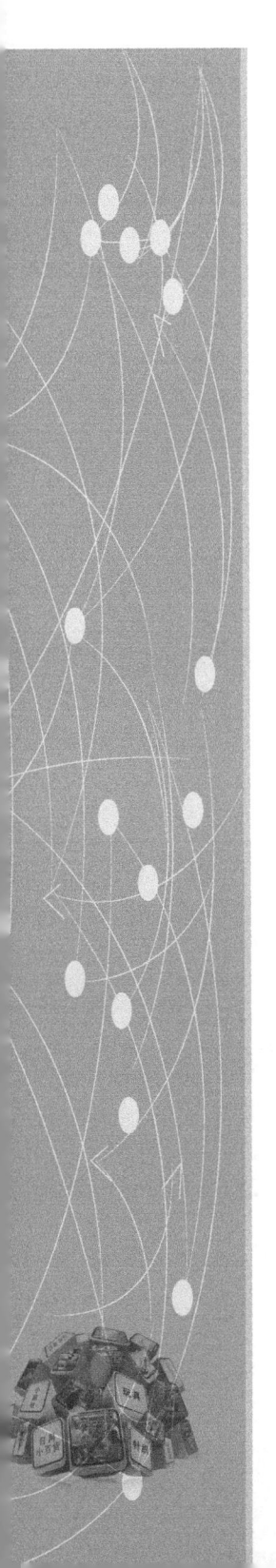

**项目一　EDM 推广　/ 001**

　　学习目标　/ 001

　　导入案例　/ 001

　　相关知识　/ 002

　　　　一、什么是 EDM 推广　/ 002

　　　　二、EDM 推广的核心　/ 003

　　　　三、常见的 EDM 推广方法　/ 004

　　　　四、常见的创建 EDM 推广内容的技巧　/ 006

　　任务一　EDM 推广方案制订　/ 009

　　　　一、明确 EDM 推广目的　/ 009

　　　　二、确定目标客户　/ 012

　　　　三、收集许可式邮件地址　/ 016

　　　　四、制订邮件核心计划　/ 017

　　任务二　EDM 推广操作步骤　/ 018

　　　　一、设置发件人　/ 018

　　　　二、新增联络人　/ 018

　　　　三、创建邮件并发送　/ 019

　　任务三　数据分析与反思　/ 021

　　　　一、到达率　/ 023

二、点击率　/ 025

**项目二　SEO 推广　/ 029**

　　学习目标　/ 029

　　导入案例　/ 029

　　相关知识　/ 030

　　　　一、什么是 SEO 推广　/ 030

　　　　二、SEO 推广的特点　/ 031

　　　　三、外链　/ 031

　　　　四、常见的国外 SEO 网站　/ 032

　　　　五、SEO 推广与 SEM 推广的联系　/ 037

　　任务一　SEO 推广方案制订　/ 038

　　　　一、明确 SEO 推广目的　/ 038

　　　　二、挖掘与整理关键词　/ 041

　　　　三、分析网站结构　/ 049

　　　　四、制订 SEO 推广核心计划　/ 049

　　任务二　SEO 推广操作步骤　/ 050

　　　　一、分析关键词　/ 050

　　　　二、匹配关键词　/ 054

　　　　三、优化网站结构　/ 057

　　任务三　数据分析与反思　/ 057

　　　　一、收录比与外链比　/ 058

　　　　二、PV/IP 与关键词比　/ 059

　　　　三、流量比与单个 IP 价值　/ 059

**项目三　SEM 推广　/ 063**

　　学习目标　/ 063

　　导入案例　/ 063

　　相关知识　/ 064

　　　　一、什么是 SEM 推广　/ 064

　　　　二、SEM 推广的特点　/ 065

　　　　三、Overture 搜索引擎　/ 065

　　　　四、SEM 推广与 SEO 推广的对比　/ 066

　　　　五、什么是 Google AdWords　/ 068

任务一　SEM 推广方案制订　/ 069
　　一、明确 SEM 推广目的　/ 069
　　二、划分 SEM 推广人群　/ 071
　　三、熟悉 SEM 推广方式　/ 073
　　四、制订 SEM 推广核心计划　/ 076

任务二　SEM 推广操作步骤　/ 077
　　一、搭建谷歌账户　/ 077
　　二、构思新广告系列类型　/ 078
　　三、新广告系列设置　/ 080

任务三　数据分析与反思　/ 087
　　一、点击率　/ 088
　　二、每次点击费用　/ 088
　　三、转化率　/ 089

# 项目四　Facebook 推广　/ 091

学习目标　/ 091

导入案例　/ 091

相关知识　/ 092
　　一、什么是 Facebook 推广　/ 092
　　二、Facebook 推广的特点　/ 093
　　三、Facebook 广告架构　/ 094
　　四、Instagram 视频　/ 094
　　五、Facebook 全屏广告　/ 095
　　六、幻灯片广告　/ 097
　　七、Facebook 视频广告设计建议　/ 098
　　八、图片广告设计要求　/ 099
　　九、轮播广告设计要求　/ 100
　　十、精品栏广告设计要求　/ 101

任务一　Facebook 推广方案制订　/ 102
　　一、明确 Facebook 推广目的　/ 102
　　二、划分 Facebook 推广人群　/ 104
　　三、熟悉 Facebook 广告技巧　/ 106
　　四、制订 Facebook 推广核心计划　/ 117

任务二　Facebook 推广操作步骤　/ 117

　　　　　一、创建主页 / 118
　　　　　二、设置广告系列 / 126
　　　　　三、设置广告账户 / 127
　　　　　四、设置广告组 / 127
　　　　　五、发布广告 / 129
　　　任务三　数据分析与反思 / 132
　　　　　一、主页分析 / 133
　　　　　二、广告分析 / 134
　　　　　三、方案优化 / 134

项目五　YouTube 推广 / 141

　　学习目标 / 141

　　导入案例 / 141

　　相关知识 / 142
　　　　一、什么是 YouTube 推广 / 142
　　　　二、YouTube 推广的特点 / 143
　　　　三、常用的 YouTube 推广策略及技巧 / 144
　　　　四、YouTube 推广的相关注意事项 / 151

　　任务一　YouTube 推广方案制订 / 153
　　　　一、明确 YouTube 推广目的 / 154
　　　　二、选定具备收益的影片 / 154
　　　　三、计算 YouTube 广告收益 / 156

　　任务二　YouTube 推广操作步骤 / 157
　　　　一、寻找并联系拍客 / 157
　　　　二、设计开发信内容 / 158
　　　　三、拍客选品及发货 / 159

　　任务三　数据分析与反思 / 159
　　　　一、受众特征及流量来源 / 159
　　　　二、浏览时间及停留时间 / 161
　　　　三、互动性程度 / 162
　　　　四、转化率提升 / 163

项目六　Twitter 推广 / 167

　　学习目标 / 167

导入案例 / 167

相关知识 / 168

  一、什么是 Twitter / 168

  二、什么是 Twitter 推广 / 169

  三、常见的 Twitter 推广策略 / 169

  四、常见的 Twitter 推广技巧 / 171

任务一 Twitter 推广计划制订 / 173

  一、明确 Twitter 推广目的 / 173

  二、划分 Twitter 推广人群 / 178

  三、熟悉 Twitter 发帖技巧 / 181

  四、制订 Twitter 推广核心计划 / 182

任务二 Twitter 推广操作步骤 / 182

  一、选择推广国家和时区 / 183

  二、定位目标 / 183

  三、设置详细信息 / 184

  四、创建广告组活动 / 184

任务三 推广数据分析与反思 / 187

  一、粉丝数 / 191

  二、点击率 / 191

  三、转发数 / 192

## 项目七 TikTok 推广 / 195

学习目标 / 195

导入案例 / 195

相关知识 / 196

  一、什么是 TikTok 推广 / 196

  二、TikTok 推广的特点 / 197

  三、TikTok 推广与 YouTube 推广的对比 / 198

  四、TikTok 广告呈现类型 / 200

任务一 TikTok 推广操作步骤 / 201

  一、明确 TikTok 推广目的 / 202

  二、TikTok 视频内容打造 / 204

  三、制订 TikTok 推广核心计划 / 205

任务二 TikTok 推广操作步骤 / 206

　　　　一、搭建 TikTok 账户 / 206
　　　　二、视频发布 / 211
　　　　三、广告投放 / 215

　　任务三　数据分析与反思 / 223
　　　　一、完播率 / 223
　　　　二、点赞率 / 224
　　　　三、留评率 / 226
　　　　四、转发率 / 227

# 项目八　展会推广 / 231

　　学习目标 / 231

　　导入案例 / 231

　　相关知识 / 232
　　　　一、展会推广的意义 / 232
　　　　二、贸易商业展会的发展趋势 / 233
　　　　三、常见的国外展览企业 / 235

　　任务一　展会推广计划制订 / 240
　　　　一、明确参展目的 / 240
　　　　二、科学设计展位 / 242
　　　　三、合理配备参展人员 / 243

　　任务二　展会推广操作步骤 / 245
　　　　一、展前推广造势 / 245
　　　　二、展中展示产品 / 248
　　　　三、展会现场管理 / 248

　　任务三　推广数据分析与反思 / 251
　　　　一、接待客户数 / 252
　　　　二、咨询客户数 / 253
　　　　三、转化率 / 254

# 参考文献 / 257

# 项目一

# EDM推广

## 学习目标

### （一）知识目标

1. 了解 EDM 推广的含义及意义。
2. 了解 EDM 推广计划的制订。
3. 学习 EDM 推广的方法和操作步骤。
4. 学习 EDM 推广效果的检测与改进。

### （二）能力目标

1. 熟练掌握 EDM 推广的方法和操作步骤。
2. 学会分析 EDM 推广效果并根据数据及时进行反思和改进。

### （三）素质目标

1. 通过课程教学，培养吃苦耐劳的精神。
2. 通过课程教学，树立用户至上的意识，掌握与客户沟通的技巧，满足客户需求，建立长期的客户关系。
3. 通过课程教学，培养创新意识，树立爱岗敬业的职业精神。

## 导入案例

A 公司是一家成立三年的旅游企业，为了在"五一假期"之前进行企业旅游项目促销，吸引更多外国游客，企业营销人员计划将 EDM 推广作为重点策略之一。由于企业在 EDM 推广方面并没有多少经验，企业内部的营销资源非常有限，因此本次活动需要借助专业服务来发送 EDM 广告。在对服务的选择上，企业花费了比较多的时间，因为首先要对服务的邮件列表定位程度、报价和提供的服务等方面进行比较分析，最终选定订户数量超过 100 万个的 B 电子刊物作为本次 EDM 推广的主要信息传递载体。

为了确保此次活动取得理想的效果，企业计划连续四周投放 EDM 推广信息，发送时间定为每周四，前两次以企业形象宣传为主，后两次针对企业新增旅游路线进行推广。接下来，企业的市场人员的主要任务是设计 EDM 广告内容，针对内部列表和外部列表分别制作，并且每个星期的内容都有所不同。

本次 EDM 推广活动取得圆满成功，营销人员分析每个月的企业网站流量时发现，在进行 EDM 推广期间，企业网站的日平均访问量比上个月增加了 3 倍多，日均独立用户数量超过了 1000 人，而平时企业网站独立用户数量通常不到 300 人，尤其在发送邮件的次日和第三日，网站访问量的增加尤为明显，独立用户数量的日最高纪录达到了 1500 多人。

**思考**：A 公司是如何开展 EDM 推广的，经历了哪些主要的步骤？

1. 选择 EDM 专业服务企业，对服务的邮件列表定位程度、报价和提供的服务等方面进行比较分析，最终选定。

2. 制订 EDM 推广计划，连续四周投放 EDM 推广信息，发送时间定为每周四，前两次以企业形象宣传为主，后两次针对企业新增旅游路线进行推广。

3. 设计 EDM 广告内容，针对内部列表和外部列表分别制作，并且每个星期的内容都有所不同。

4. EDM 推广活动实施，最后进行网站流量数据分析。

## 相关知识

### 一、什么是 EDM 推广

EDM（e-mail direct marketing），又称许可式营销，与早先的邮件营销不同，EDM 是在获得用户许可或订阅之后，向用户发送电子邮件（以下简称"邮件"），而非无方向地发送邮件。EDM 是当前外贸业务中最有效的方式之一。在欧美文化中，邮件通常在交流中占据很高的地位，手机 App 的广泛运用，更让使用邮件像使用 QQ 那样便捷。如果邮件内容（文案）好，国外用户就更加不会对广告邮件产生太大的抵触心理。相关资料显示，名列《财富》世界 500 强的企业，其中有 75% 的企业利用邮件进行营销。由此可见，邮件营销顺应了国外得天独厚的文化环境。

## 二、EDM 推广的核心

EDM 推广相对于其他海外推广的方式，有其自身的核心内容，具体核心内容如下。

### 1. 选择邮件营销服务商

不论选择哪一个邮件营销服务商，你都需要了解它们是如何进行列表管理、自动清洗列表的，并需要掌握其最详细的邮件报告（指客户端上触发的实时报警信息可以通过邮件服务器发送到指定的邮箱，管理员可以通过邮件及时地了解和处理报警信息），了解其资源的整合性，充分利用服务商提供的邮件模板。

### 2. 寻找客户需要的邮件内容

客户可能需要了解季度新闻，或者得到电子优惠券、假日促销信息及活动邀请，或者获取企业领导的信，这将决定邮件营销平台针对不同的发送内容，具体需要设置多少不同的管理列表，以及针对每个列表需要设置多少个模板。

### 3. 了解市场目标及销售目标

如果你需要直接发送邮件给不同类型的客户，如不同地区、不同行业，甚至不同企业，应该考虑在数据库中针对不同的客户类型建立不同的类别。例如，如果你的企业属于贸易企业并且需要发送有关贸易类型的邮件进行营销，只需要建立一个数据库和一个订阅表格，然后将有关贸易的重点信息添加进去即可。在进行 EDM 推广之前，这方面考虑得越多、越详细，对以后工作的开展越有利。

### 4. 对于不同邮件列表的不同命名

不同邮件列表中的客户可能希望收到的企业邮件是以"newsletter@example.com"的形式表现的，而不是以其他的形式（如"name@example.com"）来呈现的。因为这种形式可以提醒客户收到的是一封什么形式的邮件，邮件的类型是什么。选择合适的邮件名称可以使你的客户对你保持长时间的持续关注，并且有助于邮件成功通过客户垃圾邮件的过滤设置。

### 5. 邮件相关信息的隐私协议

如果依靠第三方邮件服务平台进行 EDM 推广，而不是在本企业的服务器上建立邮件服务列表，应该及时地与邮件第三方服务平台签订邮件相关信息的隐私协议。隐私协议应该是所有企业及邮件营销平台应该遵守的，并且时刻被提醒注意。如果客户发觉自己的邮件信息被泄露，并且通过泄露的渠道发现泄露的源头是你的企业，将会对你的企业造成极大的损害。

## 三、常见的 EDM 推广方法

现在是 EDM 推广的好时机，跨境电商企业该如何把握这个机会点？具体有以下几种方法，在实际应用的过程中，需要使用者根据自身所在企业的实际情况进行选择。

### 方法 1：邮件模板与品类相符

在做邮件营销之前，企业首先要了解自己的产品适应的消费群体类型。例如，做独立站的卖家，网站风格与产品本身类型的关系应该是相辅相成的；像服装类产品的网站，需要偏向时尚潮流风格，而电子 3C 类产品的网站需要更加偏向科技风格。

### 方法 2：适配移动端

网站除了要适配 PC 端，也要适配移动端，这样可以方便用户使用移动端进行购物。随着人们消费习惯的改变，目前跨境电商主要海外市场移动端的应用比例已经超过 60%，我们需要增强用户在移动端的良好体验，以此来适配用户从 PC 端到移动端的整条完美的行为轨迹动线。

首先，应将现有的邮件使用 HTML5 进行编码，从而让邮件的页面在手机端也能够清晰完整地展现。其次，行为召唤（call to action，CTA）按钮应安排在让用户感到最舒适、方便的位置，以提升用户互动的概率。最后，不要放过任何一个展现精心策划的活动的机会。卖家结合 HTML5 技术，将二维码嵌在邮件内部，用户便可以通过扫描二维码的方式，读取 HTML5 活动页面。HTML5 页面可以用于品牌宣传、互动游戏，也可以用于礼券领取、问卷调查等，形式并不拘泥。对于跨境商家而言，这不失为一种强大的营销助力工具。

### 方法 3：第三方平台卖家可植入 EDM 订阅信息

第三方平台卖家可以选择在第三方平台购物流程中植入 EDM 订阅环节，引导用户接收卖家的 EDM 信息，并且通过验证邮件的方式进行邮箱地址的双向确认，从而把控好数据源头，便于日后可以定期进行 EDM 投放。

### 方法 4：邮件内容中可植入视频链接

视频是大众直观接收信息的渠道之一，但邮件与其他的载体有所不同，在邮件营销中并不能单纯地将视频植入其中。由于每个用户使用的收件客户端不同，而且每个收件客户端也都有自己的一套规则，所以 EDM 本身内容制作所受到的限制也不同。这就要求 EDM 的内容制作需要兼容多个邮件客户端，同时在有大量推送需求的时候不能阻碍 EDM 推送通道。因此，如果商家想要在 EDM 中做视频展示，建议通过植入链接的方式满足商家对于产品展示的需求。

### 方法 5：使用个性化智能推送系统

在通常情况下，邮件营销分为几个阶段。

初级阶段就是粗犷式的群发。该阶段卖家对于自己的会员数据没有做任何细分，只是一味地给他们推送自己的活动信息。这种轰炸式的群发，无法让用户感受到自己的需求被关注。

中级阶段是精准营销。在该阶段，卖家对自己用户的网络端行为有了一定的记录和数据积累，并且给他们做了标签。然后，再利用人工针对不同人群有选择地将各个活动推送出去。处于这个阶段的卖家，EDM 接受度相对来说较高，其原因就是，用户能够体验到自己的兴趣偏好被记录、被关注，接收到的内容都是和自己的兴趣偏好相关联的。那么，这一阶段最终产生销售转化的概率也会增加。

高级阶段是个性化智能推送。在拥有了庞大的用户数据库，也建立了完整的标签管理体系之后，再利用人工手动操作是无法满足繁复的运营需求的。这个时候可以利用有关系统，帮助卖家利用智能化分析系统分析出用户感兴趣的商品，从而进行相关推荐。一方面，这可以帮助用户节省商品筛选时间；另一方面，也达成了对用户潜在需求的深度挖掘，最终帮助卖家挖掘出用户的最大价值，同时让用户感受到他们被重视，获得更加良好的体验。

## 四、常见的创建 EDM 推广内容的技巧

通过创作创新的邮件推广内容,可以很好地提升邮件的质量。那么,如何创作优秀的邮件推广内容呢?主要有以下几个技巧。

### 1. 选择会讲故事的优质图片

一幅优质的图片寓意无穷,影响力自然无法估量,但如何才能摆脱不恰当的图片应用,让图片真正地产生积极的价值呢?

(1)支撑产品的图片。

有些营销人员喜欢在邮件内容中放一些流行的图片,如明星照片、最热卡通形象等,博取用户的眼球。但是,与你的产品和品牌不是紧密相关的图片,需要客户用心去理解它们背后的意义,这可能导致营销的真实目的无法实现。所以,选择邮件图片是以支撑产品为基点的。

(2)重要图片放在邮件页面的左上角。

在邮件中,最重要的图片应放置于邮件页面的左上角位置。眼球追踪热点图说明,用户经常以"F形状"阅读邮件的内容。"F形状"阅读是指用户阅读邮件的时候会阅读网页内容的第三部分,使图案看起来像 E,有时只是横向读一遍,使图案看起来像一个倒置的"L"(横在上方)。总的来说,阅读区域大致与字母 F 相似,只不过上下两个横杠之间的距离不同。"F形状"阅读如图 1-1 所示。

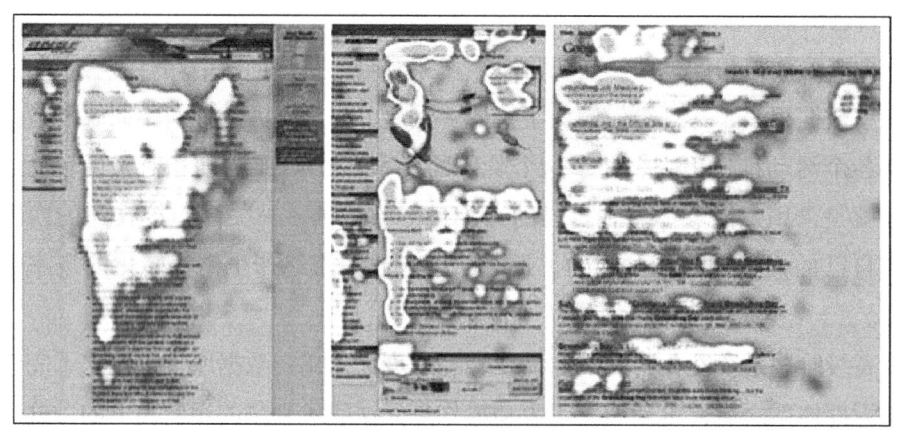

图 1-1 "F 形状"阅读

(3)掌握视觉运动方向。

在阅读中,读者的眼睛将随着主要视觉运动方向进行转移。在进行内容位置设计时,需要确保它们的朝向、方位与你期望用户关注的下一个内容区域保持一

致，以便更好地引导及管理用户的注意力。

（4）使图片脱颖而出。

不要在邮件中漫无目的地使用一张图片，如果使用图片，就要使它发挥出有效价值。有别于大家一贯使用图片的做法，你可以打破规则，改变图片形状、颜色等元素，让图片看起来独具特色。

（5）无图片也有真相。

有些邮件客户端和用户屏蔽了自动显示图片功能，订阅者可能接收到无法正常显示图片的邮件，所以要确保邮件在无法显示图片的情况下仍然包含所有必要的信息。

### 2. 创建带有鼓动性的文本内容

邮件是与客户建立和保持长久关系的重要渠道，文本内容是邮件最基本和重要的组成部分，也是影响用户的关键元素。具体需要注意以下几点。

（1）带有吸引力和鼓动性的语言。

内容文本的创作方法和技巧有很多，同时能满足用户和企业需求的文本才能真正算成功的文本。如果你的文本成功地抓住了用户的眼球，但并没有刺激用户像企业期望的那样采取行动，那么文本的内容依然需要斟酌。

（2）保持简单的邮件文本。

你的邮件只是客户收件箱数以百计邮件中的一封。在 EDM 推广活动中，应选择让用户一目了然的最简单和最相关的内容，而不是堆砌各种华丽辞藻和进行繁复的设计。

（3）正确对待社交媒体按钮。

不要盲目相信社交分享的功能，你需要根据数据评估邮件中植入的社交分享按钮是否达到预期效果，否则需要创建特殊的邮件活动来鼓励和提升社交分享行为。

### 3. 优化邮件布局

一封有效的邮件应该如何布局呢？为了创建特殊的邮件内容，你需要对邮件的整体布局及各个元素的安排进行更加细致的优化。

（1）让邮件可以被快速预览。

设计邮件布局，让用户可以快速地轻松扫视邮件标题、图片、呼吁行动和其他重要元素，了解邮件概要。

（2）创建吸引用户注意力的开头。

在 EDM 推广中，争夺用户的注意非常激烈，用户可能不会阅读全部邮件内容，但至少会看到邮件开头或每段的开头部分。利用创意图片、提问、巧妙的语言等创建一个引人注目的开头，可以带来意想不到的效果。

（3）说服用户。

在引起用户的关注之后，要确保用户理解和明白参与邮件互动的重要性，而让用户参与行动的关键在于在邮件布局中突出展示邮件给用户带来的益处和价值。

（4）突出重点和目的。

许多市场营销者希望在一封邮件中传递所有的内容信息，也有市场营销者尝试在邮件中实现多种目的，但结果是用户抓不住重点或产生厌烦。在邮件布局中，突出内容重点和保持目的的鲜明性，可以让用户更快地完成转化。

（5）分割布局。

一般而言，市场营销人员在一封邮件中需要同时推广多个产品。在这种情况下，你可以把邮件分割成更小的块。每一块的布局参照整体布局要求：开头具有吸引力，内容主体有说服力，结尾具有行动号召力。

邮件不仅是一个简单的沟通渠道，也为你和客户之间创造了互动的机会。运用创造性的邮件内容，能够让你的活动更好地触及目标受众，吸引其积极参与。通过对图片、文本和布局等基础对象采用特殊技巧策略，创建让人印象深刻且可带来积极效果的邮件内容，你的邮件营销将获得更好的效果。

## 项目情景

某服装企业在成立的最初几年中都在大力发展国内市场，在国外市场方面，主要采取和第三方贸易企业合作的形式。企业经过多年的发展，无论是资金储备还是企业规模相比以前都有了较大的提升，开始在国外市场发力。小李是该企业的"90后"员工，他在上个月做了一次邮件推广，发现企业的 EDM 推广存在非常严重的问题，具体如下：一是邮件列表数量过少，客户主要都是过去累积的忠诚客户；二是推送内容过于单调和周期过长；三是邮件打开率偏低；四是没有对新客户进行拓展。针对这些问题，小李经过一定的思考之后，决定有计划、有系统地完善自己的 EDM 推广。

## 任务一　EDM推广方案制订

在总结企业前期EDM推广失败的原因之后,小李深知好的EDM推广都要有完善的执行方案。EDM推广方案的制订是营销推广首要的工作。在方案制订的过程中,需要有明确的推广目的,需要收集许可式邮件地址,然后制订邮件核心计划,最后根据计划进行实际操作。在这之中,小李首先需要明确EDM推广目的。

## 一、明确EDM推广目的

小李决定首先明确EDM推广目的。他认为EDM推广目的不同,相应的方法也是不同的。确定EDM推广目的是为了更好地与企业的营销战略相配合。此次EDM推广目的是推广品牌形象,还是验证商业模式、获得新用户、与老用户交流获得反馈、让网站用户重新变得活跃?抑或维护客户关系?小李明白,确定清晰的推广目的将为后期规划提供有力的保障。为此,他决定从持续营销、提高客户的二次购买率、增加客户对网站的黏度和快速提升企业知名度四个方面去分析EDM推广目的。

### 1. 持续营销

持续营销是为了推广或促销自己的产品,这个时候的EDM推广一般是新产品发布、促销活动等相关内容。在这个过程中,如果出了新产品,或者产品有了新的特征,通常会写一封邮件,通知用户,将产品的特性告知他们。如果是促销活动,则发送一封邮件,如打折活动,这是很多用户非常喜欢点击的内容。如果用户对邮件的内容感兴趣,就一定会点击链接以便更详细地了解情况。这样,既达到了宣传产品、推广品牌的目的,又同时开发了新的客户。图1-2所示为某外贸服装企业为其新产品推荐推送的邮件,在邮件中不仅可以看到新产品,同时能够看到模特穿上新产品之后的效果。

图 1-2　新产品推荐邮件

### 2. 提高客户的二次购买率

购买过一次产品的客户,一般会留下他们的邮件地址,或者是他们的兴趣爱好。在新产品推出或促销的时候,可以针对这类客户,投放邮件,在投放之前需要结合他们提供的相关信息,找准他们的兴趣来推荐产品。或者,企业可以在西方的圣诞节、复活节等节假日通过投放贺卡邮件表示祝贺,或者针对某个地区的特殊人群开发个性化节日邮件,这样能够更大限度地提升企业形象,赢得客户对企业的好感,进而提高客户的二次购买率。图 1-3 所示为西方某个地区温度急剧下降时某企业推出的个性化节日邮件。

### 3. 增加客户对网站的黏度

有一个故事这样讲述:日本是一个地震频发的国家,在一次地震之后,一家普通的店铺考虑到地震之后人们的情绪比较消沉,于是给许多没有进行二次购物的客户投送了邮件,邮件的内容是关心问候。这些邮件的内容被媒体报道后,给这家店铺带来了人流量,生意与日俱增。之前在其店内购买商品的忠诚客户也因此更加信赖这家店铺。从这个故事能够看到,找到正确的客户,发送正确的信息,之后通过正确的渠道在正确的时机发送邮件,能够增加客户黏度,这非常重要。图 1-4 所示为某企业带有祝福小视频的 EDM 邮件。

图 1-3　某企业在温度急剧下降时推出的个性化节日邮件

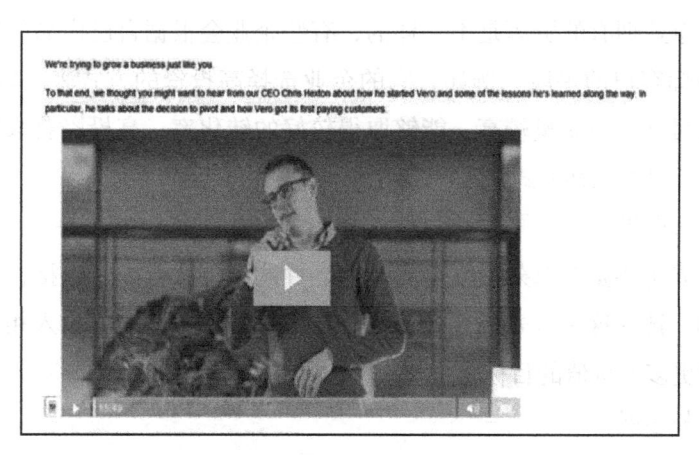

图 1-4　某企业带有祝福小视频的 EDM 邮件

## 4. 快速提升企业知名度

通过 EDM 推广来壮大企业，是很多初创企业开拓海外市场采取的策略。许多初创企业在客户允许的前提下，使用已经被大众认同的具有高知名度客户的企业名、标志、案例等各种外部影响因素在邮件中增加自身品牌的可信度，这不仅适用于小企业、初创企业，对于大企业保持品牌领先地位同样具有事半功倍的效果。

通过以上对 EDM 推广目的的梳理，考虑到企业此前出现的 EDM 推广问题，小李认为企业需要加大海外推广的力度，以提升知名度，获取更多客户。恰逢企业刚推出的新产品，故小李决定选择持续营销和快速提升企业知名度作为此次海外EDM推广的目的，即通过推送新产品推荐邮件和企业介绍邮件，打开市场，为新产品的畅销打下坚实的基础。

## 二、确定目标客户

推广目的的确定能够更好地为推广方案的具体制订做好铺垫。经过思考，小李决定开始搜索目标客户。那么，如何在浩如烟海的网络中找到想要的目标客户呢？小李需要运用多种手段，对不同手段的成本要有一定的把握。为了能够更好地取得最终的效果，使企业的资源利用最大化，小李决定将获取目标客户名单的方法分成高投资、中低投资和免费三大类，以此来确定最终的目标客户。

### 1. 高投资获取目标客户

不同的企业拥有的资源是不一样的，有些企业会根据自己产品的销售利润来选择获取目标客户的手段。例如，有的企业选择高投资的方式来获取目标客户，这样获得的目标客户质量较高，能够取得较好的转化率。高投资获取目标客户总体来说主要有以下几种方式。

（1）融入世界。

融入世界主要是在海外设立分支企业、并购海外企业或者直接在海外开展市场营销活动，选择这种方式的企业通常具备雄厚的资金，能够投入相对较多的资源，来获取更多有价值的目标客户。

（2）海外参展。

国外的许多城市有很多专业展会，如国际性都市纽约、莫斯科、汉堡等。关于展会的具体事宜，可以询问各地的国际贸易促进委员会或专业的外贸展会企业，这样转化效果较好，但是花费相对较高，一般一次成本在5万元以上。

（3）国内参展。

当前国内最知名的展会是一年两度的春秋广交会，即中国进出口商品交易会。在这类展会上，一个最小的摊位费用也是3万元起步。除此之外，还有上海的华交会（华东进出口商品交易会）、浙江义乌的义博会［中国义乌国际小商品（标准）展览会］等综合性的外贸展会，以及各地众多的行业性专业展会。在这类参展会上获取的客户一般最后的转化率也是较高的，但加上差旅的成本和人力物力，最后的花费都会在五位数以上。

（4）B2B 付费网站。

中国知名的 B2B 付费网站，是阿里巴巴旗下的阿里巴巴国际站。在该网站上，买家可以免费发布采购信息，而卖家需要登记付费。

需要说明的是，以上四种方式都是属于高投资获取目标客户的方式，对于刚进入企业开展跨境业务的新人来说，并不合适，尤其在没有高额投入和专业指导之下，最后的效果是难以把控的，所以小李决定考虑其他的方式。

**2. 中低投资获取目标客户**

高投资效果显著，但并不适合每一个企业。企业要盈利，需要考虑收入，更需要考虑支出，所以需要更多地了解其他获取目标客户的方法。以下是几种中低投资获取目标客户的方法。

（1）购买潜在客户的名单。

在展会客商、行业信息和海关数据中留有潜在客户的信息，跨境电商新人在制订 EDM 推广方案的时候可以选择花费一定的费用购买，再精准进行 EDM 推广。这与前面提及的高投资获取目标客户相比是高性价比的投资，在实际操作的过程中需要关注。

（2）网站推广。

一个高质量的网站能够为企业带来一定的目标客户数。在建立网站之后，通常可以通过搜索引擎优化、点击广告、社交网络营销（SNS 营销）等方式，导入目标客户的流量与询盘。询盘又称询价，是指买方或卖方为了购买或销售某项商品，向对方询问有关交易条件。在跨境电商的实际业务中，一般多由买方主动向卖方询盘。在这之中，可以询问价格，也可询问其他交易条件，以引起对方发盘，目的是试探对方交易的诚意和了解其对交易条件的意见。现在，许多企业采取这种方式，这种方式获得的客户有较高的精确度和订购意向。

（3）参加各种协会。

这种方式也属于中低投资方式，具体的做法主要是加入海关行业协会或其他组织，来获取一定数量的目标客户的信息。

（4）参加专业会议。

参加专业会议是一种特别高效获取目标客户的方式。在这类会议上出现的都是有较强购买意向的客户，但此类会议一般比较少见。

（5）联系海内外政府机构。

海内外政府机构主要是指使领馆、商务部门等。在联系这些机构之后，可以通过合作的方式，获取目标客户的信息，为下一步的具体沟通做好铺垫。

（6）与国内外贸企业合作。

外贸企业拥有很丰富的客户资源，它们对于海外市场各方面的行情有一定的了解，但在价格方面不容易妥协，因此并不是高性价比的选择。

（7）客户推荐或朋友介绍。

在各种会议上多结交朋友，虽然需要花费一定的时间与精力，但会获得高质量的目标客户。采用这种方式的外贸新人需要抓紧建立自己的外贸人脉圈和信息分享网络，以便更好地持续获取较多的高质量目标客户。

以上七种中低投资获取目标客户的手段，需要结合自己的能力进行选择，需要深入钻研学习、长期积累关系、持续耐心工作。经过思考之后，小李给自己的定位是普通的外贸新人，决定再看看免费获取目标客户的方法。

### 3. 免费获取目标客户

（1）网络搜索。

网络搜索是一种快捷省钱的方法，在实际操作的过程中，可以直接在谷歌搜索页面中输入自己产品的名称，查看谁在使用，搜集可以联系的电子邮箱、电话等。或者，通过关键词搜索逐步深入。例如，查找"shoes"，再查找"man shoes"，然后查找"sports man shoes"，逐步细化。给关键词加上引号，使最终的目标搜索更精确。或者，采用关键词组合，使用产品关键词，再组合其他营销相关词汇，如"red cup""red cup + importer"。或者，搜索相关产品，查找产品的上游或者下游商家，在对方的网站上会有你想要的相关商家名称和联系方式。或者，搜索图片、国家、语言和文档等。以上这些都能帮助你查找到相关的客户资料信息。

（2）通过博客获得。

通过撰写博客文章获得客户的询问信息，得到目标客户信息。

（3）通信名单。

这种方式主要通过自己建立的网站来搜集目标客户的名单。

（4）自我推荐。

这种方式是直接联系来我国采购或者常驻我国的外国人，进行自我推荐。

（5）利用免费网站。

这种方式主要是登录免费的 B2B、B2C、C2C 网站，或者登录国外知名的社交网站，如 Facebook、YouTube、Twitter 等。这些网站都是免费的，对于外贸新人而言是很不错的选择。

经过思考之后，小李决定采用网络搜索和免费网站相结合的方式来确定自己的目标客户。在这之中，他发现企业与客户的关系需要经历从相互陌生到开始接触，再到日益成熟的发展过程，一般先后经历潜在客户、新客户和忠诚客户三个发展阶段。

潜在客户是指虽然没有购买过企业产品，但有可能与企业进行交易的客户。当客户对企业产品产生兴趣，并通过某种渠道与企业接触时，就成为企业的潜在客户。与此同时，客户生命周期就开始了。此时，重要的是帮助潜在客户建立对企业及其产品的信心。潜在客户对企业及其产品的认同度，是其能否与企业创建交易关系的关键。因此，向潜在客户详细介绍产品特性，耐心解答他们提出的各种问题，使他们树立交易信心是企业在此阶段的主要任务。

新客户是指潜在客户在建立与企业进行交易的信心之后，就会购买企业的某项产品，进而转变为企业的初级客户——新客户，开始为企业创造收入。与此同时，企业也开始收集和记录与新客户有关的各种信息，以便与他们保持联系，或在今后分析他们的商业价值。新客户与企业的关系仍然处于整个客户生命周期的初级阶段。虽然新客户已经对企业有了初步的认同，接受了企业的产品，但企业必须继续培养客户对企业及其产品的信任感和忠诚度。企业应保持与新客户的联系，关心他们，这是让新客户再次与企业交易的基础。此外，客户在与企业交易过程中的体验及对所购买产品的价值判断，将会影响到他们今后是否继续与企业重复进行交易。

如果有良好的交易体验及对企业产品的持续认同，一个新客户就会反复地与企业进行交易，成为企业的忠诚客户，他们与企业的关系也随之进入成熟阶段。这时候，客户的满意度和信任度应该是企业关注的焦点。同时，企业应该了解他们是否有新的需求，以便将企业的相关产品介绍给他们。因此，保持与忠诚客户原有的业务关系，努力与他们建立新的业务关系，将他们培养成为新业务的客户，增强盈利能力，是企业在这一阶段的工作重点。

最终，小李决定将目标客户确定为以下三类客户：潜在客户、新客户和忠诚客户。

## 三、收集许可式邮件地址

EDM 推广不同于普通的邮件推广，因为它是经过用户许可才发送邮件的，是在经过用户同意的基础上进行内容设计，而后投放的。小李在经过一番思考之后，决定采取线上和线下两种方式来收集许可式邮件地址。

### 1. 线上收集

（1）注册网站会员。

目标客户在企业的网站注册会员，这表明目标客户对企业有一定的认可度，这样收集到的目标客户一般乐于接收与企业相关的信息。

（2）订阅。

通过目标客户在购买产品和服务时选择订阅来收集目标客户的邮件地址。既然目标客户选择了订阅，就说明目标客户愿意接收邮件信息，这样收集到的目标客户地址是经过客户许可的邮件地址。图 1-5 所示为某服装网站收集邮件地址的网络窗口。

图 1-5　某服装网站收集邮件地址的网络窗口

（3）网络活动。

通过策划相关主题的网络活动，如促销活动，引导目标客户在网站注册，填写邮件地址信息。这类目标客户对与活动主题相关的信息比较感兴趣，对于相关的邮件比较乐于接收。

### 2. 线下收集

（1）交换名片。

以参加外贸展会等方式与目标客户交换名片，获得经过客户许可的目标客户邮件地址。这类目标客户大多数有明确的需求，发送与他们需求相关的邮件将会获得他们的许可。

（2）店铺会员。

主动成为店铺会员的目标客户一般愿意接收含有店铺促销等信息的营销邮件。

（3）活动。

通过策划线下促销、抽奖等活动，让目标客户主动填写邮件地址信息。

在收集到经过客户许可的目标客户邮件地址之后，可以选择专业的邮件群发平台帮助我们更加轻松地进行邮件营销，提升邮件营销的效果。知名的邮件营销服务商有大量优质的邮件群发 IP 资源，采用的是多 IP 轮流发送机制，大大提升了邮件群发的到达率；专业的售后客服为用户提供邮件群发优化建议，大大降低了邮件进入垃圾箱的概率，提升了邮件营销的效果。

最终，小李建立了超过 3 万个客户的邮件列表。

## 四、制订邮件核心计划

经过前期的准备工作，小李准备制订邮件核心计划，包括邮件内容、选定的发送人群等。小李决定分以下几个阶段开展工作。

第一阶段：通过网站搜索，拓展新客户，获取邮件列表。

第二阶段：根据前期确定的目标客户，将客户分为三类，选择不同的推广策略，具体如表 1-1 所示。

表1-1 针对不同客户的不同营销策略

| 客户类型 | 营销策略 |
| --- | --- |
| 潜在客户 | 每月推送，如果超过 2 个月没有转化，放弃，不再联系 |
| 新客户 | 每月推送促销活动和与企业产品相关的信息 |
| 忠诚客户 | 进行一定程度的内容定制，每月推送营销活动、节日祝福等信息 |

第三阶段：设定不同内容的推送情况，具体如表 1-2 所示。

表1-2 不同内容的推送情况

| 内容类型 | 推送频率 |
| --- | --- |
| 产品目录 | 每 3 个月 |
| 促销活动、特价活动 | 每月至少进行 1 次活动策划，或根据实际情况推送 |
| 节日问候 | 在重要节日和生日推送 |

第四阶段：发送邮件测试，并根据对数据的分析，优化方案。

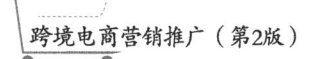

## 任务二  EDM推广操作步骤

小李制订方案后,将方案上报给上级主管。主管经过讨论之后,同意了小李的方案。为了能够更好地实施方案,小李决定有条理地推行他所制订的方案。接下来,小李决定分别从设置发件人、新增联络人、创建邮件并发送三个方面来实施前面制订的方案。

### 一、设置发件人

EDM推广需要选择专业的EDM平台,可以在网上搜索EDM推广平台。例如,选择EDM CM邮件营销平台,该平台允许用户发送邮件,并根据需要有针对性地进行宣传活动。目前该平台有超过7000个用户,已经经营15年。该平台向每个用户提供永久免费计划,即用户每月可免费发送多达4000封邮件,注册首月可免费发送5000封邮件。

现在开始操作。首先,进入专业EDM平台,进行注册之后,开始设置发件人,如图1-6所示。

图1-6  设置发件人

### 二、新增联络人

在设置发件人之后,需要根据前面收集到的许可式邮件地址来为接下来的发送做准备。在前期通常可以将收集好的用户邮件地址做成 Excel 表格，在这个步骤中可以将表格内容直接导入专业 EDM 平台。新建联络人，如图 1-7 所示。

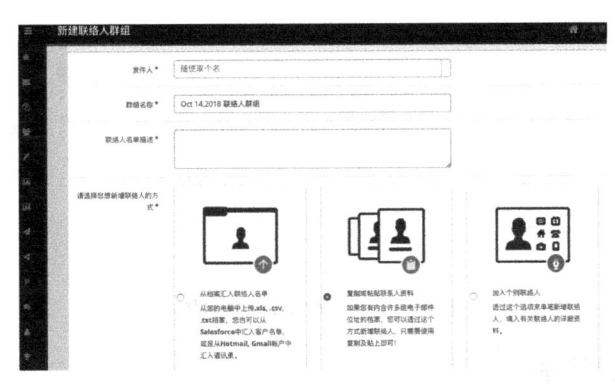

图 1-7 新建联络人

## 三、创建邮件并发送

在创建邮件的过程中一般有两种形式可供选择：一般电子邮件和 RSS 电子邮件。在一般电子邮件中，创建时可以使用新版电子邮件创建器与 HTML 源编辑器。RSS 是一种描述和同步网站内容的格式，是使用最广泛的 XML 应用。RSS 搭建了信息迅速传播的技术平台，使每个人都成为潜在的信息提供者。在创建邮件的过程中一般包含四个步骤。图 1-8 所示为创建一般电子邮件的两种形式。

图 1-8 创建一般电子邮件的两种形式

**步骤一**：设置一般电子邮件的格式。

设置一般电子邮件的格式，填写邮件的标题及发件人和联络人的相关信息，如图 1-9 所示。

图 1-9　设置一般电子邮件的格式

**步骤二**：选择模板。

选择模板页面如图 1-10 所示。企业根据自身发送的内容和人群选择合适的模板。模板有多种，有节假日、商业等不同类型，也可以在模板中更换图片，或者自己设计模板再导入其中，实现个性化的 EDM 推广。

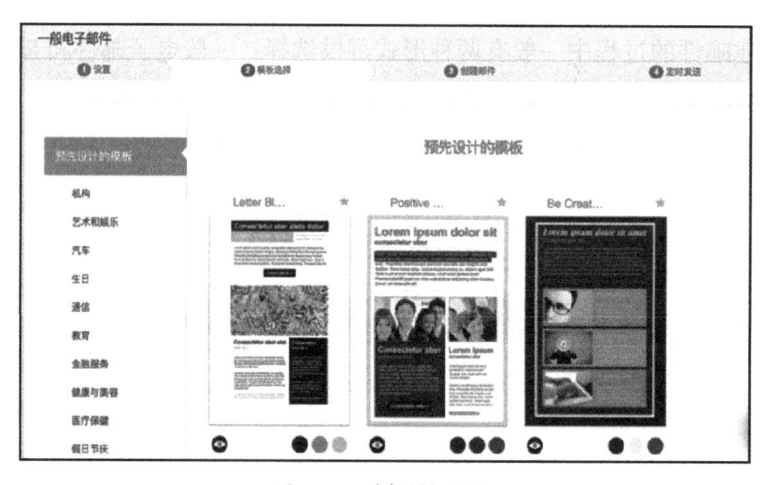

图 1-10　选择模板页面

**步骤三**：创建邮件。

跨境电商推广人员需要根据企业的产品图片更换模板中的图片和相应的文字。图 1-11 所示为创建邮件的页面。

**步骤四**：发送邮件。

在这个步骤中，需要设定传送时间，如果发现创建的邮件内容有问题，可以暂时将其存为模板，便于下次继续编辑。图 1-12 所示为发送邮件页面。

图 1-11 创建邮件的页面

图 1-12 发送邮件页面

在 EDM 推广的具体操作步骤中，前期的计划制订，尤其推广目的的明确具有至关重要的作用，而邮件设计的内容需要根据企业的具体情况进行具体分析。

最终，小李根据前面制订的计划，按照以上的操作步骤发送了邮件。接下来，他需要对邮件的发送效果进行分析，以便进一步优化 EDM 推广方案。

## 任务三 数据分析与反思

经过方案制订和对方案的完美实施，为了能够看到方案实施的效果，小李决定使用 EDM 平台收集数据，然后进行分析。在发送邮件之后，他在平台上可以看到邮件的到达率、邮件的点击率，同时也能够看到订阅用户的邮箱分布。图 1-13 和图 1-14 所示为某天采集数据的页面。

图 1-13　邮件开启、链接点击和社交媒体分享数据获取页面

图 1-14　发送量和订阅量统计页面

小李在此次 EDM 推广的过程中进行了两次推送，并根据第一次的推送效果做了改进。在数据分析与反思中，小李决定看一下前期数据。第一次企业 EDM 推广情况如表 1-3 所示。

表1-3　第一次企业EDM推广情况

| 邮件客户列表数量 | 1万个以上 |
| --- | --- |
| 推送周期和时间 | 每月固定推送企业最新的产品目录 |
| 邮件到达率 | 35% |
| 邮件点击率 | 15% |

在经过系统的 EDM 推广之后，企业的 EDM 推广数据有了很大的改善。第二次企业 EDM 推广情况如表 1-4 所示。

表1-4　第二次企业EDM推广情况

| 邮件客户列表数量 | 3万个以上 |
|---|---|
| 推送周期和时间 | 每月固定推送和活动推送相结合 |
| 邮件到达率 | 80% |
| 邮件点击率 | 47% |

经过方案的制订和对方案的实施,小李决定对方案实施效果进行评估,他决定从到达率和点击率两个方面进行最后的数据分析与反思。

## 一、到达率

到达率是EDM推广中一个很重要的指标,因为只有到达收件箱的邮件才能被接收者阅读,所以它的大小能够影响最后转化率的高低。到达率的计算方法为:

$$到达率 = \frac{发送邮件总数量 - 发送失败数量 - 退信数量 - 进入垃圾邮箱邮件数量}{发送邮件总数量} \times 100\%$$

一项研究发现,世界各地有惊人数量的(电子)邮件会下落不明。总体而言,1/6的邮件没有到达目标收件箱。研究者在对开展许可式营销的5亿封邮件分析后发现,11%的邮件失踪,6%的邮件进入垃圾箱或垃圾邮件文件夹。不同国家的邮件到达率显著不同。欧洲的营销者丢失的邮件超过其他任何地区,但相比北美市场营销者的邮件,进入垃圾邮件文件夹的邮件更少;英国和美国在相应时间里邮件进入收件箱的比例是87%;在澳大利亚和德国,有1/8的邮件没有进入收件箱。

但是,EDM推广者一致认为让邮件顺利到达收件箱是项艰难的工作。发送信誉、邮箱服务商管理严格等复杂因素阻碍提高邮件到达率。总体来说,提高邮件到达率的做法主要有以下几点。

### 1. 以订阅用户为中心

首先,使用双重订阅机制使用户确认被加入邮件列表。通过填写订阅表单、点击订阅确认邮件这个过程,你可以淘汰掉低质量的注册用户,留下那些真正对你的品牌有兴趣的订阅者。高质量订阅意味着更高的邮件打开率。其次,使取消订阅并保持联系的操作都简单、便捷。"取消订阅"选项一般会位于邮件底部,推广人员可以通过加粗字体甚至使用不同的颜色、字体使"取消订阅"操作更容易,这意味着订阅者把你的邮件标记为垃圾邮件的概率更小。最后,一旦用户订阅,将其加入邮件列表中，在给用户发送的欢迎消息中，应该简短地告诉订阅用户将会获得什么，并在之后的邮件中持续告诉用户你的邮件价值。

### 2. 建立干净有用的邮件列表

以人为中心创建一个干净的有价值的邮件列表，围绕个人和产品，全方位地构建并优化邮件列表的各种属性，是一个非常复杂的系统过程，这需要建立和完善一套与你的业务模式及客户模式相适应的逻辑，而不是简单更新、去重、判断正误等动作。这样做之后，你的邮件将尽可能在各方面贴近用户，从而逐步获得用户对邮件和品牌的认可，最重要的是避免你的邮件成为垃圾邮件，保证你的发送信誉。

### 3. 提供合适的内容

你需要保证你的邮件具有个性化，在图文比例平衡的基础上保持内容简洁明了，而不是充斥着各种闪亮夺目的图片。根据邮件服务商的垃圾邮件判断标准，含大量图片的漂亮邮件很可能并不是发送效果最好的邮件。带附件的邮件很可能面临成为垃圾邮件的危险。所以，在提高邮件内容的吸引力、互动性之外，提供合适的内容也是推广应该特别关注的地方。

### 4. 反复测试对邮件营销活动非常有价值

例如，针对一个主题，选择四分之一的邮件列表发送一个内容，用另外的四分之一发送不同的内容。基于这个主题的哪个内容具有较高的打开率，那么这个内容将被发送给剩余的二分之一的邮件列表用户。这些测试让邮件发送者对于实际营销效果有更好的观察和预见。

### 5. 跟踪效果

一个兼具全面性、个性化需求和市场化视野的邮件效果报告，对邮件打开率、点击率等持续跟踪，这些数据可以帮助你深入了解哪些内容和主题是成功的，而通过对数据的专业解读，你还可以找到提高邮件到达率及整体邮件营销效果的方法。

### 6. 聘请专业的邮件营销服务提供商

此类机构具有邮件营销的丰富经验和专业人员。如果你缺少资源和精力，它们可以替你监测邮件发送和邮件返回的情况，并确保你能及时掌握邮件服务商对邮件规范要求的变化，遵守反垃圾邮件管理法规。此外，它们具有更强大的垃圾邮件预警能力，通过它们发送邮件，可以帮助你在自有品牌网站上合理规划邮件注册订阅表单，提高用户对你的邮件的认可度；在邮件中巧妙提醒用户将你的邮件发送地址添加到收件人列表和白名单中，有效保证邮件被顺利送达用户；在你的邮件中包含标准的退订链接及按钮等，帮助你避免投诉风险。如果你没有任何的设计经验，它们还可以提供邮件模板及个性化设计，使你的 EDM 推广活动看起来比竞争对手的更专业。

## 二、点击率

点击率是指点击数除以邮件打开数（注意不是发信总数）得到的百分比。不同的企业以不同的方式来衡量点击率。点击率的高低能够反映邮件内容设计的优劣，高点击率意味着邮件成功吸引了客户访问你的着陆页或网站。提高邮件点击率主要有以下几种方式。

### 1. 确保链接一目了然

完整规范的链接很重要。如果你的链接很直观，通常将会获得很高的点击率。所以，在设计链接时需要保证邮件中的每个链接都有下画线，让客户能够快速识别其是一个标准的链接。你也可以考虑把链接变成标准的蓝色。不过，需要注意的是，要保证链接和你的页面内容的整体色调搭配，具有美感。

### 2. 确保有一个链接显而易见

这个规律同样适用于着陆页（又称落地页，即网站首页）。在邮件中，"显而易见"是指链接要出现在整个邮件的开头或者中间的地方。许多人会沿着邮件预览面板的水平方向去阅读或浏览邮件，那就意味着你说服他们去点击的界面高度要小于两英寸。另外，如果你在邮件的最上面或者前两英寸高的区域放满了图片和文字，而没有任何链接，你可能就会失去让你的客户进入你的网站或着陆页的机会。所以，当减少图片和带有卖点的文字时，你需要保证至少有一个明显的链接出现在邮件的开头或者中间位置，否则客户看不到链接，更不会去点击链接，你的点击率相应也会下降。

### 3. 不要把链接隐藏在图片里

不要在图片中加载那些很多读者永远看不到的重要信息。这个规则同样适用于"点击"按钮。在一般的网页环境下,使用图片按钮告诉客户"进入""点击"或者"提交"是获得反馈的最有效的方式,但在邮件里不是这样的。如果你使用图片按钮,一半的客户只能看到按钮上的提示文字或者标题。提示文字和标题没有大号字体和明亮颜色的文本链接显眼。所以,不要用图片按钮,或者用大号字体的文本链接,或者创建HTML按钮。一个好的编码人员能够编辑出既在视觉上有吸引力,又在邮件里可见的按钮,而图片无法实现这一点。

### 4. 明确告诉客户点击链接

要确保你的链接一目了然,这一点同样适用于链接旁边的文字。同样地,这不是网页,你只有有限的时间让一个人去点击链接。所以,不要使用微小的文本字符串,而是使用召唤式和命令式的文字,像"点击这里"或者"点击这个链接"。不过,有一点你需要注意,不要在邮件里使用太多这种字眼,因为垃圾邮件过滤器可能把含有大量的、粗体的"点击这里"的邮件过滤掉。但是,你至少要有几个能明显地告诉客户点击哪里及点击什么的链接。

### 5. 有效地使用提示和标题标签

邮件中的图片会有无法正常显示的时候。所以,当图片无法加载或客户的鼠标在图片上移动的时候,你可以使用提示文本和文档标题来代替无法显示的图片。不同的浏览器显示的内容不一样,所以必须同时使用提示文本和标题文本标签,这样才能确保万无一失。在这里,需要强调的是,在图片无法显示的情况下,你要记住的是提示文本和标题文本的标签必须出现。因此,不仅图片中的这些文本区域要反复地提示这些信息,"点击这里询价""点击这里获取更多信息"这些信息也要出现。任何一个提示文本、标题文本都是一个提高点击率的好机会。

### 6. 链接越多越好

优化点击率就是简单的数学运算。客户看到的链接数越多,他们点击链接的概率就越大。如果客户必须看完好几个段落才能看到一个链接,他们或许根本就不会看到那个链接。或者,当看完多个段落时,他们已经不关心是否有链接了。邮件中的每一个文本字块都必须包含一个链接,每一张图片也应该是一个链接。链接越多意味着客户点击的机会越大,相应的点击率就越高。

总之,这些技巧能在一定程度上提高你的邮件的点击率。但是,在发邮件之前,你依旧需要仔细检查,避免过度使用技巧,造成反面效果,以至于最后发送的邮件被当作垃圾邮件处理。

## 同步训练

**一、选择题（多选题）**

1. EDM 推广常见的目的有（　　）。
   A. 持续营销　　　　　　　　B. 提高客户二次购买率
   C. 增加客户对网站的黏度　　D. 快速提升企业知名度
2. EDM 推广实际操作的第一步是（　　）。
   A. 新增联络人　　　　　　　B. 创建邮件并发送
   C. 设置发件人　　　　　　　D. 发送邮件
3. EDM 推广效果分析的指标有（　　）。
   A. 到达率　　　　　　　　　B. 点击率
   C. 分享数　　　　　　　　　D. 转化率
4. 创建鼓动性的文本内容的要点有（　　）。
   A. 有吸引力和鼓动性的语言　B. 保持简单的邮件文本
   C. 正确对待社交媒体按钮　　D. 自己单独设计
5. 免费获取目标客户的方法有（　　）。
   A. 网络搜索　　　　　　　　B. 通过博客获得
   C. 自我推荐　　　　　　　　D. 利用免费网站

**二、简答题**

1. 收集许可式邮件地址的方法有哪些？
2. 创建邮件并发送的步骤是什么？

**三、案例分析**

某服装企业之前主要是在国内服装市场销售产品。现在，企业负责人决定开拓海外市场。在开展 EDM 推广之后，企业发现邮件的点击率较低，想通过提高客户对邮件的点击率来提升转化率。如果你是企业的海外推广人员，需要准备一个 EDM 推广方案（见表 1-5），请确定推广目的、推广步骤、推广方法，以及对数据进行分析与优化。

表1-5　某服装企业EDM推广方案

| 主营：时尚男装、女装 | |
|---|---|
| 方案制订步骤 | 具体细节描述 |
| 1.确定推广目的 | |
| 2.确定推广步骤 | |
| 3.确定推广方法 | |
| 4.数据分析与优化 | |

项目二

# SEO 推广

## 学习目标

（一）知识目标

1. 了解 SEO 推广的含义及意义。
2. 了解 SEO 推广方案的制订方法。
3. 学习 SEO 推广的方法和操作步骤。
4. 学习 SEO 推广效果的检测与改进。

（二）能力目标

1. 熟练掌握 SEO 推广的方法和操作步骤。
2. 学会分析 SEO 推广效果并根据数据及时进行反思和改进。

（三）素质目标

1. 通过课程教学，培养团队协作精神。
2. 通过课程教学，树立终身学习的意识，掌握平台规则，不断反思和进取。
3. 通过课程教学，培养创新意识，树立精益求精的职业精神。

## 导入案例

B 公司网站收到谷歌发送的消息通知："谷歌在您的网站上检测到用户生成的垃圾邮件。通常，此类垃圾邮件可在论坛页面、留言簿页面或用户配置文件中找到。因此，谷歌对您的网站采取了手动垃圾邮件措施。"起初由于网站的流量和排名没有受到明显的影响，所以 B 公司并未采取措施。但两周后，网站的几十个流量关键词有 10～20 个在谷歌中的排名下降了。

持续几个月几乎没有自然流量对网站的销售产生了巨大影响。B 公司从论坛和博客中删除所有垃圾评论，牺牲了一些用户体验，以提高垃圾邮件保护水平。例如，让垃圾邮件发送者更难注册新账户（通过请求电子邮件确认或显示验证码），手动审核新用户的第一个帖子和评论，引入黑名单以禁止按 IP 地址重复发送垃圾邮件。与此同时，B 公司对网站上 SEO 的所有其他方面进行了更新，包括页面内和页面外，修复技术问题并消除个人资料中的每一个不自然的链接，以确保网站整体上与谷歌一样友好。

B 公司最后向谷歌发送了审核的请求，惩罚被取消，重要的关键词的排名开始回升到原来的位置。恢复后，网站重新获得了大约 50% 的最高排名和自然流量，自然访问量增加到每天约 600 次。

思考：B 公司是如何进行 SEO 推广的？

1. B 公司收到谷歌惩罚通知，两周后，网站的几十个流量关键词有 10～20 个在谷歌中的排名下降了。网站的销售受到巨大影响后，B 公司开始从论坛和博客中删除所有垃圾评论，牺牲用户体验，以提高垃圾邮件保护水平。

2. B 公司对网站上 SEO 推广的所有其他方面进行了更新，包括页面内和页面外，修复技术问题并消除个人资料中的每一个不自然的链接，以确保网站的友好度。

3. 最后 B 公司向谷歌发送了审核请求，惩罚被取消，重要的关键词的排名回升到原来的位置，获得了更多的自然流量。

## 相关知识

### 一、什么是 SEO 推广

SEO（search engine optimization）是"搜索引擎优化"的英文简称。SEO 是一种利用搜索引擎的搜索规则来提高网站在有关搜索引擎内的自然排名的方式。我们可以将 SEO 的目的理解成为网站提供生态式的自我营销解决方案，让网站在行业内占据领先地位，从而获得品牌收益。SEO 包含站外 SEO 和站内 SEO 两方面。

SEO是为了从搜索引擎获得更多的免费流量,从网站结构、内容建设方案、用户互动传播、页面等角度进行合理规划,从而使网站更适合搜索引擎的索引原则的一种行为。SEO能使搜索引擎中显示的网站相关信息对用户更具有吸引力。

## 二、SEO推广的特点

不同的推广方式有不同的特点,SEO推广相比其他的推广方式主要有以下几个特点。

### 1. 成本低

SEO推广点击免费,点击越多,排名越高。

### 2. 客户质量高

客户有需求,才会进行相关搜索,因此该推广获取的是精准客户。

### 3. 投入产出比高

用钱最少,效果最好,可以避开竞争对手的恶意持续点击。

### 4. 效果稳定

对于竞价排名而言,停止付费推广就没有排名,而SEO推广一旦获得排名,效果稳定。

### 5. 实时监控

通过专业的搜索引擎统计工具可以监控效果,随时调整策略。

## 三、外链

外链是指在其他网站中导入自己网站的链接。导入链接对于网站优化来说是非常重要的一个过程,其质量(即导入链接所在页面的权重)间接影响了自己的网站在搜索引擎中的权重。

外链是互联网的"血液",属于链接的一种。没有链接,信息是孤立的,进而会影响客户体验。而且,一个网站很难在各方面都有高质量,因此需要链接到其他网站，补充吸收其他网站的信息。在考虑外链因素时，需要注意的是不在于数量，而在于质量。外链不仅可以提高网站的权重和提高某个关键词的排名，而且可以给网站带来很多优质的流量。

## 四、常见的国外 SEO 网站

### 1. Traffic Travis——SEO 分析工具

Traffic Travis 是国外站长最欢迎的一款 SEO 分析工具。Traffic Travis 有一个免费版，其功能有关键词分析过滤和排名跟踪。另外最有用的是分析关键词的竞争情况，包括获得搜索引擎前 20 名的网站的 SEO 竞争分析，如 PR 值（PR 值全称为"PageRank"，是用来表现网页等级的一个标准，级别是 0～10，是谷歌用于评测网页"重要性"的一种方法）和外链数量等。图 2-1 所示为 Traffic Travis 首页。

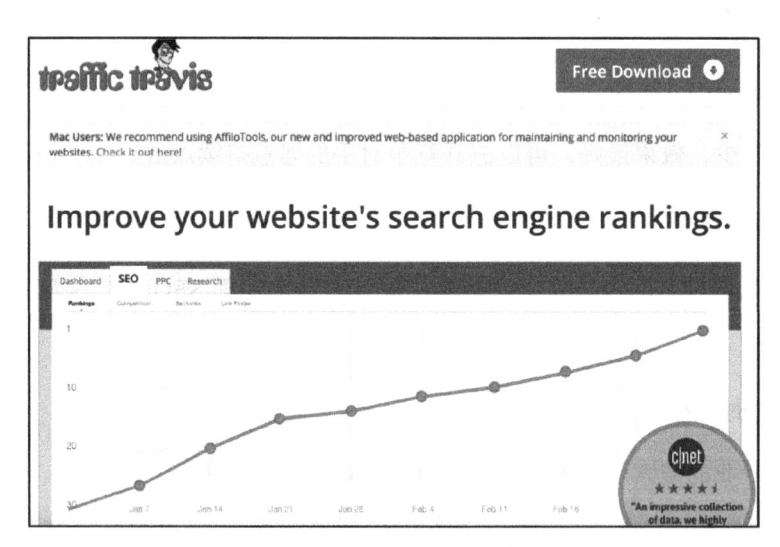

图 2-1　Traffic Travis 首页

### 2. Backlinkwatch.com——反链检测

Backlinkwatch.com 是一个强力检测反向链接的网站，它可以精确地查找到链接你网站的网址和出站链接，并给出相应的 PR 值、OBL（out bound links，网站导出链接）值、FLAG（标签，网站内部的链接）值，这一点对广大站长利用谷歌进行优化是非常方便的。图 2-2 所示为 Backlinkwatch.com 首页。

图 2-2　Backlinkwatch.com 首页

### 3. XENU Link Sleuth——死链检测

XENU Link Sleuth 是一款功能简单，但对 SEO 十分重要的蜘蛛爬行模拟工具，只需输入一个网址，单击"OK"按钮，该软件就能顺着网址链接爬行到其他网址上，其对于检查死链非常有用。图 2-3 所示为 XENU Link Sleuth 首页。

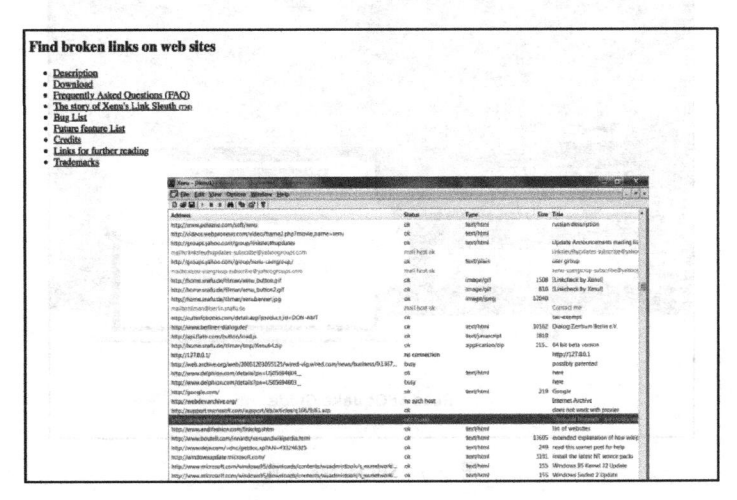

图 2-3　XENU Link Sleuth 首页

### 4. SEO Tool Bar

据调查，有 50 万位站长使用 SEO Tool Bar 插件，利用这个工具可以快速查看网页排名，并且很快看到页面的反向链接来自什么地方。图 2-4 所示为 SEO Tool Bar 首页。

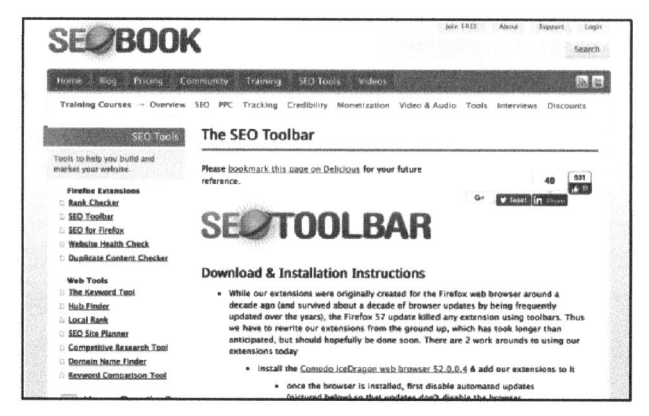

图 2-4　SEO Tool Bar 首页

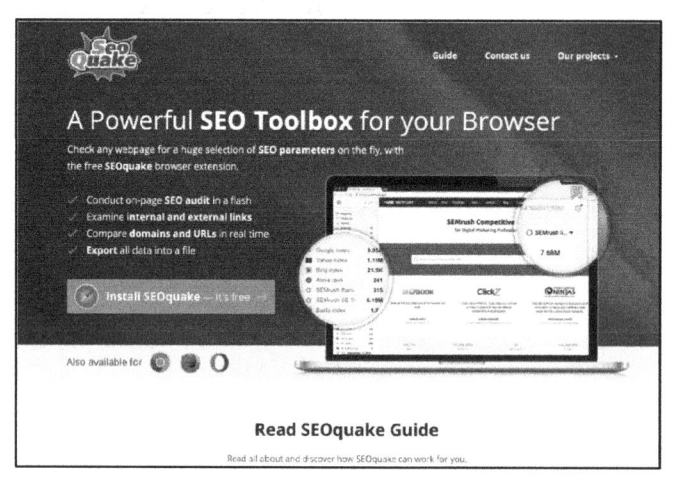

### 5. SEOquake

SEOquake 是一款强大的 SEO 工具。在分析竞争对手的信息时，以前需要在搜索引擎网站上查询很多次，现在使用 SEOquake 就可以方便地查看结果记录中的相关信息。图 2-5 所示为 SEOquake 首页。

图 2-5　SEOquake 首页

### 6. MajesticSEO.com 和 OpenSiteExplorer.org——外链对比

这是两个比雅虎外链查询（Yahoo Site Explorer）更加强大的外链查询对比工具。OpenSiteExplorer.org 是著名的 SEOmoz 公司开发的工具，被认为是用来代替雅虎外链查询的，它是基于自己的链接数据库，游客只能查询前 200 个链接，注册用户可查询 1000 个链接。图 2-6 所示为 MajesticSEO.com 首页，图 2-7 所示为 OpenSiteExplorer.org 首页。

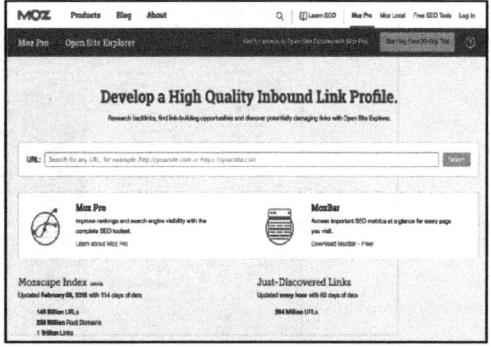

图 2-6  MajesticSEO.com 首页

图 2-7  OpenSiteExplorer.org 首页

### 7. LinkDiagnosis.com——反链检测工具

LinkDiagnosis 是一个反向链接检测工具，可以作为 Backlinkwatch.com 的补充。图 2-8 所示为 LinkDiagnosis.com 首页。

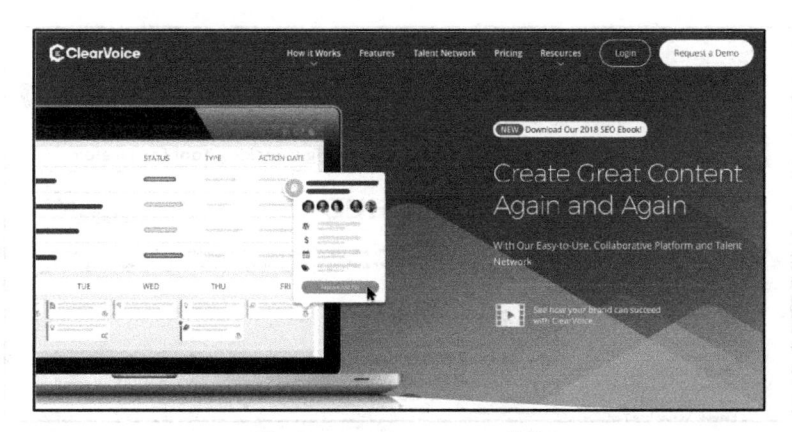

图 2-8  LinkDiagnosis.com 首页

### 8. CuteRank.net——关键词排名检测工具

CuteRank.net 是 SEO 专业人士经常使用的关键词排名检测工具，它可以"检查"和"追踪"网站在多个搜索引擎，包括谷歌、雅虎、必应、Ask 和 AOL 上的排名并且能跟踪排名在搜索引擎上的结果。图 2-9 所示为 CuteRank.net 首页。

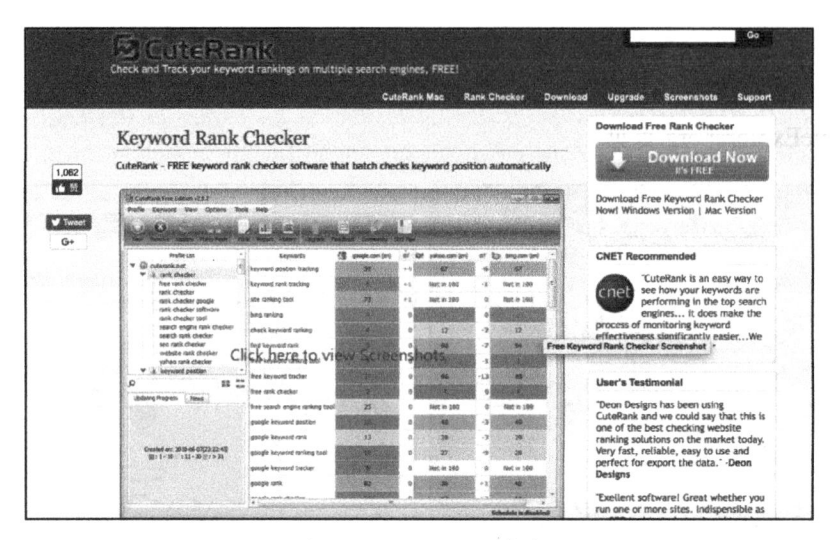

图 2-9　CuteRank.net 首页

## 9. Rank Checker——检测关键词排名工具

Rank Checker 是一个很好用的检查搜索引擎排名的工具，可以方便快捷地帮助用户检查搜索引擎结果页。图 2-10 所示为 Rank Checker 首页。

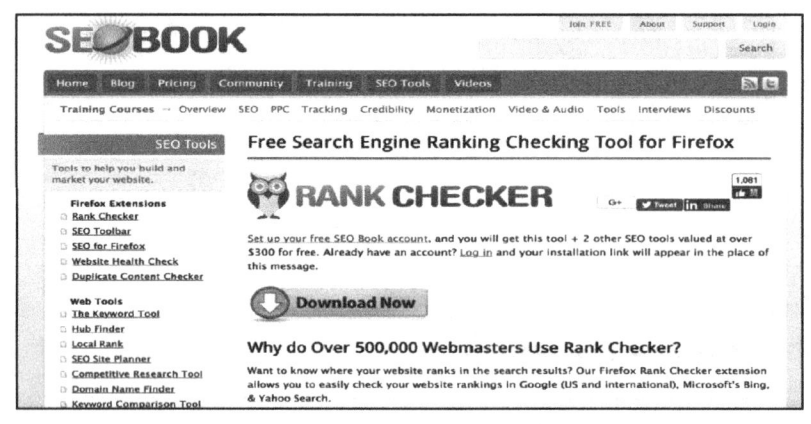

图 2-10　Rank Checker 首页

## 10. Automatic Backlinks.com——自动增加反向链接

Automatic Backlinks.com 是一个自动增加反向链接的网站，用户在页脚放入网站反向链接代码后，你的网址会自动链接到 PR 值比你高的相关内容网页上，但同时你也要链接其他相关网页，这类似国内的批量链接交换。对于做英文站 SEO 优化，却又苦于找不到链接的站长来说，这是一个不错的增加外链的方式。图 2-11

所示为 Automatic Backlinks.com 首页。

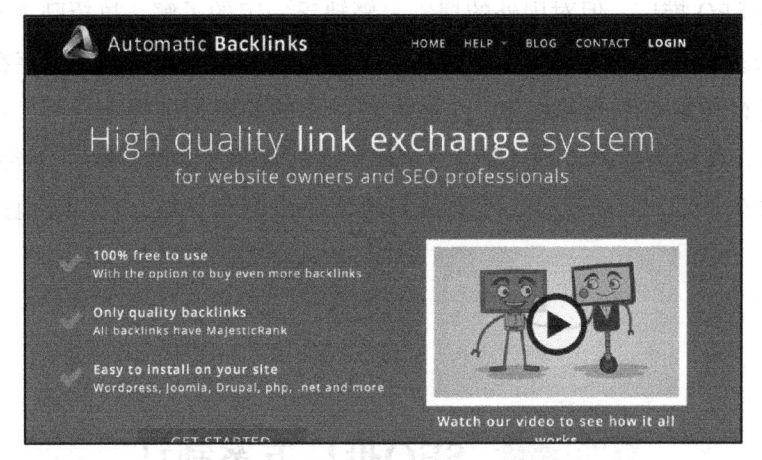

图 2-11　Automatic Backlinks.com 首页

## 五、SEO 推广与 SEM 推广的联系

SEO 的主要原理是通过提高目标网站在搜索引擎中的排名来达到推广目的的。例如，做了一个手机类网站，当用户搜索与手机相关的关键词时，通过技术手段使网站出现在结果页的前几名中。

而 SEM 是"search engine marketing"的缩写，中文意思是"搜索引擎营销"。SEM 是一种新的网络营销形式。SEM 所做的是全面有效地利用搜索引擎来进行网络营销和推广。SEM 追求高性价比，即以最小的投入获得最大的来自搜索引擎的访问量，并产生商业价值。简单地说，SEM 就是为了使用户在搜索引擎中搜索相关关键词时，结果页中能够出现与企业有关的信息，这些信息可以显示在站内，也可以显示在站外。SEM 主要有四种手段，分别是 SEO、竞价排名、搜索引擎底层营销和站外优化。

对于两者的关系，我们可以理解成父与子的关系，SEO 包含在 SEM 当中。SEO 的性价比非常高，效果显著，目前已经成为必用的网络推广手段之一。

## 项目情景

某时尚服装电商企业在成立的最初几年里面向的都是国内的客户。最近几年，国内电商市场竞争激烈，企业负责人注意到国家开始大力发展跨境电商，于是决定招兵买马，大力发展跨境电商业务。企业在开拓国内业务的过程中运用了很多的 SEO 推广，但对国外的搜索引擎缺乏一定的了解，故招聘了专业电商人员小张来具体开展 SEO 推广工作。当前该企业自建的网站 SEO 存在不少问题。在进行详细梳理的过程中，小张发现网站的关键词选择不合理、页面优化程度不够、首页架构设计不合理等，这使企业的官网搜索排名靠后，导致企业的客户量过少。针对这些问题，小张在思考之后决定有计划、有系统地完善 SEO 推广。

## 任务一　SEO 推广方案制订

在了解到企业前期的 SEO 推广效果不佳之后，小张深知好的 SEO 推广要有完善的执行方案。SEO 推广方案的制订是首要的工作。在方案制订的过程中，需要明确推广目的，挖掘与整理关键词，随后分析与匹配关键词，最后分析网站结构。在这之中，小张首先需要明确 SEO 推广目的。

### 一、明确 SEO 推广目的

小张决定首先明确 SEO 推广目的。他认为 SEO 推广目的不同，相应的推广方法也是不同的。确定 SEO 推广目的可以更好地与企业的营销战略相配合。因此，SEO 推广目的是吸引搜索引擎上的潜在客户光顾自己的站点；或者希望获得来自搜索引擎的大量流量，向浏览者推荐某一产品；或者为了从搜索引擎中引来充足的访问量，扩大品牌的知名度。小张明白，确定清晰的推广目的将为后期规划提供有力的保障。为此，他决定从提升转化率、推荐商品和品牌宣传三个方面来全面解析他将要从事的 SEO 推广目的。

**1. 提升转化率**

互联网从业者对转化率这个指标较为熟悉，大家经常会关注转化率，如注册转化率、购买转化率等。这些转化率指标跟网站运营息息相关。注册转化率可以衡量网站获取用户的能力；购买转化率可以衡量网站营收的能力。一般来说，影响转化率主要有渠道流量、用户营销和网站或 App 体验三大因素。其中渠道流量是从网站外部获取的，属于外部因素；用户营销是对现有网站已经获得的或者已有的用户，进行的一系列运营和营销工作，属于内部因素；网站或 App 体验是可以通过内部产品设计部门来优化的，也属于内部因素。而 SEO 优化就是通过确定合适的关键词，优化网站结构和外部链接，进而增加渠道流量，提升用户购物体验，最后吸引搜索引擎上的潜在客户和忠诚客户进入相应页面了解并购买他们搜索的产品，从而提升转化率。图 2-12 所示为影响转化率的三大因素。

图 2-12　影响转化率的三大因素

### 2. 推荐产品

对一些中小企业而言，它们缺乏雄厚的资金，所以通常会挖掘和整理与自己产品相关的关键词，来优化自己在国外搜索引擎中的排名，或者优化自己在阿里巴巴国际站的排名，进而获得来自搜索引擎的大量免费流量，向浏览者推荐某一产品。图 2-13 和图 2-14 所示分别为以"dress"为关键词在阿里巴巴国际站和谷歌中的搜索结果。对此商家可以根据搜索框弹出的关键词合理选择自己产品的关键词。

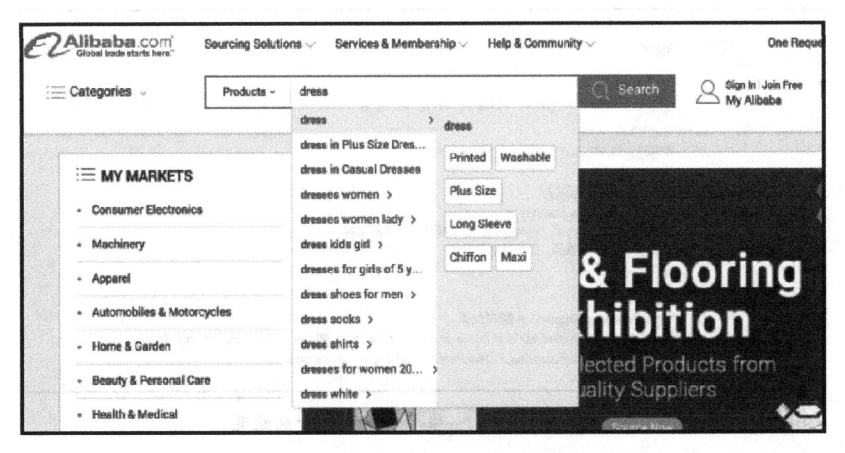

图 2-13　阿里巴巴国际站关键词搜索

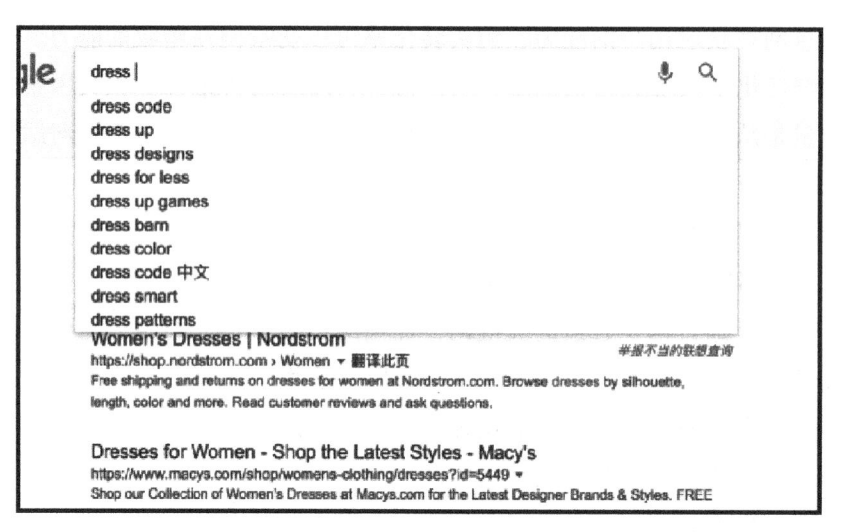

图 2-14　谷歌关键词搜索

### 3. 品牌宣传

有些企业在分析搜索引擎的算法之后，通过 SEO 优化自建网站中的关键词和网站结构及外部链接，提升自建网站在搜索引擎中的排名，进而吸引充足的免费流量，将客户引流到自己的官网中，让消费者了解企业文化及其产品，最后达到品牌宣传的目的。图 2-15 所示为在谷歌搜索中输入"apple"关键词后呈现的结果，搜索结果第一项就是苹果公司的官网。

图 2-15　输入"apple"关键词搜索的结果

经过以上的梳理，小张发现，无论哪一个目的都离不开对关键词的选择及网站结构的优化。因此，为了更好地帮助企业获取更多新客户，更好地维护忠诚客户，他决定将这三个目的都作为此次进行 SEO 推广的目的。接下来，他准备从挖掘与整理关键词开始。

## 二、挖掘与整理关键词

在确定清晰的推广目的之后，小张对自己的 SEO 推广有了一定的信心。但是，明确推广目的只是第一步。在第一步，他对各项 SEO 推广的目的有了充分的了解，明白了 SEO 的优化应从关键词、网站结构和外部链接三个方面着手，而挖掘与整理关键词是其中的核心。为此，他决定从速卖通平台内挖掘关键词、速卖通平台外挖掘关键词和关键词整理三个方面来完成对自己企业关键词的挖掘与整理。

### 1. 速卖通平台内挖掘关键词

当前大家常用的平台是阿里巴巴的全球速卖通平台（简称"速卖通"），该平台提供中文版本的页面。卖家入驻速卖通之后，可以进入自己的后台，对与商品相关的信息进行管理。对于关键词而言，其主要包括"数据纵横"中的"商品分析""选品专家""搜索词分析"；然后是搜索框下拉菜单中的搜索提示词；最后是搜索结果页面中的相关搜索词及直通车中的"关键词工具"等。图 2-16 所示为速卖通页面。

图 2-16　速卖通页面

在"数据纵横"中，你可以进行商品数据分析，即可以分析每个商品的相关信息，如搜索曝光量、商品页浏览量、访客数、订单数等。如果你所在的店铺有销售的商品，则选定该商品，通过查看"曝光关键词分析"可以知道不同的关键词带来了多少"搜索曝光量"。图 2-17 所示为商品分析页面展示的具体来源关键词分布情况。

图 2-17 商品分析页面展示的具体来源关键词分布情况

在"数据纵横"的"选品专家"中，可以看到 TOP 热销产品词和 TOP 热搜产品词，通过观察它们可以获得一些关键词。在分析当中，一定要特别注意那些销售量和搜索量较大的属性值（即圆圈面积较大的值），这在很大程度上利于后期对商品属性进行优化。图 2-18 和图 2-19 所示分别为"选品专家"服装行业热销产品词页面和热搜产品词页面。

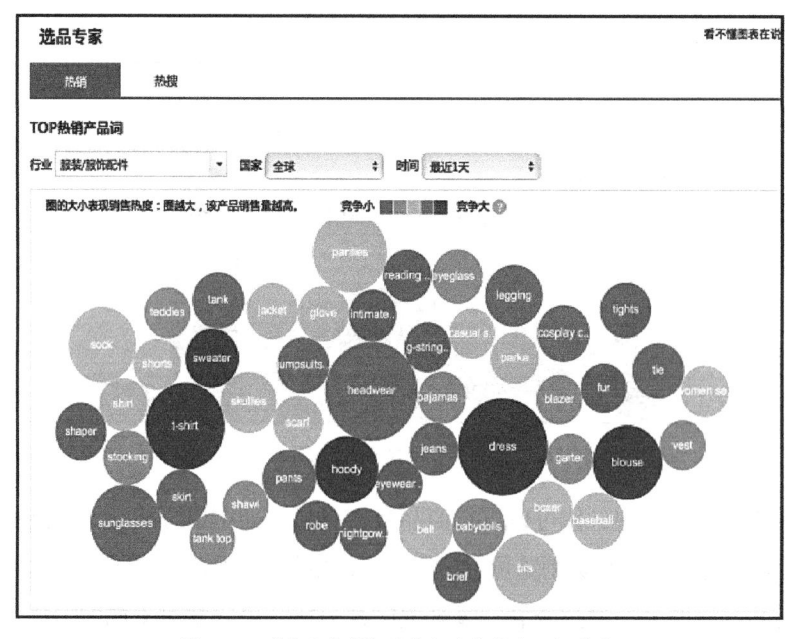

图 2-18 "选品专家"服装行业热销产品词页面

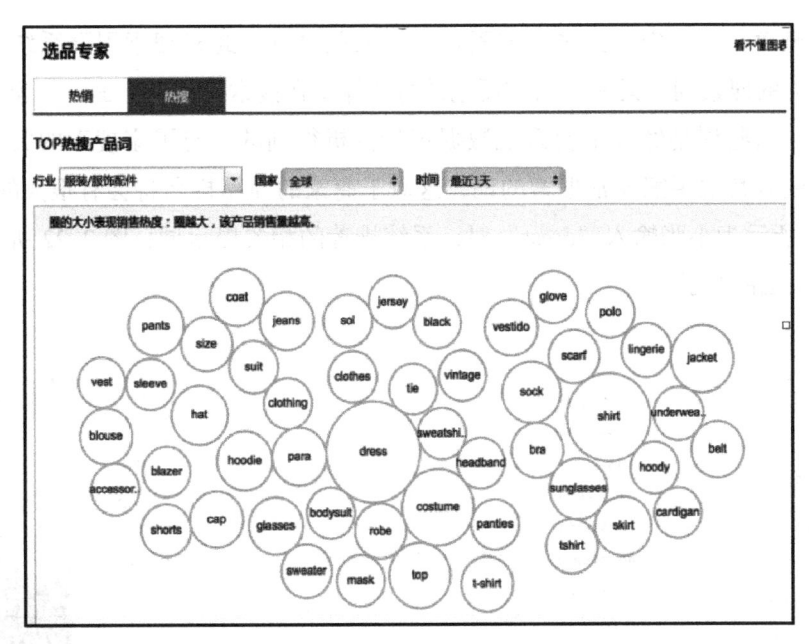

图 2-19 "选品专家"服装行业热搜产品词页面

"数据纵横"的"搜索词分析"可以帮助商家轻松查询买家搜索的关键词，同时可以区分国家和行业查询最近 7 天或 30 天买家搜索的热搜词（搜索频次较高的关键词）、飙升词（近期搜索次数突然增加的词）、零少词（具备一定搜索热度，但供应商发布产品较少，并且在同行业中竞争度较低的关键词）等，而这种方式也是商家经常使用的获取关键词的手段之一。图 2-20 所示为搜索词分析页面。

图 2-20 搜索词分析页面

在速卖通平台中，买家在搜索框中输入关键词，此时搜索引擎系统会自动提示相关的搜索词，买家可以方便地进行选择。在搜索提示词上面，商家需要特别注意，这些词是经过平台系统数据统计分析得到的，与买家搜索的关键词密切相关或者其他买家经常搜索的词，这对于商家的商品排名将会有很大的帮助。图 2-21 所示为小张输入"dress"时，系统推荐的相关提示词，图 2-22 所示为搜索结果页面的提示词。

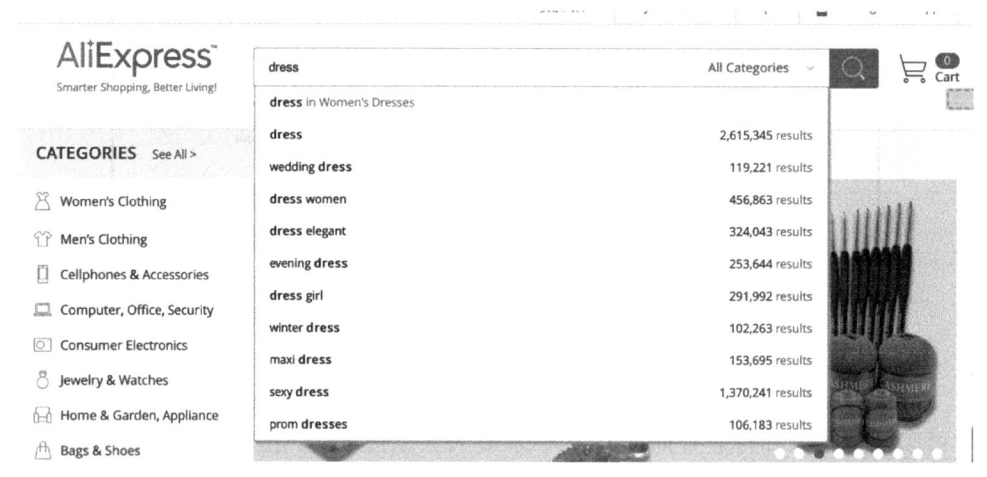

图 2-21　搜索提示词

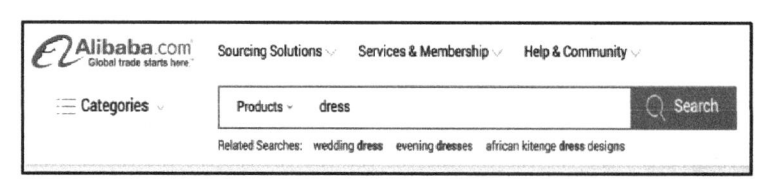

图 2-22　搜索结果页面的提示词

在速卖通平台内挖掘关键词还可以利用其直通车工具，该工具可以帮助卖家自主设置相关的关键词，并且出价竞争展示位置，在买家搜索产品时就能曝光产品，吸引潜在买家入店。特别重要的一点是，速卖通为了方便卖家使用直通车，提供了关键词工具。不过，在使用关键词工具之前，你首先需要根据企业的需求和自身销售的产品来制订一个合适的推广计划，之后才能够使用关键词工具。在使用关键词工具的时候可以根据行业寻找关键词，也可以根据计划寻找关键词。图 2-23 所示为"关键词工具"选择栏。

图 2-23 "关键词工具"选择栏

### 2. 速卖通平台外挖掘关键词

上述的关键词挖掘，都属于在平台内挖掘关键词，对于速卖通平台或亚马逊平台来说，基本操作一致，但对于做海外推广的商家而言，仅仅在平台内进行 SEO 优化，优化关键词是不够的。在国外市场，谷歌的市场份额很大，很受国外群众喜爱，人们会在谷歌搜索中查找自己想要的商品和相关资料信息等。所以，为了更好地提高自己的商品曝光率，吸引更多的商家到你的店铺或者看到你的商品，你不能忽略在平台外挖掘关键词。接下来，我们主要讲述"谷歌关键字规划师"工具、常见的关键词挖掘网站，以及其他常见跨境电商平台的关键词搜索。

（1）"谷歌关键字规划师"工具。

"谷歌关键字规划师"工具原先叫作"谷歌外部关键字"，它是全世界网络技术工程师最常用的关键字挖掘工具之一，在针对谷歌搜索引擎进行优化的时候经常用到。谷歌的调整让 Google AdWords 用户使用起来更加高效。"谷歌关键字规划师"在查询数据展现形式的变化上主要体现在以下几个方面。

第一，搜索量的匹配类型数据。在"谷歌关键字规划师"中，在默认情况下看到的是针对广泛匹配关键词的统计信息，还能获取针对其他匹配类型（如词组匹配和完全匹配）关键词的数据。要决定使用哪种匹配类型，你可以将关键词提示添加到草案中，然后查看每种匹配类型的流量估算值。

第二，在默认情况下，"谷歌关键字规划师"可以定位所有设备。

第三，在"谷歌关键字规划师"中看到的平均搜索量数据高于通过"关键字工具"获取的完全匹配搜索量数据。在"谷歌关键字规划师"中，系统将显示某个关键词提示、从所有设备（台式机、笔记本电脑、平板电脑和手机）获得的平均搜索量。而在"关键字工具"中，系统在默认情况下显示的是关键词提示从台式机和笔记本电脑获得的平均搜索量。

第四,本地每月搜索量和全球每月搜索量被平均每月搜索量取代,目的是简化获取的搜索量数据。平均每月搜索量会因你的具体定位设置而异。你可以选择获取整个国家(地区)的数据,或某个国家(地区)中某些城市和区域的相应数据。

总之,使用"谷歌关键字规划师"有很多好处,它使制作新搜索网络广告和优化现有广告的过程变得更加高效。该工具能够让你深入了解要使用哪些关键词、广告组、出价和预算。

在为新的广告寻找关键词时需要帮助,或者希望为现有的广告寻找其他关键词,你可以根据你的商品或服务、目标网页或与不同的商品类别相关的词来搜索关键词和广告组提示。

你可以获取历史统计数据和流量估算值,利用统计数据(如搜索量)确定用于新广告或现有广告的关键词。通过获取估算值(如估算的点击次数),你可以了解一组关键词针对特定出价和预算可能取得的效果。在决定出价和预算设置方面,这些估算值也能为你提供指导。

在具体使用"谷歌关键字规划师"时,页面会提示你寻找关键词应该从哪些方面入手。

图2-24所示为"谷歌关键字规划师"页面。

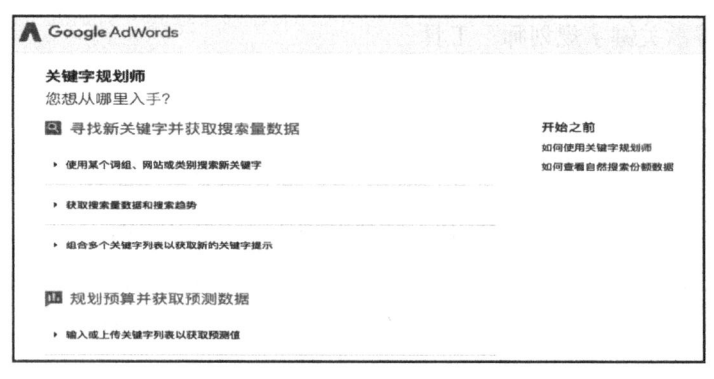

图2-24 "谷歌关键字规划师"页面

(2)常见的关键词挖掘网站。

网络上有很多关键词挖掘网站。在这里给大家介绍SEO Book关键词挖掘网站。利用该网站的Keyword Tool工具可以看到国外用户在常用的搜索引擎中使用的关键词,同时有每次点击需要支付的费用,而且注册是免费的,这对于初次涉足海外市场进行SEO推广中的挖掘与整理关键词有特别大的帮助。图2-25所示为搜索关键词"dress"显示的结果。

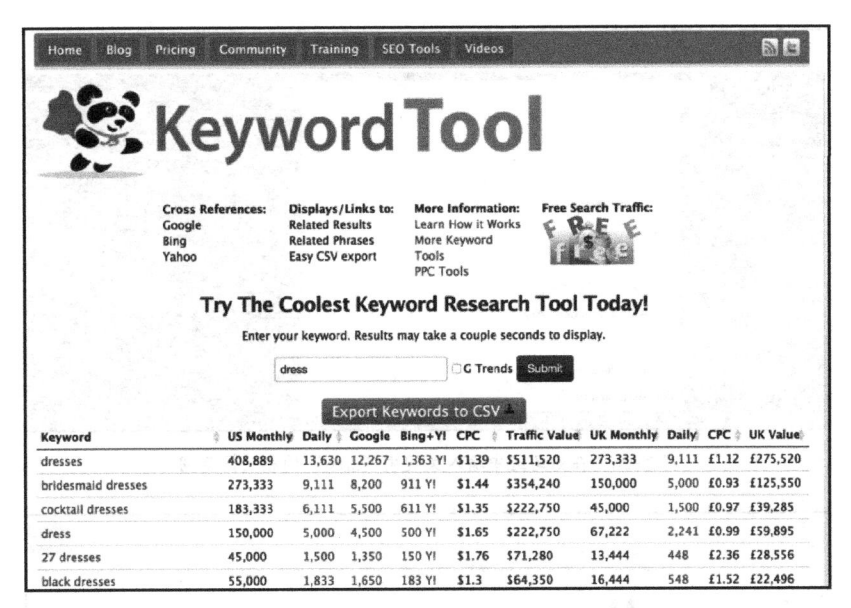

图 2-25　搜索关键词"dress"显示的结果

（3）其他常见跨境电商平台的关键词搜索。

这些平台包括亚马逊、eBay、Wish、敦煌网等，它们也提供类似速卖通的搜索功能，可以在其商品搜索框中搜索时查询用户经常使用的关键词搜索情况，这对于商家后期的分析与匹配关键词有很大的帮助。图 2-26 和图 2-27 所示分别为在亚马逊和 eBay 中输入关键词"dress"的相关提示词。

### 3. 整理关键词

在利用多种不同的渠道获得大量关键词之后，商家需要对关键词进行整理，创建属于自己的关键词库。小张决定对从速卖通平台内获得的关键词与从速卖通平台外获得的关键词进行整理。他以 Excel 表格的形式创建了属于自己的关键词库。在整理的过程中，需要注意的一点是，由于关键词是从多个渠道挖掘获得的，会有重复的可能性，这时就需要利用 Excel 剔除重复值，避免在使用的时候出现混乱。此外，对于关键词的分类（如促销词、修饰词、流量词、长尾关键词等）知识，我们需要加以了解。在这里，我们需要格外关注的是长尾关键词。长尾关键词比较长，往往由两三个词甚至短语组成。它存在于内容页面中，除了内容页的标题，还存在于内容中。长尾关键词的搜索量非常少，并不稳定，但长尾关键词带来的客户转化为网站产品客户的概率比目标关键词高很多。图 2-28 所示为小张使用 Excel 整理的有关"dress"的关键词。

图 2-26 在亚马逊中输入关键词"dress"的相关提示词

图 2-27 在 eBay 中输入关键词"dress"的相关提示词

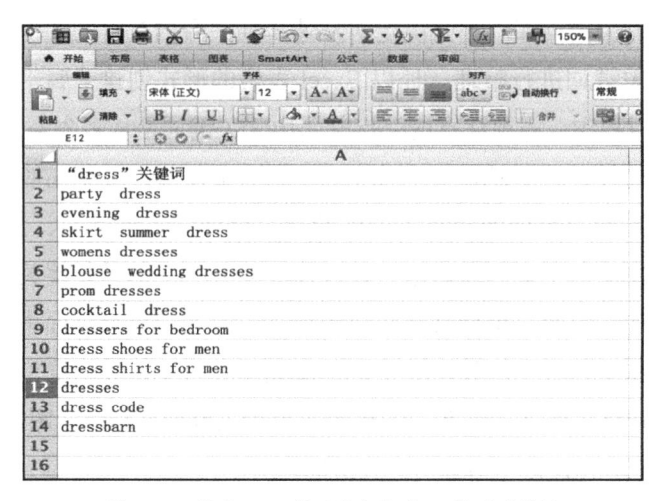

图 2-28 使用 Excel 整理的有关"dress"的关键词

## 三、分析网站结构

为了更好地做好 SEO 推广工作，小张查看了企业的网站页面，发现了一些问题：网站结构单一；除了单独的商品页，剩下的页面都无法承载更多的关键词。企业当前的网站结构类型如图 2-29 所示。

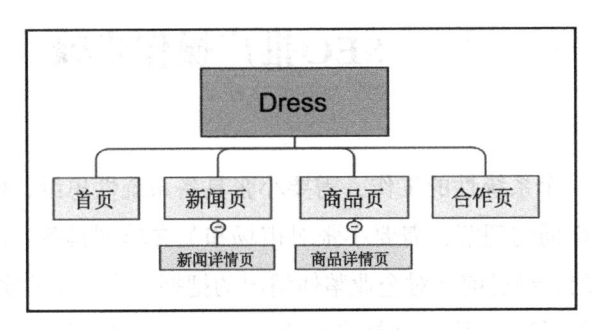

图 2-29　企业当前的网站结构类型

## 四、制订 SEO 推广核心计划

经过前期的准备工作，小张准备制订 SEO 推广核心计划，即首先确定最终的关键词，之后对商品标题进行优化。小张决定分以下几个阶段开展工作。

第一阶段：对前期挖掘与整理的关键词进行分析，主要是对关键词进行分类。表 2-1 所示为常用的关键词分类。

表2-1　常用的关键词分类

| 分类方法 | 种类 |
| --- | --- |
| 热度分类 | 热门关键词、一般关键词、冷门关键词 |
| 长短分类 | 短尾关键词、长尾关键词 |
| 主副分类 | 主要关键词、辅助关键词 |
| 其他分类 | 泛关键词、时间关键词…… |

第二阶段：在对关键词进行具体的分析之后，小张决定根据企业销售的商品，寻找匹配关键词的规律，以便使企业的商品在跨境电商平台或者谷歌搜索引擎中能够取得靠前的排名。

第三阶段：在分析与匹配关键词之后，小张决定开始对网站结构进行优化。这样做是为了让买家通过前期确定好的关键词进入网站之后，更快速地了解企业的相关商品信息及企业文化，也是为了获得更多的流量，以便买家能够在搜索的时候找到企业的商品，提高转化率。

## 任务二　SEO推广操作步骤

SEO推广是一个系统性的工作，需要小张具备系统性思维，同时需要掌控细节，尤其对于关键词的理解，需要小张对市场和英文单词具备一定的敏锐度。这些小张都是具备的。经过前期对企业整体情况的把握，小张从确定推广目的出发，依次进行分析，最后确定了SEO推广核心计划，该计划得到了企业领导的认可。接下来，小张决定分别从分析关键词、匹配关键词、优化网站结构三个方面来完成前面制订的方案。

### 一、分析关键词

在前面的工作中，小张对关键词进行了挖掘与整理，知道通过哪些渠道去获得这些关键词，同时建立了属于自己的关键词库，但如何发现这些关键词的价值，还需要进行进一步的分析，以便取得最大的搜索引擎优化效果。小张决定从以下步骤来完成对关键词的分析。

**步骤一：**剔除无用词。

无用词一般是指不能使用的品牌词、成交转化率较低的词、点击率较低的词或者搜索指数较低的词。至于"较低"的衡量标准，不同的行业有不同的标准，一般认为数值在"0.5%"以下为"较低"，但在剔除的过程中如果发现查找的关键词数量较少，就可以选择调整数值，例如调整为"0.3%"或者更低。

此外，在剔除无用词的过程中需要将"成交转化率"和"点击率"为0的词全部剔除，因为对于点击率为0的词，意味着曝光量很大，却没有人去点击；而对于成交转化率为0的词，如果发现其点击量很大，却无法成功完成销售转化，会降低销售转化率，最后也会影响到商品的排名，此时就需要将其剔除。图2-30所示为整理的关键词情况，这些词在搜索人气、搜索指数、点击率方面都较高，但成交转化率低（图中为浏览-支付转化率），此时应剔除。

| | A | B | C | D | E | F | G |
|---|---|---|---|---|---|---|---|
| 1 | 搜索词 | 搜索人气 | 搜索指数 | 点击率 | 浏览-支付转化率 | 竞争指数 | TOP3热搜国家 |
| 2 | beach dress | 4,250 | 25,150 | 64.14% | 0.88% | 114 | CZ,SK,NL |
| 3 | dress women | 6,161 | 37,005 | 52.21% | 0.53% | 151 | CZ,SK,LT |
| 4 | bandage dress | 3,545 | 22,889 | 77.36% | 0.53% | 152 | US,GB,RS |
| 5 | summer dress | 12,118 | 65,946 | 62.42% | 0.44% | 106 | CZ,SK,US |
| 6 | women dress | 5,302 | 28,765 | 51.40% | 0.43% | 128 | US,CZ,SK |
| 7 | dress | 34,890 | 173,137 | 55.07% | 0.37% | 89 | CZ,SK,US |
| 8 | dresses | 6,877 | 33,082 | 52.91% | 0.35% | 107 | US,CZ,CA |
| 9 | maxi dress | 4,003 | 21,486 | 68.13% | 0.30% | 126 | US,CA,CZ |
| 10 | party dress | 4,034 | 26,637 | 62.88% | 0.29% | 163 | US,CZ,CA |
| 11 | lace dress | 4,314 | 27,819 | 60.61% | 0.21% | 146 | US,RU,CZ |
| 12 | dresser | 4,314 | 27,819 | 60.61% | 0.00% | 147 | US,RU,CZ |

图 2-30 整理的关键词情况

**步骤二**：确定核心词。

核心词一般无法直接从统计结果中得到，需要商家对自己所处的行业和自己销售的商品有充分的认识，包括商品的属性、名称和特征，如此才能更好地根据数据做出合理的判断，确定最终的核心关键词。例如，图 2-31 所示为 Excel 整理的关键词的相关信息，从图中可以发现，在搜索"dress"的时候，按"summer dress"查找的转化率比按"dress"查找的转化率更高，这就能反映出"summer dress"是买家心中的核心词，因此这个词卖家就要尤其注意。

| | A | B | C | D | E | F | G |
|---|---|---|---|---|---|---|---|
| 1 | 搜索词 | 搜索人气 | 搜索指数 | 点击率 | 浏览-支付转化率 | 竞争指数 | TOP3热搜国家 |
| 2 | summer dress | 12,118 | 65,946 | 62.42% | 0.44% | 106 | CZ,SK,US |
| 3 | dress | 34,890 | 173,137 | 55.07% | 0.37% | 89 | CZ,SK,US |
| 4 | dresses | 6,877 | 33,082 | 52.91% | 0.35% | 107 | US,CZ,CA |
| 5 | dress women | 6,161 | 37,005 | 52.21% | 0.53% | 151 | CZ,SK,LT |
| 6 | women dress | 5,302 | 28,765 | 51.40% | 0.43% | 128 | US,CZ,SK |
| 7 | lace dress | 4,314 | 27,819 | 60.61% | 0.21% | 146 | US,RU,CZ |
| 8 | dresser | 4,314 | 27,819 | 60.61% | 0.00% | 147 | US,RU,CZ |
| 9 | beach dress | 4,250 | 25,150 | 64.14% | 0.88% | 114 | CZ,SK,NL |
| 10 | party dress | 4,034 | 26,637 | 62.88% | 0.29% | 163 | US,CZ,CA |
| 11 | maxi dress | 4,003 | 21,486 | 68.13% | 0.30% | 126 | US,CA,CZ |
| 12 | bandage dress | 3,545 | 22,889 | 77.36% | 0.53% | 152 | US,GB,RS |

图 2-31 Excel 整理的关键词的相关信息

**步骤三**：确定属性词或修饰词。

在确定属性词或修饰词时，我们可以在速卖通或者敦煌网等跨境电商平台中进入想要搜索的某个行业领域。例如，小张目前负责的是服装领域，因此他进入女性服装领域，选择"dress"进入相应的页面，会在搜索结果的页面发现与"dress"相关的属性词或修饰词，如图 2-32 所示。

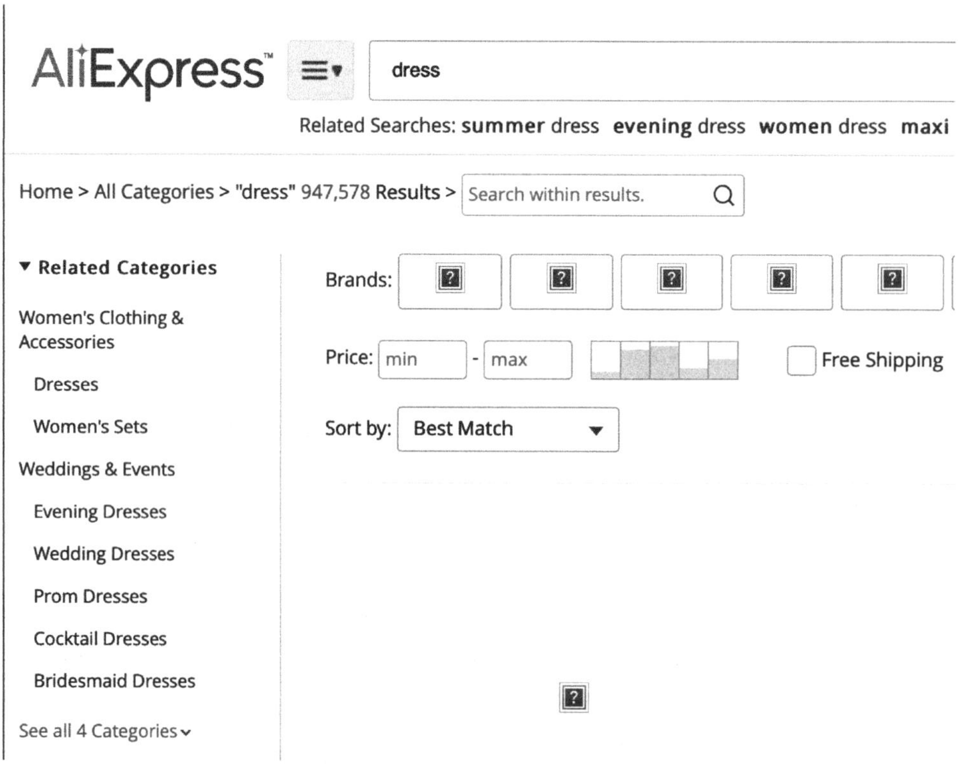

图 2-32 与 "dress" 相关的属性词或修饰词

**步骤四**：确定流量词。

流量词是能获得高曝光率和高点击率的关键词，为了能够获得更高的曝光率和点击率，商家需要仔细研究流量词。对卖家而言，如果该关键词在"搜索人气"和"搜索指数"上的数值很大，对于这类词就可以将之确定为流量词。在具体数值方面，一般将搜索人气在 3000 以上的大类目词确定为流量词，而对于小类目词，由于其数量很少，则搜索人气在 100 以上即可。图 2-33 所示为按搜索人气排序后整理的关键词，它是通过 Excel 排序整理之后的结果，可以将 "dress" 作为大类目的流量词。

| 搜索词 | 搜索人气 | 搜索指数 | 点击率 | 览-支付转化 | 竞争指数 |
|---|---|---|---|---|---|
| dress | 3,454 | 12,589 | 49.47% | 0.51% | 44 |
| dresses | 1,564 | 6,702 | 53.18% | 0.34% | 64 |
| black lace dress | 1,429 | 13,475 | 100.00% | 0.37% | 19 |
| crochet turtleneck dress | 1,380 | 3,537 | 100.00% | 1.70% | 4 |
| long sleeve tunic winter dress | 1,347 | 2,887 | 100.00% | 1.95% | 5 |
| summer dress | 1,174 | 4,413 | 60.87% | 1.19% | 49 |
| maxi dress | 1,062 | 4,299 | 76.29% | 0.35% | 52 |
| plus size | 1,009 | 4,231 | 48.00% | 0.00% | 26 |
| print chiffon sexy top | 942 | 961 | 6.20% | | |

图 2-33 按搜索人气排序后整理的关键词

**步骤五**：寻找高转化词。

转化率是商家最关心的核心指标之一，它的高低直接影响企业能否盈利，能否正常运转。小张觉得该步骤需要认真对待。和前面整理相关的关键词的思路一样，他将之前 Excel 表格中的转化率进行了排序。图 2-34 所示为根据转化率排序的关键词（图中显示为浏览-支付转化率），它是整理之后的 Excel 表格。最后，小张选择"beach dress"和"dress women"为高转化词。

| A 搜索词 | B 搜索人气 | C 搜索指数 | D 点击率 | E 浏览-支付转化率 | F 竞争指数 | G TOP3热搜国家 |
|---|---|---|---|---|---|---|
| beach dress | 4,250 | 25,150 | 64.14% | 0.88% | 114 | CZ,SK,NL |
| dress women | 6,161 | 37,005 | 52.21% | 0.53% | 151 | CZ,SK,LT |
| bandage dress | 3,545 | 22,889 | 77.36% | 0.53% | 152 | US,GB,RS |
| summer dress | 12,118 | 65,946 | 62.42% | 0.44% | 106 | CZ,SK,US |
| women dress | 5,302 | 28,765 | 51.40% | 0.43% | 128 | US,CZ,SK |
| dress | 34,890 | 173,137 | 55.07% | 0.37% | 89 | CZ,SK,US |
| dresses | 6,877 | 33,082 | 52.91% | 0.35% | 107 | US,CZ,CA |
| maxi dress | 4,003 | 21,486 | 68.13% | 0.30% | 126 | US,CA,CZ |
| party dress | 4,034 | 26,637 | 62.88% | 0.29% | 163 | US,CZ,SK |
| lace dress | 4,314 | 27,819 | 60.61% | 0.21% | 146 | US,RU,CZ |
| dresser | 4,314 | 27,819 | 60.61% | 0.00% | 147 | US,RU,CZ |

图 2-34　根据转化率排序的关键词

**步骤六**：分析长尾词。

长尾词是指具有一定的搜索量，并与商品密切相关的词。在这里需要注意的是，有些长尾词虽然可以带来很多的流量，但由于不能很好地与商品紧密联系，因此转化率很低。经过分析、筛选、排序等一系列操作，小张终于筛选出有代表性的长尾词，如图 2-35 所示。

| A 搜索词 | B 成交转化率 |
|---|---|
| long sleeve tunic winter dress | 2.73% |
| crochet turtleneck dress | 2.70% |
| chinese dress | 2.41% |
| bohemian beach long dress | 1.88% |
| retro party dresses | 1.20% |
| elegant beach long dress | 0.90% |
| bandage dress black | 0.83% |
| off shoulder dress | 0.80% |
| african dresses for women | 0.57% |

图 2-35　筛选出的长尾词

以上就是分析关键词时常用的六个步骤，这六个步骤可以帮助卖家把不同的关键词分门别类地提取出来，以便在后期选择商品上架时使用。提取的关键词能够更好地符合商品特性，更快地获得曝光量，提升最后的转化率，而这也将最终提高 SEO 推广的效率和效果。经过以上操作后，小张的心里慢慢有了底气，他决定一步一步地去实施自己的计划。接下来，他决定去匹配关键词。

## 二、匹配关键词

整理关键词之后就需要对关键词进行分析，需要从不同渠道、不同角度去做这些工作。接下来，还需要对关键词进行匹配。同样，小张在系统性地思考及有计划地分析关键词之后，决定继续分层次工作。在匹配关键词方面，他决定从商品的标题、属性和详情页三个方面着手，从中摸索和分析出规律，以便更好地提升最后商品的转化率。

### 1. 匹配标题与关键词

为了清晰地掌握这一部分的知识，大家先来看一下有代表性的跨境电商平台速卖通的商品标题展现形式。这里以"women dress"为关键词进行搜索，搜索结果页面如图 2-36 所示。从中可以发现，在匹配标题与关键词时，两个词语实际上不一定要紧挨在一起，两者之间可以有其他属性的词语。

从单词的单数和复数来看，此时展示的搜索结果有一定差别，但排在前几位的商品几乎完全一致，所以基本判断在匹配关键词时可以稍微考虑单词的单数和复数情况，以获得更高的曝光率。图 2-37 所示为"woman dress"搜索结果详情页面，图 2-38 所示为"women dress"搜索结果详情页面，两幅图显示了单数和复数搜索结果的差异。

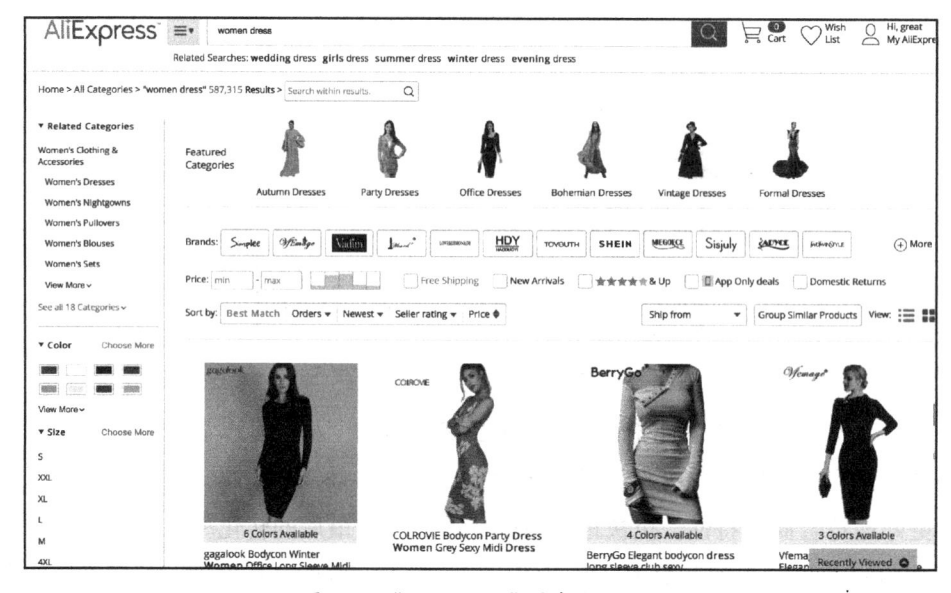

图 2-36 "women dress"搜索结果页面

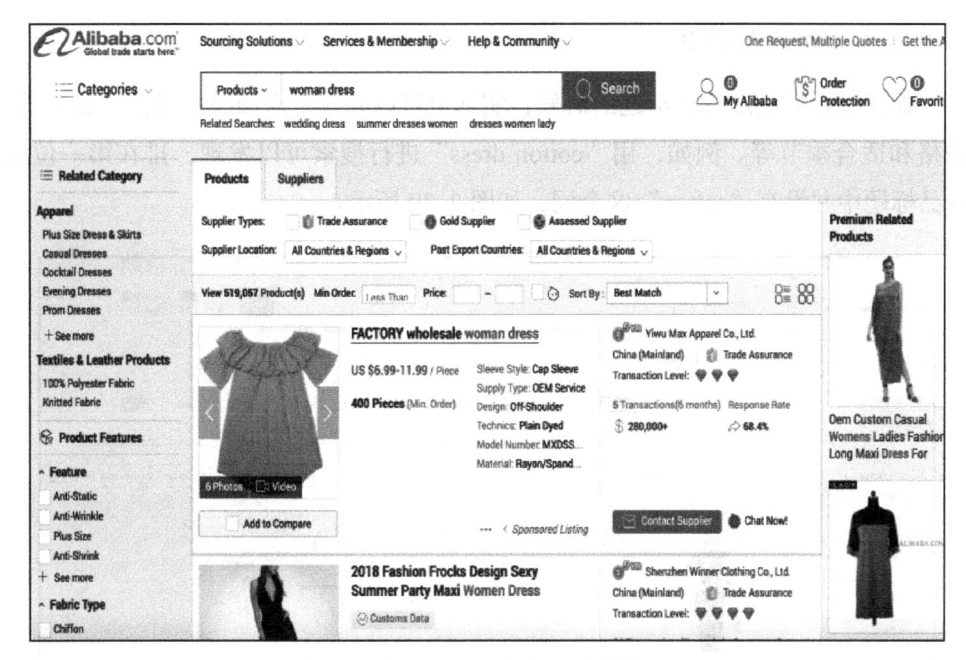

图 2-37 "woman dress" 搜索结果详情页面

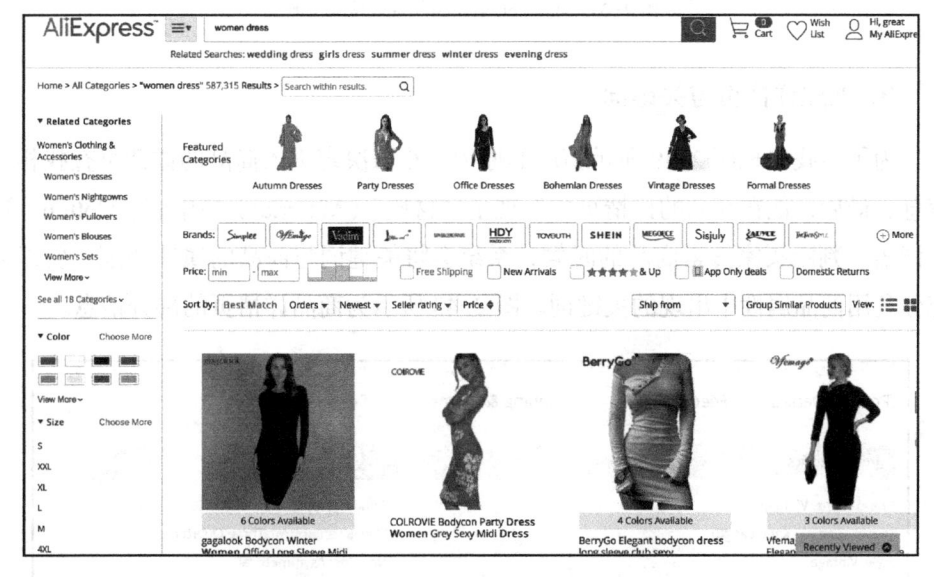

图 2-38 "women dress" 搜索结果详情页面

总之，匹配关键词需要使用自己分析得出的关键词依次在平台上搜索，寻找规律，从而最后确定商品标题中的相关关键词。小张在尝试之后决定以单数形式来确定自己的商品标题，同时在两个单词的中间夹杂表示所售商品属性的词语。

## 2. 匹配属性与关键词

在卖家最后确定商品标题的时候，实际上可以充分考虑商品的属性，如材质、风格和适合季节等。例如，用"cotton dress"进行搜索可以发现，排在第一位的商品标题中并没有"cotton"这个词，如图 2-39 所示。

图 2-39　用"cotton dress"搜索结果页面

## 3. 匹配详情页与关键词

为了寻找出现图 2-39 所示情况的原因，小张决定进入商品的详情页查找相关信息。最后，他在商品的详情页中发现了"材质"（Material）栏中有"Cotton"这个词语，判断买家搜索商品的时候，系统会将关键词与商品的属性匹配，所以应充分利用商品属性中出现的关键词。图 2-40 所示为商品详情页的部分信息。

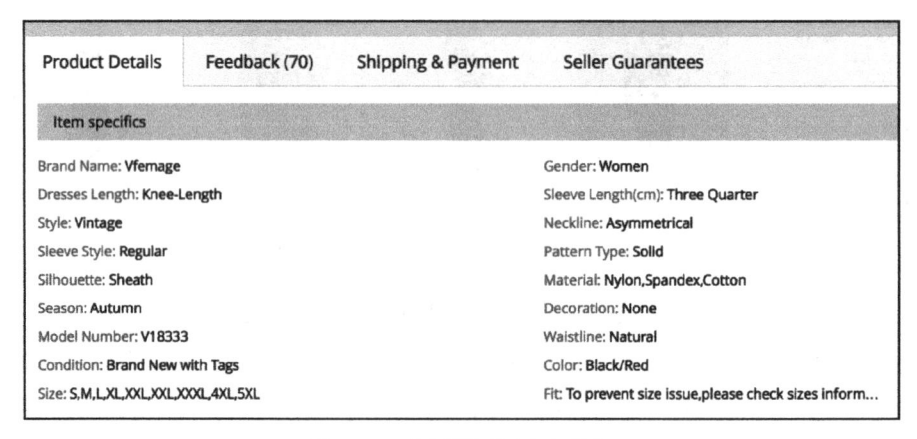

图 2-40　商品详情页的部分信息

## 三、优化网站结构

根据前面对网站结构的分析，以及之后对关键词的分析与匹配，小张接下来准备对网站结构进行优化。为了能够吸引更多的用户来看商品，获得更高的曝光率，他决定丰富网站结构，给客户充分了解企业及企业商品的页面，同时在商品详情页中加入更多的与商品属性相关的关键词。图 2-41 所示为新的网站结构图。

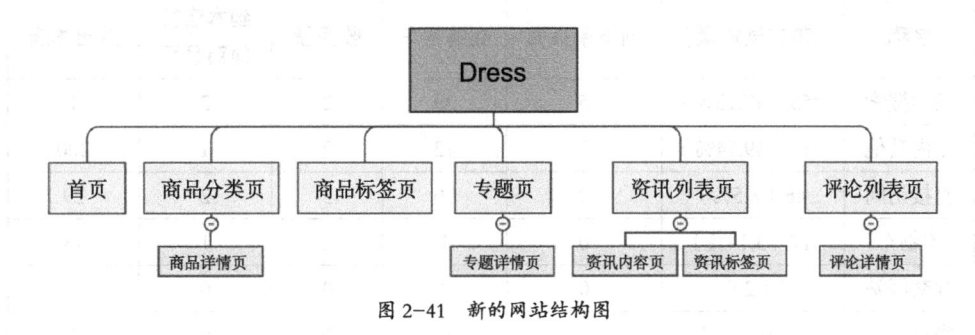

图 2-41　新的网站结构图

## 任务三　数据分析与反思

经过方案的制订和对方案的完美实施，为了能够看到方案实施的效果，小张决定在速卖通平台上收集数据，然后进行分析。他通过速卖通平台中"数据纵横"对应的商品分析中的"商品来源分析"，可以看到本店的流量来源及流量去向。如图 2-42 所示为商品来源分析页面。

图 2-42　商品来源分析页面

小张为了能够更好地显示此次 SEO 推广的效果，将两次的数据进行了对比分析。表 2-2 和表 2-3 分别是 SEO 推广之前和 SEO 推广之后商品来源分析数据。

表2-2　SEO推广之前商品来源分析数据

| 流量来源 | | 流量去向 | | | | |
|---|---|---|---|---|---|---|
| 名称 | 带来浏览量 | 到下单页面 | 到购物车 | 收藏量 | 到本店其他商品页 | 退出本店 |
| 站内搜索 | 255（47.13%） | 5 | 29 | 2 | 2 | 217 |
| 站内其他 | 215（39.74%） | 0 | 12 | 2 | 1 | 200 |
| 直接访问 | 46（8.5%） | 2 | 10 | 3 | 2 | 29 |
| 购物车 | 17（3.14%） | 0 | 1 | 2 | 1 | 13 |
| 社交网站 | 7（1.29%） | 0 | 2 | 0 | 0 | 5 |
| 类目浏览 | 1（0.18%） | 0 | 0 | 0 | 0 | 1 |
| 总计 | 541（100%） | 7 | 54 | 9 | 6 | 465 |

表2-3　SEO推广之后商品来源分析数据

| 名称 | 带来浏览量 | 到下单页面 | 到购物车 | 收藏量 | 到本店其他商品页 | 退出本店 |
|---|---|---|---|---|---|---|
| 站内搜索 | 470 | 15 | 40 | 20 | 10 | 385 |
| 站内其他 | 400 | 20 | 30 | 10 | 10 | 330 |
| 直接访问 | 80 | 15 | 22 | 5 | 10 | 28 |
| 购物车 | 20 | 4 | 5 | 5 | 6 | 0 |
| 社交网站 | 14 | 2 | 3 | 2 | 5 | 2 |
| 类目浏览 | 16 | 10 | 0 | 1 | 5 | 0 |
| 总计 | 1000 | 66 | 100 | 43 | 46 | 745 |

通过以上的对比分析，小张发现无论是流量来源还是流量去向都有了显著的提升。为了能够在之后的工作中帮助自己，他决定从收录比与外链比、PV/IP 与关键词比、流量比与单个 IP 价值三个方面去分析。

# 一、收录比与外链比

收录比是自然搜索优化中考核的一个重点，这个数据可以进行细化。例如，更新 1000 篇、收录 100 篇和更新 150 篇、收录 100 篇是一样的吗？肯定是不一样的。网站有多少页面被搜索引擎收录？每次更新内容有多少被收录？这些都是可以进行统计分析的，甚至可以对每个栏目分别计算收录比，通过这个比值可以判断出每个栏目的收录情况，然后进行调整。

外链比和收录比的意思大致相同，可以将该比值定义为收录的外链与未被收录的外链的比值。例如，发了 10000 个外链就只有一个被收录，那肯定是我们不愿意看到的，所以在进行 SEO 推广过程中不仅需要跟踪外链的收录情况，而且还要计算出不同平台的外链比。这是对网站外链的考核，也是对资源的整理。

## 二、PV/IP 与关键词比

如果一个网站的 PV 值与 IP 值的差别很大，如 PV 值是 100，而 IP 值是 10，则说明平均每个 IP 来到这个网站可能阅读了 10 篇文章，说明网站的内容很受欢迎。一般而言，网站 PV/IP 的值越大越好，其值在 2∶1 以上比较正常。但是，不同行业、不同类型网站 PV/IP 的值是不一样的。例如，教育资讯类网站的比值可能在 2∶1 以内，而娱乐新闻类网站的比值可能是 20∶1，甚至更高。所以，需要统计自己网站的比值，以进行对比。

关键词比就是当前网站关键词量与网站收录词量的比值，即网站收录产生了多少关键词。这里所说的关键词是用户搜索进入网站的关键词，这个比值能反映在自然搜索中这些关键词的转化效率，也可以体现网站页面的优化程度，比值越大说明每个收录页面的贡献越高。这个比值最好建立在大量数据上，因此可以几个月分析一次。

## 三、流量比与单个 IP 价值

流量比是在上面提到的关键词的基础上有多少 PV 产生，即网站 PV 与关键词量的比值。该比值越大说明网站每个关键词引来的流量越多，那么就说明关键词的优化越好。当然，在计算这一比值的时候，需要注意是否有某些大流量词。我们可以把这些流量词拿出来单独分析，然后用剩余的流量和关键词量进行计算，这样就可以提高准确率。

企业都是以盈利为目的的，单个 IP 价值最能体现该目的。单个 IP 价值也很简单，就是单位时间内网站总盈利与 IP 量的比值，简单地说，就是网站的每个 IP 值多少钱。

## 同步训练

### 一、选择题（单选题或多选题）

1. SEO 推广的特点有（　　）。
   A. 成本高　　　　　　　B. 客户质量高
   C. 效果稳定　　　　　　D. 实时监控

2. SEO 推广的常见目的有（　　）。
   A. 增加联络人　　　　　B. 提升转化率
   C. 推荐商品　　　　　　D. 宣传品牌

3. 分析关键词的第一个步骤是（　　）。
   A. 确定核心词　　　　　B. 确定属性词
   C. 确定流量词　　　　　D. 剔除无用词

4. 近期搜索次数突然增多的词称为（　　）。
   A. 热搜词　　　　　　　B. 零少词
   C. 飙升词　　　　　　　D. 关键词

5. SEO 推广效果分析的常用指标有（　　）。
   A. PV 值　　　　　　　B. 关键词比
   C. 流量比　　　　　　　D. 外链比

### 二、简答题

1. 简要描述 SEO 推广的操作步骤。
2. 简要阐述关键词的分类。

### 三、案例操作

某服装企业之前主要在国内市场销售产品。近期，负责人决定开拓海外市场，但在开展工作之后发现 SEO 推广的效果不佳，客户很少进入企业官网选择产品，在国外著名的搜索引擎中也较难找到该企业。现在假设你是该企业的海外推广人员，负责人要你制订一个 SEO 推广方案，请确定推广目的、推广步骤、推广方法，以及对数据进行分析与优化，具体如表 2-4 所示。

表2-4　某服装企业SEO推广方案

| 主营：时尚女裙 ||
|---|---|
| 方案制订步骤 | 具体细节描述 |
| 1. 确定推广目的 | |
| 2. 确定推广步骤 | |
| 3. 确定推广方法 | |
| 4. 数据分析与优化 | |

## 项目三

# SEM推广

## 学习目标

### （一）知识目标

1. 了解 SEM 推广的含义及意义。
2. 了解 SEM 推广方案的制订方法。
3. 学习 SEM 推广的方法和操作步骤。
4. 学习 SEM 推广效果的检测与改进。

### （二）能力目标

1. 熟练掌握 SEM 推广的方法和操作步骤。
2. 学会分析 SEM 推广效果并根据数据及时进行反思和改进。

### （三）素质目标

1. 通过课程教学，培养诚信经营的精神。
2. 通过课程教学，树立灵活变通的意识，引导学生借助周边及自身资源，实现双赢局面。
3. 通过课程教学，培养法律意识，自觉遵纪守法。

## 导入案例

C 公司是一家主营无土栽培设备的企业，期望在海外寻找加盟商，进行 SEM 推广一段时间后，发现点击量很大，也有很多客户咨询，但大多数客户只是来询问技术原理和参数，有意向加盟的寥寥无几。市场部和销售部联合调研发现，通过搜索"植物工厂""无土栽培""水培设备""蔬菜种植机"等关键词进入网站的人大多数是农业从业者、研究人员或同行竞争对手，而不是企业的目标客户。

市场部和销售部经过调研分析发现，目标客户都有以下特征：传统制造业企业负责人（35～55岁），有多年经营工厂的经验，由于近年来传统制造业发展遭遇障碍，所以纷纷谋求转型。于是，他们通过搜索引擎和展会去了解最新的工业情况。他们有一定的启动资金，但不希望冒太大的风险，所以加盟好项目是首选。因此，在关键词设置方面，企业增加"传统企业转型""传统制造业转型"等来吸引目标用户。对于需要考察加盟项目的企业负责人来说，他们希望这个项目有广阔的市场空间、利润空间大、启动门槛较低、全程有人指导等。因此，在内容创意、撰写和着陆页制作时，就要突出他们的痛点和兴趣点，能第一时间吸引他们的注意，激发他们立即打电话咨询。最后，通过与目标客户的深度访谈，了解到他们的深度阅读时间段通常为11—13点和20—24点，因此重点在这两个时间段投放。

从效果来看，在顶峰时期，销售人员每天都能接到不少于50个咨询加盟的电话，而且超过60%都能邀约到企业参观。

**思考**：C公司是如何在SEM推广中进行目标客户分析的？

1. 目标用户特征分析：传统制造业企业负责人（35～55岁），有多年经营工厂的经验，进行企业转型，通过搜索引擎和展会了解最新的工业情况。他们有一定的启动资金，但不希望冒太大的风险。因此，在关键词设置方面，企业增加"传统企业转型""传统制造业转型"等。

2. 目标用户心理分析：他们希望项目有广阔的市场空间、利润空间大、启动门槛较低、全程有人指导等。因此，在内容创意、撰写和着陆页制作时，就要突出他们的痛点和兴趣点。

3. 目标用户搜索行为分析：用户的深度阅读时间段通常为11—13点和20—24点，因此重点在这两个时间段投放。

## 相关知识

### 一、什么是SEM推广

SEM是"搜索引擎营销"（search engine marketing）的英文缩写。SEM推广

是利用人们对搜索引擎的依赖和使用习惯，在人们检索信息的时候将信息传递给目标用户。其基本思想是让用户发现信息，并通过点击进入网页，进一步了解所需要的信息。企业通过搜索引擎付费推广，让用户可以直接与企业客服进行交流、了解企业产品，实现交易。

## 二、SEM 推广的特点

SEM 推广使用广泛，能够动态更新，还具备投资回报率高的优点。同时，SEM 推广是企业网络营销获取信息源的渠道，其传递的信息只发挥向导作用，是一种以用户为主导的网络营销方式，能够在实际推广的过程中实现较高程度的定位。最重要的一点是，它能够适应网络服务环境的发展变化，根据企业的预算更好地控制广告成本。

## 三、Overture 搜索引擎

Overture，原名为"GoTo"，即原来的 GoTo.com，于 1997 年 9 月由比尔·格罗斯的 Idealab 创立。1998 年 6 月，企业开始了付费推广搜索服务，使广告商通过对指定关键词的竞价，得到不同的搜索结果排名。一年后，企业完成了其普通股的原始公共积累，开始在美国纳斯达克股票市场上市。2003 年 10 月 7 日，雅虎公司收购 Overture，使其成为雅虎子公司。

Overture 的总部位于美国加利福尼亚的帕萨迪纳，在纽约、芝加哥等地均有办事处，非美业务总部设在爱尔兰，欧洲、亚洲及大洋洲的澳大利亚均设有办事处。它是现有著名搜索引擎中比较有特色的一个，提供目前大受欢迎的"Pay-For-Performance"网站登录服务。百度推出的竞价排名服务便是借鉴了 Overture 的业务模式。Overture 的"Pay-Per-Click"价格通过竞标方式确定，并与特定的关键词挂钩。用户针对某一关键词给出的竞标金额越高，当访问者以该关键词搜索时，该用户网站排名越靠前。

除了一些极热门的关键词标价超过 1 美元，一般的关键词标价从几美分到几十美分不等。目前 Overture 对一定期限内访问流量达不到限额的关键词不提供竞价机会。Overture 允许免费登录，但免费网站永远排在付费网站之后。网站通过竞价排名登录 Overture 一般只需 3 天时间，并且还有机会出现在雅虎、AltaVista 等网站的搜索结果中。

## 四、SEM 推广与 SEO 推广的对比

谷歌的 SEO 推广和 SEM 推广，前者是免费的，后者收费也比较简单。懂 SEO 推广的人会两者并用，以实现短期目标并长期与潜在客户建立关系，提升免费入站人流，扩大销售和优化网站内容。具体来看，两者有以下几个方面的区别。

### 1. SEM 收费，SEO 免费

进行 SEM 推广是要付费的，即你支付一定的费用给搜索引擎服务方，从而指定用户在搜索某些关键词时显示付费的广告内容，这一般叫作关键词广告，如谷歌的 Google AdWords。同时，搜索引擎会根据关键词和自己的算法列出最切合搜索用户需求的网页。SEO 是指针对搜索引擎算法而进行优化的手段，如果操作成功就意味着你的企业信息或者产品信息可以排在搜索引擎结果页面的最前面，免费得到更高的曝光率，提升销售机会。

### 2. SEM 自由度大，SEO 自由度小

SEM 可以通过广告平台设定预算、针对不同的关键词决定要显示的文字广告标题，以及点击内容后需要跳转的登录页面。而 SEO 页面的标题是固定的，其登录页面也是固定的，显示的文字可能是描述信息，也可能是网页的其他相关内容。SEO 主要是基于搜索引擎判断用户的搜索内容跟你的网站是否相关。

### 3. SEM 针对交易性搜索查询，SEO 针对信息性搜索查询

广告就是显示明确的销售信息，由于大部分用户知道是广告，所以内容往往包含行动呼吁，引导用户在内容的指引下跳转到购买页面产生购买行为，这是广告应该有的效果。而 SEO 更偏向于内容营销，通过提供有用的资讯与用户建立长期的关系，目的是为用户的某个问题提供答案和信息。对搜索引擎来说，某企业名称或产品被搜索查询得越多，代表该企业或产品的品牌信号越强。谷歌不会只提供一种搜索结果给用户。例如，你搜索网上商城，有可能是要找网上商城购物（交易性查询），也有可能是想要学习如何建设和运营（信息性查询）。SEM 针对的就是提供网上商城购物的通道，来刺激用户的点击购买行为。图 3-1 所示为用谷歌搜索"网上商城"的界面，其中第一个显示的页面是 SEM 推广的结果。

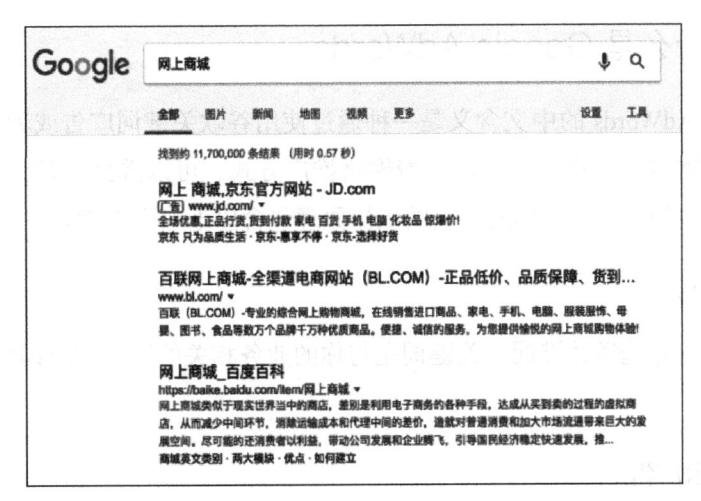

图 3-1 用谷歌搜索"网上商城"的界面

### 4. SEM 追求曝光率，SEO 追求转化率

SEM 基于出价最高的广告优先显示，其搜索排名结果是基于搜索引擎的算法，其中很多因素需要长时间的观察和判断。最出色的 SEO 优化工作需要几个月才能反映在搜索引擎结果页面上，需要查看曝光机会时，SEM 能很快看到效果。虽然曝光能带来点击量，但不一定能带来销售。在实际操作的过程中，许多卖家发现高点击率并没有带来高销售额。此时，如果仔细探究，就会发现客户登录后的页面内容空泛，许多客户发现价格偏高时，会点击，但不会选择购买。

### 5. SEM 强调精准营销，SEO 强调细水长流

SEM 的每个点击都需要付费，你当然希望每个点击的用户是你的潜在客户并实现销售，慢慢地你的广告变得越来越针对潜在客户，广告平台也更加精准、更加专业化。SEO 的点击则没有成本，就算访客人流不能及时带来收益也无所谓。事实上，更多的人访问网页，对提升网页的搜寻结果排名有所帮助，所以可以细水长流，通过提供资讯慢慢深化与访客的关系，建立品牌形象，从而带来长远的生意增长。

### 6. SEM 着眼短期回报，SEO 着眼长期回报

熟悉网上推广的企业采用付费的 SEM 推广实现短期目标，而对于长期目标的实现则选择 SEO 推广，以提升转化率和优化网站内容，进而与潜在客户建立关系。

## 五、什么是 Google AdWords

Google AdWords 的中文含义是一种通过使用谷歌关键词广告或者谷歌遍布全球的内容联盟网络来推广网站的付费网络推广方式，可以选择包括文字、图片和视频广告在内的多种广告形式。它的工作原理包含以下三个方面。

### 1. 制作广告

制作广告并选择关键词（关键词是与你的业务相关的字、词或词组），获取关键词建议。

### 2. 展示广告

当用户使用你的某个关键词用谷歌搜索时，你的广告可能展示在搜索结果的旁边。现在是你向已对你的产品表现出兴趣的目标受众展示广告的时候了。

### 3. 吸引客户

谷歌用户只需点击你的广告即可购买或详细了解你的产品的情况。

Google AdWorks 可以精确地覆盖目标，可以向用谷歌搜索的用户投放广告。即使你提供的服务或产品已出现在谷歌搜索结果中，Google AdWords 仍可以在谷歌及谷歌广告联盟中吸引新的受众。决策者能获得更全面的控制权，可以修改广告内容和调整广告预算，直到广告的效果令自己满意为止。你可以用多种广告格式展示广告，甚至可以将广告定位到使用特定语言及位于特定地理位置的用户。它具有可衡量的价值回报，既没有最低花费限制，也没有投放时间要求。如果你选择的是每次点击费用选项，那么仅当有人点击你的广告时，你才需要支付费用，也就是你投入的每一分预算都会为你带来新的潜在客户。

综上所述，可以看出 Google AdWords 是一种在谷歌及其广告合作伙伴的网站上快捷简便地刊登广告的方式，无论广告预算多少都可充分享受其高效的广告服务。Google AdWords 广告会随搜索结果一起显示在谷歌上，还会显示在日益壮大的谷歌联盟中的搜索网站和内容网站上。另外，每天都有无数的用户在谷歌上进行搜索，并在谷歌联盟网站上浏览网页。因此，大量的网络用户将看到 Google AdWords 广告。

在制作投放于谷歌及其搜索合作伙伴网站上的 Google AdWords 广告时，可以选择触发广告的关键词，并指定愿意为每次点击支付的最高金额。在制作投放在内容网络上的 Google AdWords 广告时，可以选择广告的确切展示位置，也可以由内容相关定位实现关键词与内容的匹配。你既可以选择为广告获得的每次点击出价（称为 CPC 出价），也可以选择为其获得的每千次展示出价（称为 CPM 出价）。最重要的一点是，为了帮助客户节省开支，Google AdWords 折扣器会自动将你的实际每次点击费用减少到保持广告排名所需支付的最低费用。而且，无论选择什么样的展示或出价方式，Google AdWords 折扣器都会发挥作用。

## 项目情景

某 LED 灯销售企业前期主要是在国内市场销售，其电商部门到目前为止只是刚开始涉猎海外市场。随着国家对跨境电商的大力扶持，该企业的负责人考虑到当前国内 LED 灯市场逐渐趋于饱和，而海外市场是一片蓝海，于是发布了相关的招聘广告，最后选定小钱来负责企业 SEM 推广业务。

在详细进行梳理的过程中，小钱发现企业当前的 SEM 推广工作主要存在关键字添加不合理、广告设置混乱和广告投放位置不科学等问题。这使企业的官网搜索及产品搜索排名靠后，进而影响了企业的销售。针对这些问题，小钱在思考之后，决定有计划、有系统地来制订自己的 SEM 推广方案。

## 任务一　SEM推广方案制订

在深刻分析企业前期的 SEM 推广方案后，小钱知道好的 SEM 推广需要完善的执行方案。SEM 推广方案的制订是首要的工作。在方案制订的过程中，需要有明确的推广目的，随后要划分 SEM 推广人群，最后要熟悉 SEM 推广方式，进而制订 SEM 推广核心计划。在这个过程中，小钱首先需要明确 SEM 推广目的。

### 一、明确 SEM 推广目的

SEM 推广是基于搜索引擎平台的网络营销，利用人们对搜索引擎的依赖和使用习惯，在人们检索信息的时候将信息传递给目标用户。其基本思想是让用户发现信息，并通过点击进入网页，进一步了解所需要的信息。企业通过 SEM 推广，让用户可以直接与企业客服进行交流、了解企业产品，实现交易。一般来说，SEM 推广包含四个方面，即点击付费广告、竞价排名、关键词广告和 SEO，如图 3-2 所示。

图 3-2　SEM 推广包含内容

因此，SEM 推广目的可分为增加收录机会、提升排名、优化网站访问质量和提高收益四点，如图 3-3 所示。

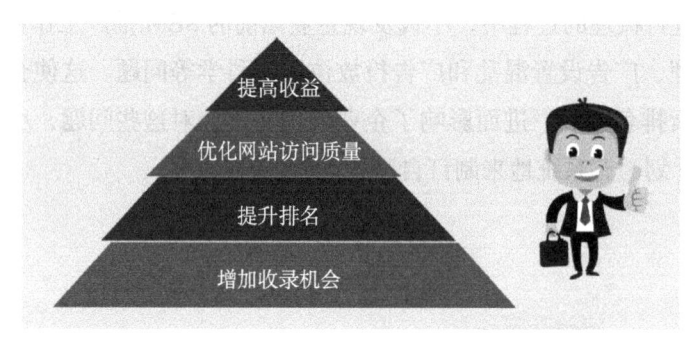

图 3-3　SEM 推广目的

### 1. 增加收录机会

进行 SEM 推广，其首要目的就是在主要的搜索引擎或分类目录中获得被收录的机会，这是搜索引擎营销的基础，离开这个层次，搜索引擎营销的其他目标也就不可能实现。登录搜索引擎有免费登录、付费登录、搜索引擎关键词广告等形式。通过有效的 SEM 推广，能够让网站中尽可能多的网页获得被搜索引擎收录的机会（而不仅是网站首页），这也是为了提高网页的搜索引擎可见性。

### 2. 提升排名

提升排名是指在被搜索引擎收录的基础上尽可能获得好的排名，即在搜索结果中有良好的表现。网络用户关心的只是搜索结果中靠前的少量内容，如果利用主要的关键词检索时网站在搜索结果中的排名靠后,那么还有必要利用关键词广告、竞价广告等形式作为补充手段来实现这一目标。同样,如果在分类目录中的位置不理想,则需要同时考虑在分类目录中利用付费等方式使排名靠前。

### 3. 优化网站访问质量

SEM 推广能够提升和优化网站访问量指标的各个方面,也就是通过搜索结果点击率的增加来达到提高网站访问量的目的。只有受到用户关注,经过用户选择后的信息通常才有可能被点击。从搜索引擎的实际情况来看,仅仅做到被搜索引擎收录并且在搜索结果中排名靠前是不够的,这样并不一定能增加用户的点击率,更不能保证将访问者转化为客户。要通过搜索引擎营销实现访问量增加的目标,需要从整体上进行网站优化设计,并充分利用关键词广告等有价值的搜索引擎营销专业服务。

### 4. 提高收益

好的 SEM 推广方案的实施,能够将访问量的增加转化为企业最终实现收益的提高。该目的可以被理解成前面三个目的的进一步提升,是各种搜索引擎方法所实现效果的集中体现,但并不是搜索引擎营销的直接效果。从各种搜索引擎策略的使用到产生收益,其间的中间效果表现为网站访问量的增加,而网站的收益是由访问量转化形成的,从访问量转化为收益则是由网站的功能、服务、产品等多种因素共同作用决定的。

综合以上所述的情况,在进行 SEM 推广的过程中,前面的三个目的的实现过程是一个积累过程,有了一定的积累之后才能顺利实现第四个目的。因此,在搜索引擎营销中通常将提高收益归纳为战略层次的目标,而其他三个层次的目的属于策略范畴,具有可操作性和可控制性的特征,实现这些基本目的是搜索引擎营销的主要任务。

小钱在分析企业当前 SEM 推广存在的问题之后,决定依次实现上述的四个目的,进而为企业带来更多的收益。

## 二、划分 SEM 推广人群

在做营销前必须了解消费者,不管是传统媒体还是网络营销,任何一种营销方式的最终受众都是消费者,营销的目的都是满足消费者的需求。所以,消费者是营销中最重要的一个环节。在传统行业中,如一家做女装的企业,需要去分析和研究女性对着装的喜好、对店面装修的偏好、对衣服款式的选择等,这就是对消费者的研究。

在网络营销中,我们应该分析什么呢?其实,网络营销与传统媒体营销大同小异,只是网络营销侧重于网络这块,分析方向就要倾向于网民的购买行为。SEM推广是一种针对性比较强的营销方式,通常是有一定需求的潜在客户通过搜索关键词找到企业网站的,其投放目标会更加精准,效率也更高。所以,SEM推广在跨境电商海外推广中占据较重的地位。前期确定的推广目的能够为推广方案的具体制订做好铺垫。

经过思考,小钱决定开始搜索目标客户。如何在茫茫网络中找到想要的目标客户呢?小钱决定从消费者心理、兴趣、上网习惯和地域四个方面进行分析,以便最终对SEM推广人群有深刻的认识。SEM推广人群分析如图3-4所示。

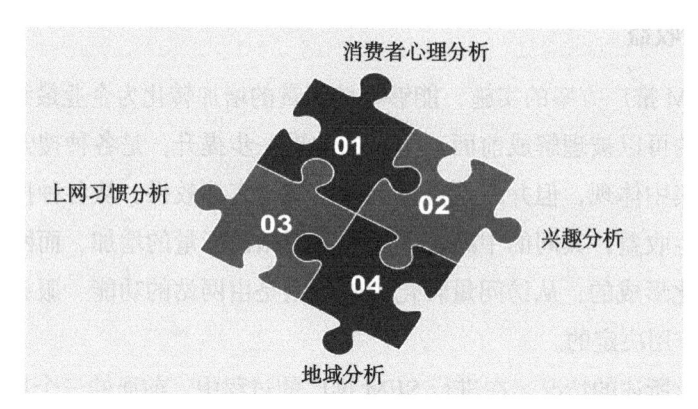

图3-4 SEM推广人群分析

### 1. 消费者心理分析

消费者购买商品,一般在意的因素有哪些?在通常情况下,消费者会货比三家,比价格、比质量、比效果等。而且,消费者在不同的阶段可能需求也不一样,最开始只有一个模糊的概念,只知道自己需要什么。因此,他们会先在搜索引擎中搜索——广撒网。

通过搜索,他们会明确最基本的需求,挑选几家合适的——"精挑选";最后通过对比,选定一家"物美价廉"的网站。

在制订SEM推广方案的时候,根据网民(消费者)的购物习惯来分析其消费心理,根据他们的不同需求制订不同的推广方案,如创意文案、着陆页的设置等,将会极大地提高其购买的概率。

### 2. 兴趣分析

分析网民或者潜在客户的兴趣，如女装的目标人群是女性，那么女性喜欢什么、她们的兴趣是什么、喜欢逛的网站有哪些，这些问题都需要进行分析和了解。兴趣分析多用于网络联盟推广，通过对潜在客户的分析，了解他们经常逛的网站，逛的是什么类型的网站，然后有针对性地在这些网站上投放广告，覆盖更多的潜在客户。

### 3. 上网习惯分析

上网习惯又称检索行为，每个网民的上网习惯是不同的，如游戏行业的目标人群，可能绝大部分是在晚上上网；又如办公家具行业的目标人群，可能是在白天上班时间浏览和购买商品。不同行业的受众人群，其上网习惯也是不一样的，因此要针对不同人群设置不同的投放时间段，这也是 SEM 推广比较重要的一点。

### 4. 地域分析

地域分析主要是了解目标受众群体集中于哪些地域，对于转化效果好的地域可以重点投放。对于跨境电商海外推广而言，要根据企业选定的海外国家，充分分析其地域特征，以便后期进行更好的数据分析，对不同的地域设置科学的预算、时间段等。

## 三、熟悉 SEM 推广方式

SEM 推广方式有多种，在海外推广的过程中通常使用的是 Google AdWords。

Google AdWords 关键词排名广告中创建成功的广告内容有很多，这里简要归纳出以下技巧来帮助大家在谷歌关键词排名广告中获得较高的点击率，并以更低的价格使其排在前面。

### 1. 锁定正确群体

通过选择某种语言和某个国家或地区来锁定你的潜在客户群体。例如，你可以设定只让广告出现在某个特定国家的潜在客户面前，如现在有许多说法语的国家，但如果目标客户只在加拿大，则可以把除加拿大以外的其他讲法语的国家屏蔽掉。换言之，法国的查询者是无法"点击"你的广告的，因为它不会出现在他的眼前，从而避免由于这部分点击带给你的额外的和不必要的支出。

### 2. 提炼关键词

用方括号"[ ]"把关键词括起来，如 [Google][Google AdWords]。这样一来，只有当查询者输入的关键词与你用方括号括起来的关键词（关键短语）精确匹配时，你的广告才会呈现在他的面前。换言之，倘若搜索的关键词中包含其他的词，那么搜索结果中不会出现你的广告，从而有效地排除了与你的业务不相关的访问者，最大限度地减少了你的广告支出。

### 3. 测试多个广告

一般需要同时对两个或者更多的广告进行测试。这种测试方法在印刷行业中叫作 A/B 分离测试。通过比较，找出能够获得较高点击率的广告，然后用它来替换原有的广告内容。重复此过程，可以获得点击率最高的广告内容。

### 4. 跟踪投资回报率

投资回报率是指通过投资而应返回的价值，即企业从一项投资活动中得到的经济回报。虽然谷歌会跟踪每个关键词广告的点击率，但不会去跟踪到底有多少点击率实际转化成你的投资回报。你可以对每个广告使用一个特殊的跟踪链接来追踪该广告的转化投资比例。例如，你可以给每个广告加上一个成员跟踪系统链接，这样做可以检查你的投资费用是否产生了效益，从而确保每个投放的广告都会为你带来投资回报。

### 5. 包含目标关键词

在广告标题和内容中应包含具体的目标关键词。谷歌会把广告中与查询匹配的关键词加粗，以突出显示。当一个查询者浏览查询结果时，他其实是在找输入的关键词。这时以粗体突出显示的查询关键词自然能够吸引查询者的注意力。也正是由于这个原因，包含关键词的广告往往比那些不包含关键词的广告效果好得多。

### 6. 强调优势

在广告中应提供多个你的产品或服务能够为客户带来的益处。例如，赚更多的钱、保持青春、减肥、身体更健康、生活得更快乐等，以此吸引客户进一步阅读，大大提升转化的概率。

### 7. 注意措辞

在广告的标题中，应提供能够抓住查询者注意力的词，如"免费的""新的"

等。不过，要确保措辞没有违背谷歌的关键词编辑指导规则。如果使用了"免费的"，那么在你广告直接链接的页面中必须有相对应的免费的产品或服务；如果使用了"新的"，那么你推出的产品或服务不能超过半年；而如果通过第三方的检验不能发现你的质检报告，那么在你的广告中就不能包含相关的或主观的词语，如"最好的""最廉价的""顶级的""第一"等。

另外，在广告中应使用给人印象深刻和号召行动的措辞，以达到激发客户情感和购买欲望的目的，如"免费的""特别提供""限时提供"等词。"现在买半价优惠""免费测试版—现在就下载""今天最后一天"等属于号召行动的措辞。在广告中应清清楚楚地体现你的产品或服务的优势，同时确保这些描述产品或服务的词是准确而恰当的，否则谷歌将会把你提供的与产品不符合的词语从广告中剔除出去。

### 8. 设计独特卖点

罗瑟·瑞夫斯提出了产品的核心概念，也称"核心卖点"（unique selling proposition，USP）。核心卖点是产品核心价值的外在表现，也是传递给消费者的最重要的产品信息。罗瑟·瑞夫斯主张在制作广告时，最重要的是发现其核心卖点，包括以下两点。

（1）必须包含特定的产品效益。

（1）必须是独特的、唯一的、新颖的，且与销售相关的。

当同类产品在质量上相当时，客户能否完成购买的关键就在于其对于商标乃至企业本身的印象，因此找出产品的核心卖点对产品特性的有效传播、品牌形象的树立或销售都具有不可估量的拉动效应。

### 9. 关注着陆页

在互联网营销中，着陆页是指当潜在客户点击广告或者利用搜索引擎搜索后显示给他的网页。如果采用最简单的定义，着陆页就是"点击广告之后客户被带入的网页"，即客户光临的第一个网页页面。这个页面一般会显示和点击的广告或搜索结果链接相关的扩展内容，而且这个页面应该是针对某个关键词（或短语）做过搜索引擎优化的。该网页的设置是为了让网络消费者能够更快速、更顺利地接触到信息。

### 10. 剔除普通词

例如，a，in，on，it，of，etc，这些词都是没有必要的。只要不是绝对需要的词，你都可以把它们从广告中请出去，以此保证广告中的每个词都具有相当高的含金量。

### 11. 规避无效点击

你可以在广告的最后面加上产品或服务的价格，以此方式避免那些从网上寻求免费服务或产品的人点击你的广告，从而减少广告开销。另外，这样做不但能够提高你的潜在客户的总体转化比例，同时降低了获取客户的平均成本。

了解了以上常用的技巧后需要明白，广告需要经过多次测试，你需要经常追踪你的广告，要持续测试不同关键词和广告内容，之后通过对不同版本内容的比较来改进和提高你的潜在客户的转化比例，最后降低客户取得成本。

## 四、制订 SEM 推广核心计划

经过前期的准备工作，小钱开始制订 SEM 推广核心计划，最终决定选择谷歌搜索进行推广。小钱决定分以下几个阶段开展工作。

第一阶段：申请谷歌账户，并清楚其结构。谷歌推广账户由账户、广告系列、广告组，以及关键字和广告四层结构组成，如图 3-5 所示。

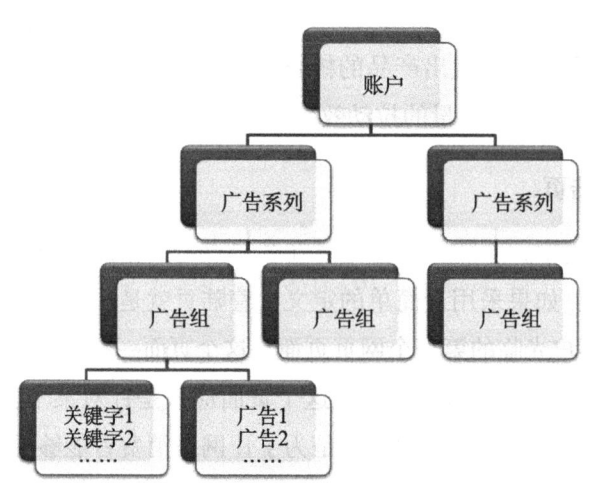

图 3-5 谷歌推广账户结构

第二阶段：设计广告系列。在该阶段中，需要制作广告系列、设置广告系列和制作广告及广告组。

第三阶段：添加关键字。在这个阶段中，需要了解关键字的原理，在熟悉构建关键字列表的基本技巧的基础上，更好地匹配关键字和处理好关键字出价。

第四阶段：投放谷歌广告。在这个阶段中，需要明白网络广告可以在哪些位置展示，并开始添加或移除搜索网络合作伙伴和认识搜索网络广告的类型。

## 任务二　SEM推广操作步骤

小钱制订方案后，将方案上报给了上级主管。主管经过讨论之后，同意了小钱的方案。为了能够更好地实施方案，小钱决定有条理地推行他制订的方案。接下来，小钱决定分别从搭建谷歌账户、构思新广告系列类型、实施新广告系列设置三个方面来完成前面制订的方案。

### 一、搭建谷歌账户

搭建谷歌账户通常包括谷歌账户的申请及登录，另外还需要了解谷歌的账户结构，这点在前面的叙述中已经提到。具体的操作情况如下。

（1）进入谷歌官方网站，单击右上角的"登录"按钮。谷歌界面如图3-6所示。

图3-6　谷歌界面

（2）单击"创建账号"按钮，进入图3-7所示界面，填写相关信息就可以完成谷歌账号的创建。

图 3-7　创建谷歌账号界面

## 二、构思新广告系列类型

制作投放到搜索网络或展示广告网络的广告系列时，明确"目标"可以简化企业的决策过程，指导企业决策者选择有助于广告系列取得成功的特定功能。在制作广告系列时，你可以选择目标，所选目标应与你想从广告系列获得的主要成果相符，如销售额或网站流量。选择目标后，你会看到相关的系统推荐功能与设置，以帮助你获得对你的业务最重要的成果。

表 3-1 和表 3-2 分别为搜索网络广告系列的"目标"和投放到展示广告网络的广告系列的"目标"。

表3-1　搜索网络广告系列的"目标"

| 目标 | 适用情形 | 功能类型 |
| --- | --- | --- |
| 销售额 | 1. 促成在线销售或转化、应用内销售或转化、电话销售或转化、实体店销售或转化<br>2. 与已经联系你或马上就要做出购买决定的客户深度互动 | 启动购买或转化过程的功能，如针对点击次数的出价策略、广告附加信息，以及在潜在客户浏览与谷歌合作的网站、视频和应用时面向他们展示的广告 |
| 潜在客户 | 鼓励相关客户通过注册简报或提供其联系信息来表达对你的产品或服务的兴趣 | 启动转化过程的功能，如受众群体定位、广告附加信息，以及在客户浏览与谷歌合作的网站、视频和应用时向他们展示的广告 |

续表

| 目标 | 适用情形 | 功能类型 |
|---|---|---|
| 网站流量 | 吸引潜在客户访问你的网站 | 可以帮助正在进行调研的客户找到潜在产品选项的功能，如采用具有相关性的广告（其标题是动态生成的）、广告附加信息，以及有助于提升网站访问量的出价策略 |

表3-2　投放到展示广告网络的广告系列的"目标"

| 目标 | 适用情形 | 功能类型 |
|---|---|---|
| 销售额 | 1. 促使已经准备采取行动的客户购买或实现转化<br>2. 与已经联系你或马上就要做出购买决定的客户深度互动 | 启动购买或转化过程的功能，如具有视觉冲击力的广告、自动出价和定位，以及可以帮助你吸引正在积极浏览、调研或比较你所售产品与服务的客户的其他功能 |
| 潜在客户 | 鼓励相关客户通过注册简报或提供其联系信息来表达对你的产品或服务的兴趣 | 启动转化过程的功能，如自动出价和定位、具有视觉冲击力的广告，以及可以帮助你吸引对你的业务感兴趣的客户提供电子邮件地址、注册接收简报或提供其他相关联系信息的其他功能 |
| 网站流量 | 吸引潜在客户访问你的网站 | 可以帮助正在进行调研的客户找到潜在产品选项的功能，如自动出价、定位和广告制作，以及可以帮助你构建日后可以再次吸引潜在客户的网站访问者列表的功能 |
| 产品和品牌满意度 | 1. 吸引潜在客户探索你提供的产品或服务<br>2. 向客户介绍你的产品或服务与众不同的方面 | 可以帮助你促使客户选择你的品牌的功能，如自动出价、定位和广告制作，以及有助于增加深度互动的富有视觉吸引力的广告 |
| 品牌认知度及覆盖面 | 1. 提升客户对你的产品或服务的认知度<br>2. 在发布新产品或将业务范围扩展到新领域时，向客户介绍你提供的产品或服务 | 可以帮助你建立品牌知名度的功能，如生动直观的广告、可提升观看次数的出价策略，以及有助于吸引新客户并抓住他们注意力的其他功能 |

制作新的广告系列时，广告主要做的第一件事是选择广告系列的类型。这些选择决定了广告主的广告可以在哪些位置显示、制作哪些类型的广告，以及进行哪些可以用于定制广告系列的设置。

## 三、新广告系列设置

在设置新广告系列时,需要考虑每个广告网络都有不同类型的广告系列,能够满足广告主的不同目标。广告系列类型可以决定客户将在哪里看到广告主的广告,而广告主将能够通过广告定位来选择更具体的广告展示位置。登录 Google AdWords 账户,选择新建广告系列后,会有四个步骤来帮助我们完成新建广告。首先,选择广告系列类型。图 3-8 所示的是四种广告系列类型,即搜索、展示、购物、视频。

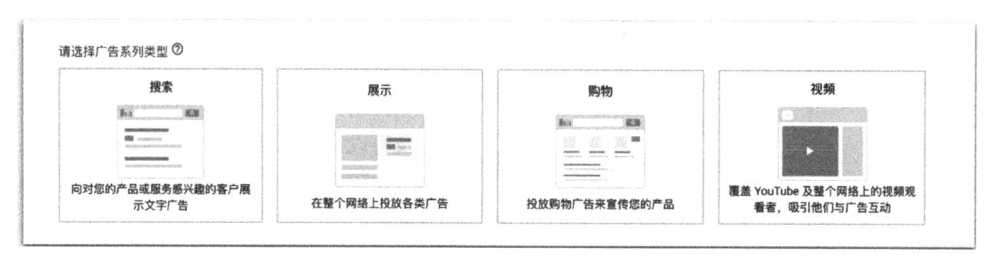

图 3-8 广告系列类型选择

其次,你需要选择一个想要达到的目标,并需要设置以何种方式达到该目标,之后就进入具体的新建广告系列环节。通常来说,选择的方式包括提高网站访问量、提高来电次数和获取应用下载量。新(建)广告系列——搜索网络界面,如图 3-9 所示。

图 3-9 新(建)广告系列——搜索网络界面

**步骤一：**选择广告系列设置。

在该步骤中，你需要确定很多指标。

（1）广告系列的名称。

在该选项中，你需要设定广告系列名称，如图3-10所示。

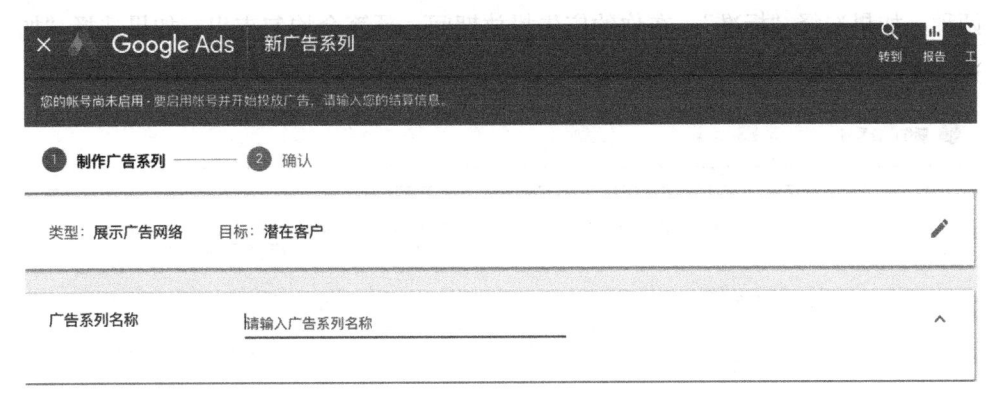

图3-10　设定广告系列名称

（2）投放的地理位置。

在该选项中，你需要选择定位的地理位置，如图3-11所示。

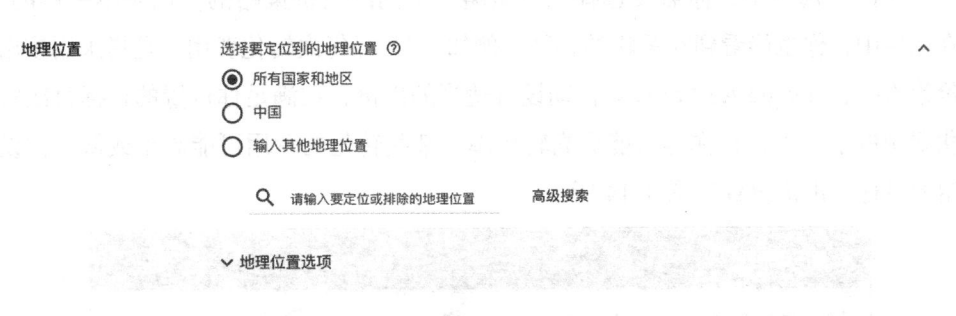

图3-11　选择定位的地理位置

（3）目标用户使用的语言。

在该选项中，你需要选择你要推广的目标用户使用的语言，如图3-12所示。

图3-12　选择目标用户使用的语言

(4)预算及投放方式。

预算是指你希望平均每天花费的金额。需要明确的一点是，你每月的实际支出不会超过每日预算与一个月平均天数的乘积，有些天的实际支出可能低于每日预算，而有些天的实际支出会达到每日预算的2倍。投放方式包括"加速"和"标准"两种：如果选择"标准"，在你的广告投放期间，预算会均匀支出；如果选择"加速"，你的预算就会被更快地用完。预算及投放方式选择如图3-13所示。

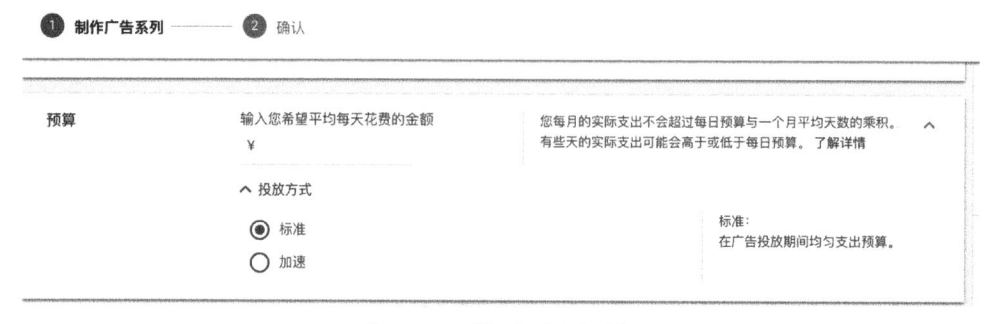

图3-13 预算及投放方式选择

(5)出价。

在出价选项中，你需要选择出价策略，不同的出价策略的费用是不一样的。在侧栏中，你也能看到对策略的解释。例如，"目标每次转化费用"是指采用该出价策略时，Google AdWords 会自动设置适当的出价，在满足你设置的目标每次转化费用的前提下，帮你尽可能提高转化率。某些转化的费用可能高于或低于你设定的目标。出价设置如图3-14所示。

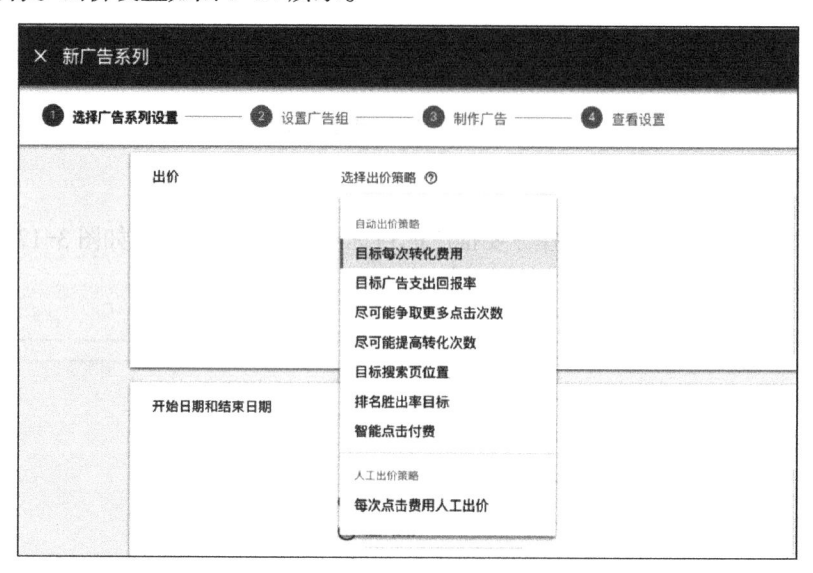

图3-14 出价设置

（6）开始日期和结束日期。

在该项设置中，你需要确定开始日期和结束日期。如果将"结束日期"选为"无"，则你的广告将会持续投入下去。开始日期和结束日期设置如图 3-15 所示。

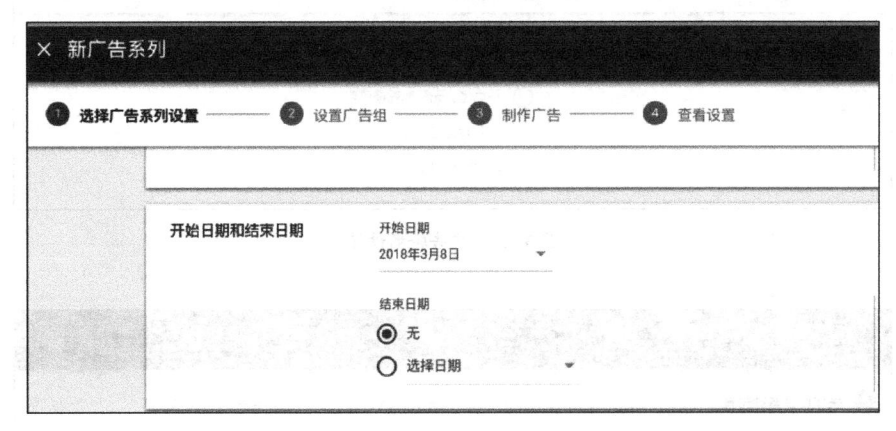

图 3-15　开始日期和结束日期设置

（7）各种附加设置。

附加设置包括附加链接、附加宣传信息、附加电话信息、附加结构化摘要信息、附加应用信息、附加短信信息、附加促销信息和附加价格信息，如图 3-16 所示。

图 3-16　各种附加设置

（8）广告轮播。

在该选项中，主要是选择对广告进行优化还是不优化，如图 3-17 所示。

（9）广告投放时间。

如果需要限制广告在什么时间投放，则要设置广告投放时间，广告将只会在这些时间段投放，如图 3-18 所示。

图 3-17　广告轮播设置

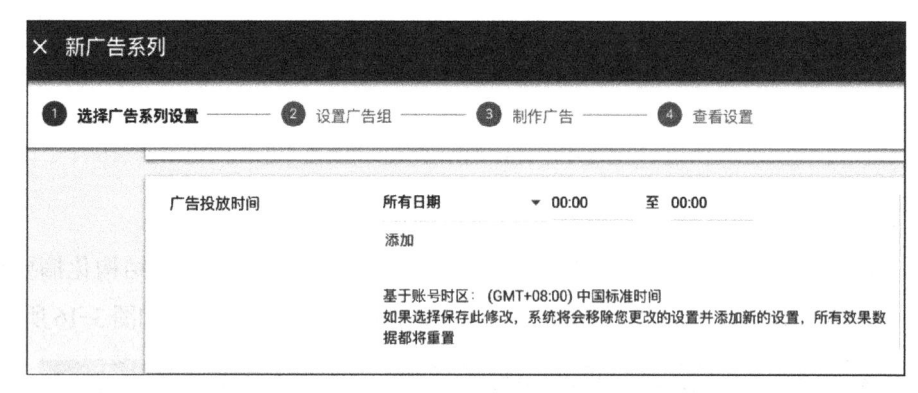

图 3-18　广告投放时间设置

（10）地理位置选项。

在该选项中，你可以对指定的位置或对其表现出兴趣的用户进行定位及排除设置，如图 3-19 所示。

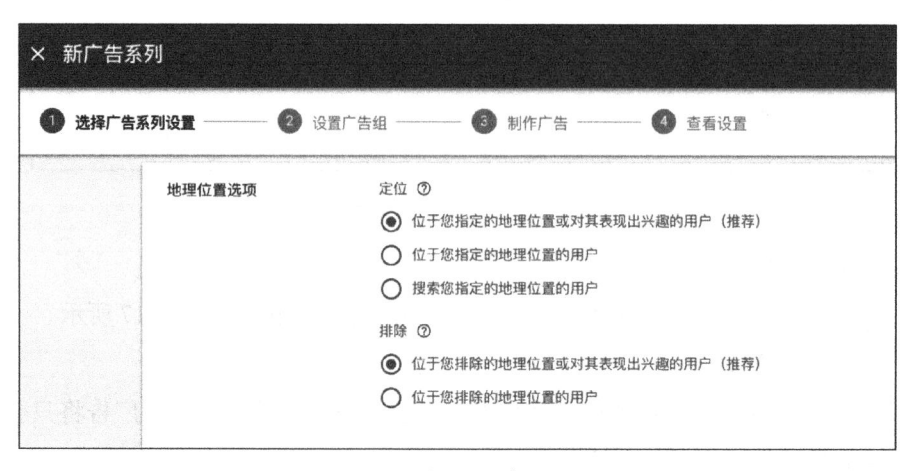

图 3-19　地理位置选项设置

（11）广告系列网址选项。

在该选项中，"跟踪模板"是你希望客户在到达你的着陆页前经过的网址，如图 3-20 所示。

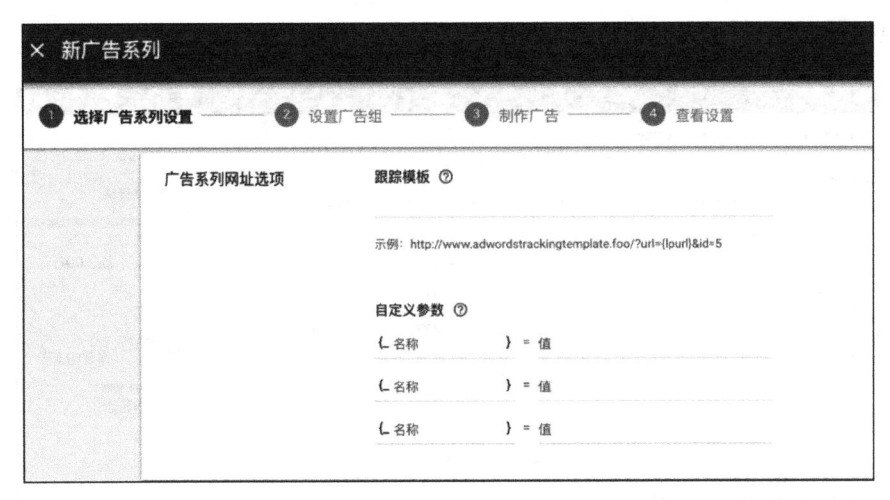

图 3-20　广告系列网址选项

（12）动态搜索广告。

动态搜索广告会根据你的网站上的内容自动定位相关搜索。借助动态搜索广告，你可以定位整个网站或其中的某些部分，而不需要为所有的匹配创建关键词和广告文案。只要出现相关客户搜索，系统就会动态地生成广告，其中广告标题基于具体的查询，广告文字基于相关的着陆页。动态搜索广告设置如图 3-21 所示。

图 3-21　动态搜索广告设置

**步骤二**：设置广告组。

一个广告组包含一个或多个广告，以及一组相关的关键词。要获得最佳效果，你需要尽量让一个广告组中的所有广告和关键词均围绕一种产品或服务。设置广告组如图 3-22 所示。

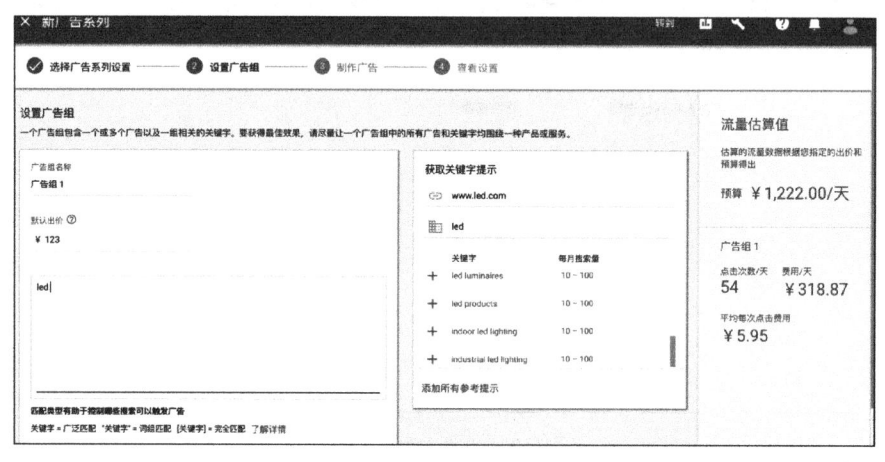

图 3-22　设置广告组

**步骤三**：制作广告。

在该步骤中，你能预览你的广告，同时需要设置新文字广告的"最终到达网址"。制作广告界面如图 3-23 所示。

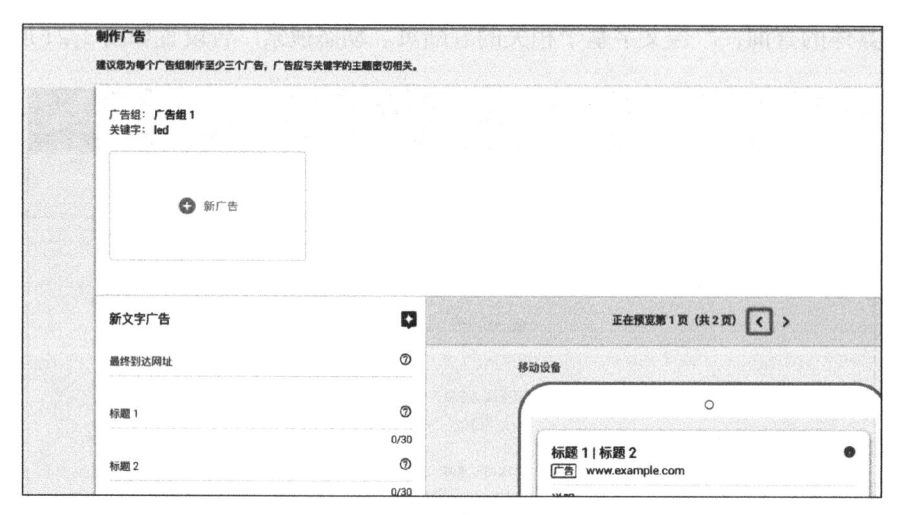

图 3-23　制作广告界面

**步骤四**：查看设置。

在该步骤中，你可以查看你的每日估算值和广告系列设置，如图 3-24 所示。

项目三　SEM 推广

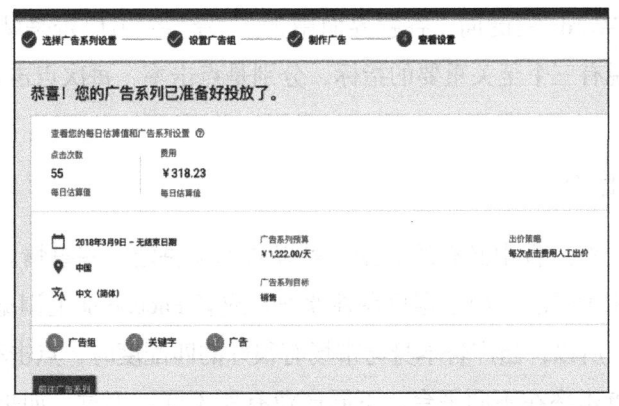

图 3-24　查看广告系列设置情况

综合以上发布广告的步骤，小钱发现在实际操作的过程中有很多细节需要注意，需要考虑企业的实际情况，尤其是企业的预算，这在很大程度上会影响最终的广告效果。当广告成功传递给消费者之后，需要企业能提供优质的产品或服务来吸引客户二次购买。

## 任务三　数据分析与反思

经过方案的制订和对方案的完美实施，为了能够看到方案实施的效果，小钱决定进入 Google AdWords 广告的后台收集数据，然后进行分析。图 3-25 所示为 Google AdWords 后台。

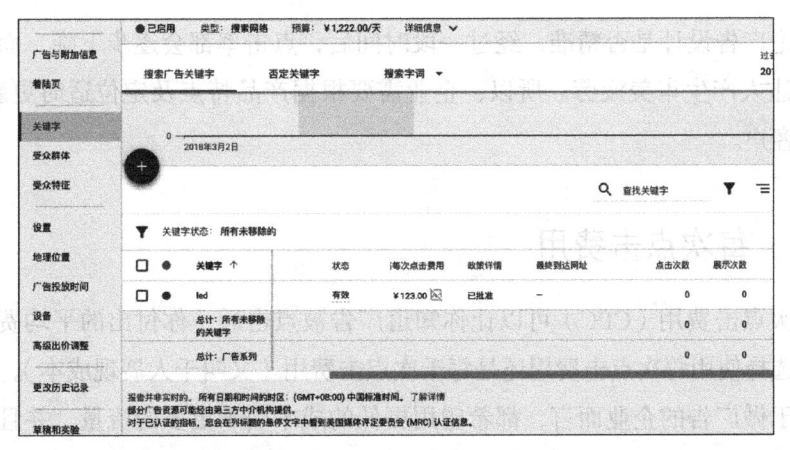

图 3-25　Google AdWords 后台

Google AdWords 关键词（谷歌界面中为"关键字"）广告是站外引流最好的捷径，整体来说有三个至关重要的指标，分别是点击率、每次点击费用、转化率。

## 一、点击率

点击率是付费广告中必有的数据，可以协助你决定一些事情。它能判断广告与目标受众的相关程度。如果客户在谷歌搜索或者 Facebook 上浏览广告，产生兴趣就会去点击。所以，当广告本身与市场有很好的匹配度时，点击率都较高。

一方面，点击率在不同平台、不同产业有所不同。不过，如果用户对广告不感兴趣，自然不会去点击。另一方面，点击率会影响广告成本。例如，Facebook 广告，低点击率反而会导致高点击成本，原因是平台尽量保证每个客户与广告的相关性，会惩罚显示不相关内容或产品品质较差的广告主。为了提高点击率，你可以采取以下措施。

### 1. 尝试不同的人群

如果你已经拥有一个效果不错的广告，可以尝试不同的受众定位。例如，同样是减肥产品，你可以把目标定位于准备结婚或订婚的人，而不是喜欢健身的人。

### 2. 尝试不同的设备

就目前的趋势而言，相对于 PC 端，移动端的广告表现或许更好。当然，这取决于产品和市场，也取决于广告内容。

### 3. 定期更换广告

无论广告设计是否精准，经过一段时间后，点击率都会逐步下降，而重复的广告会让人产生审美疲劳。所以，企业需要根据产品特点及定位适时更新广告，以维系客户。

## 二、每次点击费用

每次点击费用（CPC）可以让你知道广告被点击后，你付出的平均费用，让你判断选择使用每次点击费用还是每千次点击费用（又叫千人展现成本）。

对于做广告的企业而言，都希望用更低的成本引来更多的流量，并且得到转化，但无论是谷歌还是 Facebook 都采用竞价机制。点击单价设置低了，很多广告就无法上架；点击单价设置高了，广告费用就消耗过快，自然曝光率也不会有所提升。竞争对手不是一成不变的，这导致价格会有所波动，所以为了得到更高的投资回报率，可以选择让谷歌为企业出价，或者先用最低的"建议出价"，通过后期数据分析的结果，再提高价格，如此才能提升最终的投资回报率。

## 三、转化率

为了增加转化率，你需要确保所有的元素都进行了测试，这包括产品、网页、文案、图片、客服、浏览器等，而不是单一考虑精准投放广告，却没有准备好自己的产品，特别是做自建站的卖家。另外，如果你有很好的转化率，或许可以考虑花费更多的预算，甚至提高每次点击费用，以获得更高的曝光率，而每次点击费用的提高会使企业的利润进一步得到提高。

## 同步训练

**一、选择题（多选题）**

1. SEM 推广相比于 SEO 推广有哪些特点（　　）。
   A. 自由度大　　　　　　　　B. 免费
   C. 追求曝光率　　　　　　　D. 强调精准率

2. Google AdWords 的工作原理包含哪几个方面（　　）。
   A. 制作广告　　　　　　　　B. 在谷歌上显示广告
   C. 吸引客户　　　　　　　　D. 发送邮件

3. SEM 推广的目的有（　　）。
   A. 增加收录机会　　　　　　B. 提升排名
   C. 优化网站访问质量　　　　D. 提高收益

4. 常见的 SEM 推广人群分析可以从哪几个方面考虑（　　）。
   A. 消费心理分析　　　　　　B. 兴趣分析
   C. 上网习惯分析　　　　　　D. 地域分析

5. 谷歌推广账户结构包括（　　）。
   A. 账户　　B. 广告系列　　C. 广告组　　D. 关键字和广告

## 二、简答题

1. 简要阐述SEM推广的步骤。
2. 简要阐述新广告系列设置的步骤。

## 三、案例分析

某LED企业之前主要是在国内市场销售产品。后来,企业负责人决定开拓海外市场,但发现前期推广的效果不是很好,出现点击率偏低的情况。假设你是企业的海外推广人员,需要你准备一个SEM推广方案,请确定推广目的、推广步骤、推广方法,以及对数据进行分析与优化,具体如表3-3所示。

表3-3　某LED企业SEM推广方案

| 主营:LED | |
|---|---|
| 方案制订步骤 | 具体细节描述 |
| 1.确定推广目的 | |
| 2.确定推广步骤 | |
| 3.确定推广方法 | |
| 4.数据分析与优化 | |

## 项目四

# Facebook推广

## 📧 学习目标

### （一）知识目标

1. 了解 Facebook 推广的含义及意义。
2. 了解 Facebook 广告的相关知识。
3. 了解 Facebook 推广方案的制订方法。
4. 学习 Facebook 推广的方法和操作步骤。
5. 学习 Facebook 推广效果的检测与改进。

### （二）能力目标

1. 熟练掌握 Facebook 推广的方法和操作步骤。
2. 学会分析 Facebook 推广效果并根据数据及时进行反思和改进。

### （三）素质目标

1. 通过课程教学，培养乐于分享的精神。
2. 通过课程教学，树立以和为贵的意识，建立文化自信，与他人平等对话交流。
3. 通过课程教学，培养民族自豪感，促进产品或品牌出海。

## 📧 导入案例

海陆通（ARUN）是一家规模庞大的集研发、制造、销售于一体的通信数码类配件制造企业，客户遍布全球 130 多个国家和地区，凭借创新的产品、高效的供应链和强大的战略执行力，为用户打造了卓越的手机通信和数码IT等周边配件产品。海陆通近年来发展势头强劲，意图向海外扩张版图，于是加入了Facebook金牌工厂旗舰店，并通过Facebook建立"ARUN Industrial"专页在全球范围内进行营销推广。

在版面设计方面，ARUN Industrial专页具有强烈的工业感，直观地呈现出海陆通主营产品的类别和多样性。这样的设计节省了Facebook上意向客户的时间，各种产品的陈列也容易给浏览者留下深刻印象。此外，企业专页为不同类型的产品创建了不同的相册，而且除了产品的介绍图，相册内还有大量的产品细节图片，为对产品有兴趣的客户提供了大量有用信息，为客户的放心购买打下了基础。

在专页内容方面，齐全的信息和联系方式，详细叙述企业的使命和故事，体现出企业满满的诚意和可靠度。工作人员及时回复网友的评论，以增加客户的好感度，营造良好的口碑，培养更多的潜在客户。在特定时间点发出紧随潮流（周末出行、母亲节）的产品介绍帖让企业的专页更受欢迎，而且更重要的是赋予专页相当的人情味，引起客户的共鸣，带动互动。以视听结合的视频形式宣传绝对是Facebook推广不可或缺的形式之一。企业上传最新的产品动态或相关活动现场的情况，不仅为客户提供了了解企业最新信息的窗口，还向全球展现了企业与时俱进、飞速发展的蓬勃生机。

**思考**：海陆通是如何通过Facebook建立ARUN Industrial专页在全球范围内进行营销推广的？

1. 在版面设计方面，ARUN Industrial专页工业感强，直观地呈现出海陆通主营产品的类别和多样性，节省了Facebook上意向客户的时间。企业专页为不同类型的产品创建了不同的相册，包括大量产品介绍图和产品细节图片，为对产品有兴趣的客户提供了大量有用信息。

2. 在专页内容方面，企业提供齐全的信息和联系方式，详细叙述企业的使命和故事，体现出诚信。工作人员及时回复网友的评论，增加了客户的好感度，营造出良好的口碑；紧随潮流（周末出行、母亲节）发布产品介绍帖，赋予专页相当的人情味，引起共鸣。以视听结合的视频形式进行宣传推广，展现了企业与时俱进。

## 相关知识

### 一、什么是Facebook推广

Facebook，中文名为脸书，是一个社交服务网站。社交服务网站是用于帮助人们建立社会性网络的互联网应用服务。目前，Facebook是全球最大的社交网站。

据统计，Facebook 的月活跃用户已经达到了 20 亿人，覆盖超过 127 个国家和地区，在全球社交网站中排名第一位。

由此可以看出，Facebook 聚集了一个庞大的用户群，而有人的地方就会有商机。数据显示，截至 2017 年第三季度，Facebook 的总营收达 103.28 亿美元，其中绝大部分来自广告业务，占比达 98%。全球近 70% 的企业在用 Facebook 进行海外营销推广，在全球范围内的影响力日益上升。所以，企业可以利用 Facebook 的平台资源进行自身产品或服务的推广，依附其强大的广告系统和社交图谱，有针对性地进行海外推广。

## 二、Facebook 推广的特点

不同的推广方式有不同的特点，为了能够在推广过程中更好地帮助企业达到相应的推广目的，需要了解不同推广方式的特点。Facebook 风靡全球，利用其进行推广有以下几个特点。

### 1. 基于社会关系进行推广

不同于传统的媒体平台，依托互联网平台的社交媒体具有强大的连接能力，能将世界各地的用户集中在一起。以此为基础，社交媒体重视打造以人际社会关系网络为核心的传播路径。Facebook 自带好友添加、好友照片身份识别等功能，不断地鼓励用户建立自己的朋友圈，并把这些联系转移到虚拟世界中进行管理，进而绑定更多的用户。

同时，基于网络用户间的分享文化，社交媒体还设计出各式各样的小应用程序，来增强朋友之间的互动性。Facebook 中的点赞和活动发起功能，可以产生更大的关注度，培养用户的互动习惯，并与线下活动紧密相连。

### 2. 用户是内容生产者、消费者，也是传播者

有研究表明，现在人们更倾向于将好友分享的内容作为自己获取信息的主要途径。以前用户只是内容消费者，但现在社交媒体打破了生产、消费和传播的界限。用户既可以充当消费者，又可以充当内容生产者，同时积极扮演传播者的角色。而社交媒体本身弱化了内容生产功能，让用户深度参与内容的制作生产，并利用其自身的人际关系来实现传播。这些媒体更多地将关注点放在如何吸引用户和提升用户的活跃度、黏性上。

### 3. 内容独特

现在社会信息泛滥，传播内容多样，质量参差不齐。Facebook 推广的文风和视角

都很独特，可以有针对性地设计自己要推出的产品页面内容，能够吸引更多的用户点击。

## 三、Facebook 广告架构

Facebook 广告架构包含三部分：广告系列、广告组和广告。了解这些组成部分如何共同运作，有助于以理想的方式投放广告，覆盖适当的客户。你需要在广告系列层级设置广告目标。在这一层级，你需要确定广告的最终目标，如增加主页赞的数量。在广告组层级，你需要设置定位条件、预算和排期等参数，以及确定目标策略。最后，需要在广告层级中使用吸引人眼球的广告创意（如图片或视频）来吸引受众，从而实现推广目的。

### 1. 广告系列

广告系列可视为广告的基础。在决定投放广告时，你始终需要先创建广告系列。在这一层级，你需要选择广告目标（如推广主页），也就是确定自己希望广告达到的效果。例如，如果你的目标是推广主页，则系统将优化广告，为开展业务的 Facebook 主页吸引更多的"赞"。它的设置步骤是选择目标、开始创建广告组。

### 2. 广告组

广告组用于规定广告如何投放。在广告组层级，你可以利用 Facebook 的定位选项创建广告受众，也可以通过选择地区、性别、年龄及其他条件来确定受众，还可以为广告创建预算和设置排期，并选择版位。请记住，广告系列可以包括多个具有不同定位、排期和预算选项的广告组。它的设置步骤是构建受众、设置预算和排期、设置竞价和开始创建广告。

### 3. 广告

广告就是客户或受众将要看到的内容。在广告层级，你可以选择广告创意，广告创意可以包括图片、视频、文本和行动号召按钮等。你应详细了解如何才能设计出富有成效的广告。请记住，单个广告组可以包括多条广告。在广告中，你可以上传一张或多张图片，或一段视频，以及填写广告详情，如广告的文本和标题。

## 四、Instagram 视频

在 Instagram 中讲述品牌故事是一种新选择。一直以来，Instagram 都是人们分享精彩生活点滴的重要平台。现在，随着 Instagram Stories 的推出，这种分享正变得更为方便和简单。Instagram Stories 每天的使用人数已突破 1.5 亿人。Instagram Stories 丰富了社区内容，带来了更多的互动，商家能够以这种新颖的方式与客户展开互动。

快拍广告是 Instagram 商家分享品牌故事的新方法。其全屏纵向格式让商家能在分享视频或照片时营造沉浸式观看体验。广告主上传照片和视频时，还可以使用滤镜、叠加文本和画图工具，以打造个性化内容。对于受众来说，广告只会以沉浸体验的方式显示在两个快拍之间，并会在 24 小时后消失。Instagram 拍客无法在展示栏中预览广告，只有在点击进入沉浸式画面后才能看见广告。图 4-1 所示为 Instagram 广告参数。

图 4-1 Instagram 广告参数

## 五、Facebook 全屏广告

Facebook 全屏广告是指以快速加载的全屏方式呈现动态消息广告。全屏广告可以帮助你有效地向消费者传递品牌信息。它专为移动端设计优化，可以快速加载，能高效地吸引受众的注意力。在 Facebook 全屏广告中，用户可以观看极具吸引力的视频和照片、滑动浏览轮播图片、倾斜查看广告内容,以及探索包含被标记商品的生活类图片。客户将不仅是你的故事的旁观者,而且会成为故事的一部分。Facebook 全屏广告具备以下特点。

**1. 制作简单**

该种广告具有简单易用的模板,是专为业务目标设计的易用模板。使用优化的四种模板,可以迅速完成 Facebook 全屏广告的创建;或者从头开始,创建独一无二的全屏广告来讲述自己的品牌故事。

**模板一**:吸引新客户

该模板用于打造具有行动号召力的移动着陆页,以提升转化量。

**模板二**:销售商品——网格布局

该模板通过网格布局展示商品,让用户一站式浏览更多的商品。

图 4-2 所示为 adidas 品牌设计的该种类型广告。

图 4-2 adidas 品牌广告

**模板三：销售商品——生活化布局**

该模板利用生活化的照片，向客户展示使用中的商品。

图 4-3 所示为 Free Shipping 品牌设计的该种类型广告。

图 4-3　Free Shipping 品牌广告

**模板四：展示业务风采**

利用该模板可以让客户在畅享精彩体验的同时发现你的品牌、商品或服务。

### 2. 加载迅速

全屏广告专为移动端设计，加载速度比标准的移动网页快 10 倍。

### 3. 适用于所有目标

无论你是希望获取新客户、拓展业务、激发移动端客户的购物欲望，还是希望提升品牌知名度，全屏广告都能帮助你实现目标。

## 六、幻灯片广告

幻灯片广告是指充分利用图片或现有视频创建具有成本效益的轻量级视频广

告。Facebook 幻灯片广告类似视频广告，可以使用声效体验图文并茂地讲述品牌故事，而且可以跨设备展示，不受网速限制。只需短短几分钟，你就可以在桌面端或移动端创建幻灯片广告，讲述品牌故事。你甚至可以在广告创建过程中利用库存图片或现有视频创建幻灯片广告。

幻灯片广告有以下几个特点。

### 1. 极具吸引力

幻灯片广告类似视频广告，像视频广告一样能吸引用户关注。

### 2. 制作简单

幻灯片广告不仅制作成本低，而且制作简单。

### 3. 不受网速限制

幻灯片广告加载速度快，在任何网速下都能完美展示。

总之，幻灯片广告不需要准备大量素材来制作生动的视频广告。这种广告利用现有照片和库存图片就可以轻松制作，而且其成效往往出人所料。

## 七、Facebook 视频广告设计建议

Facebook 支持大部分文件类型，建议视频采用 H.264 压缩格式、方形像素、固定帧率和逐行扫描，音频采用立体声 AAC 压缩格式，比特率不低于 128 kbps。请上传分辨率最高的源视频，确保视频上下或左右两侧均无黑边。表 4-1 所示为 Facebook 视频广告设计的详细要求，表 4-2 所示为 Facebook 视频的详细要求。

表4-1 Facebook视频广告设计的详细要求

| 指　　标 | 要　　求 |
| --- | --- |
| 视频宽高比 | 9：16 至 16：9 |
| 推荐分辨率 | 上传满足文件大小和宽高比限制的最高分辨率的视频文件 |
| 视频文件大小 | 不超过 4GB |
| 视频最短时长 | 1 秒 |
| 视频最长时长 | 240 分钟 |
| 视频字幕 | 非必填，但建议填写 |
| 视频声音 | 非必填，但建议填写 |
| 文本 | 125 个字符 |

续表

| 指　　标 | 要　　求 |
|---|---|
| 比特率 | 如果文件大小不足 1GB，并两次编码，则对文件比特率没有限制。如果是其他情况，则比特率限制为：分辨率 1080P 的视频为 8 Mbps，分辨率 720P 的视频为 4 Mbps |

表4-2　Facebook视频的详细要求

| 类别 | Facebook 动态 | Facebook 动态（带链接） | 即阅文 | Facebook 视频插播广告 | Instagram 动态 | Instagram 快拍 | Audience Network：原生广告、横幅广告、插屏广告 | Audience Network：视频插播广告 |
|---|---|---|---|---|---|---|---|---|
| 来源宽高比 | 16:9 至 9:16 | 16:9 至 9:16 | 16:9 至 9:16 | 16:9 至 9:16 | 1.91:1 至 4:5 | 9:16 | 16:9 至 9:16 | 16:9，1:1 |
| 视频时长 | 最长 240 分钟 | 最长 240 分钟 | 最长 240 分钟 | 5～15 秒 | 1～60 秒 | 1～15 秒 | 1～120 秒 | 10～120 秒 |
| 支持的广告目标 | 不限 | 不限 | 除店铺访问量、消息互动量之外的全部 | 互动次数、覆盖人数、视频观看量、品牌知名度 | 除店铺访问量、消息互动量之外的全部 | 除互动次数、店铺访问量、潜在客户开发、消息互动量之外的全部 | 除互动次数、店铺访问量、潜在客户开发、消息互动量之外的全部 | 覆盖人数、品牌知名度、互动次数、视频观看量、转化量 |
| 支持的视频字幕 | 是 | 是 | 否 | 是 | 是 | 否 | 否 | 否 |
| 横向 16:9 | √ | √ | √ | √ | √ | × | √ | √ |
| 正方形 1:1 | √ | √ | √ | √ | √ | × | √ | √ |
| 纵向 4:5 | √ | √ | √ | √ | √ | × | √ | × |
| 纵向 2:3 | √ | √ | √ | √ | × | × | √ | × |
| 全屏纵向 9:16 | √ | √ | √ | √ | × | √ | √ | × |

## 八、图片广告设计要求

对于图片广告，若图片中的文本内容超过限额的 20%，则其投放次数可能减少。表 4-3 所示为图片广告的设计要求。

表4-3 图片广告的设计要求

| 类别 | 要求 | |
|---|---|---|
| 设计建议 | 文件类型 | JPG 或 PNG |
| | 图片宽高比 | 9∶16 至 16∶9 |
| | 推荐分辨率 | 上传最高分辨率的图片 |
| | 文本 | 125 个字符 |
| 带链接 | 图片宽高比剪裁 | 1.91∶1 |
| | 推荐分辨率 | 至少 1200 像素 ×628 像素 |
| | 标题 | 25 个字符 |
| | 链接描述 | 30 个字符 |
| 全景照片或360度全景照片 | 全景照片或 360 度全景照片可在 Facebook 打造交互式体验。Facebook 通过从 360 度全景设备拍摄的照片中寻找相机元数据,来识别和处理这些照片 | |
| 技术要求 | 图片最小宽度 | 600 像素 |
| | 图片最小高度 | 600 像素 |
| | 宽高比公差 | 3% |

## 九、轮播广告设计要求

借助轮播广告格式,你可以在单条广告中展示多达 10 张图片或 10 段视频,而且每张图片或每段视频均可设置专属链接。由于在单条广告内拥有更多广告创意空间,你可以凸显不同商品,展示商品、服务或推广活动的具体细节,或利用多张轮播广告图片讲述品牌发展故事。表 4-4 所示为轮播广告设计的详细要求。

表4-4 轮播广告设计的详细要求

| 类别 | 要求 | |
|---|---|---|
| 设计建议 | 最少图片数量 | 2 张 |
| | 最多图片数量 | 10 张 |
| | 图片文件类型 | JPG 或 PNG |
| | 视频文件类型 | 支持所有的文件格式 |
| | 视频文件最大 | 4GB |
| | 视频时长 | 不超过 240 分钟 |
| | 图片文件最大 | 30MB |
| | 推荐分辨率 | 至少 1080 像素 ×1080 像素 |

续表

| 类别 | 要求 | |
|---|---|---|
| 设计建议 | 推荐宽高比 | 1∶1 |
| | 文本 | 125个字符 |
| | 标题 | 40个字符 |
| | 链接描述 | 20个字符 |
| 技术要求 | 图片最小宽度 | 600像素 |
| | 图片最小高度 | 600像素 |
| | 宽高比公差 | 3% |

## 十、精品栏广告设计要求

借助精品栏广告，广告主能够以图像为载体打造沉浸式体验，让消费者能更轻松地通过移动设备发现、浏览和购买商品及服务。精品栏广告通常会显示封面图片或视频，然后再显示多张商品图片。客户点击精品栏广告时，系统会将其引导至全屏广告，进而用全屏体验来提升参与度，以及培养兴趣和购买意向。表4-5所示为精品栏广告设计的详细要求。

表4-5 精品栏广告设计的详细要求

| 类别 | 要求 | |
|---|---|---|
| 设计建议 | 图片或视频 | 精品栏广告选择全屏模板中第一个素材作为封面图片或视频来展示 |
| | 标题 | 25个字符 |
| | 文本 | 90个字符 |
| 技术要求 | 图片最小宽度 | 600像素 |
| | 图片最小高度 | 600像素 |
| | 宽高比公差 | 3% |

### 项目情景

某手机配件企业，前期主要是在国内市场销售。前几年国内市场由于智能手机出货量的增多，相应的配件市场也异常火爆。随着智能手机市场逐渐趋于饱和，手机配件的销售额开始呈现下降的趋势。但是，对于国外市场而言，许多地区对于智能手机及配件的需求量依旧很大。考虑到国外市场还是处于一片蓝海，该企业的负责人决定成立跨境电商部门来开拓海外业务。由于当前跨境电商人才缺乏，在全球火爆的社交软件 Facebook 上推广没有取得相应的成效，小孙就在这种情形下加入了企业的跨境电商部门，全权负责企业手机配件的 Facebook 推广业务。

在充分分析企业的各项推广数据之后，小孙发现企业当前的 Facebook 推广的主要问题是客户对于企业的品牌认知度不够、前往 Facebook 站内外的目标位置的访问量偏少，以及转化量偏低。这使企业的产品宣传不够，影响了产品功能的进一步传递，进而造成了企业在海外市场的知名度、销售量都呈现颓废的趋势。针对这些问题，小孙在思考之后，决定有计划、有系统地制订自己的 Facebook 推广方案。

## 任务一 Facebook推广方案制订

在研究企业前期的 Facebook 推广方案后，小孙知道好的 Facebook 推广需要系统、周密且可执行的方案。Facebook 推广方案的制订是首要的工作。在 Facebook 推广方案制订的过程中，首先需要有明确的推广目的，随后划分推广人群，熟悉 Facebook 广告技巧，进而制订 Facebook 推广核心计划。在这个过程中，小孙首先需要明确 Facebook 推广目的。

### 一、明确 Facebook 推广目的

Facebook 拥有强大的社交网络用户，具备强大的广告系统和社交图谱。在实际推广的过程中，可以利用企业官方的 Facebook 账号，在分析相关数据的基础上，向有可能对品牌感兴趣的客户展示广告，提高品牌知名度。在选择推广人群的时候，可以更广泛地覆盖人群，向更多的用户展示广告。接下来，需要有效提升客户的购买意向，可以让客户前往 Facebook 站内、站外活动，与客户有效对话，进一步了解客户需求，提升客户的购买意向；或者设计、发布更多的推文，与客户互动或者让客户领取优惠券，进一步刺激客户的购物欲望；或者吸引更多客户安装你的应用程序；或者吸引更多客户观看相关视频，视频关于企业文化或企业产

品；或者吸引更多潜在客户，收集对你的品牌或产品感兴趣的客户的邮箱；或者吸引更多客户通过 Messenger 给你发送消息。最后，提升客户的行动转化量，即吸引客户在你的网站、应用程序或者 Messenger 中进行更多有价值的操作，或者创建根据目标受众自动展示目录商品的广告。

Facebook 推广的常见目标可以分为以下四类。

### 1. 精准投放广告

Facebook 客户使用真实身份登录，管理人员能对客户实现从桌面端到移动端的精准追踪。根据客户的性别、年龄、国籍、兴趣爱好、过去的购买行为，进行更加精准的广告投放，并找到兴趣爱好相同的潜在客户。针对不同的商品或服务，Facebook 能从整个商品目录中自动推广相关商品并生成不同的广告创意，跨设备展示一个或多个商品。

### 2. 扩大受众范围

Facebook 的客户数量巨大，群体种类多，各个群体之间的联系也很紧密。Facebook 目前的大数据是所有社交网站中最健全的，客户的行为都会被平台贴上标签，所以对目标群体定位比较精准。另外，在 Facebook 上面积累的客户群体，相互之间会交流分享，形成自己的圈子，随着时间的推移，这样的圈子变得越来越大，相应的受众范围就扩大了。

### 3. 科学调整销售策略

Facebook 是一个大型的社交类平台，拥有强大的广告系统。它可以让企业跨越地域距离的限制直接与客户接触，为企业和客户提供了一个相互交流的社区，双方在上面可以自由地分享。企业可以增加自己品牌和产品的海外曝光度，通过与客户的交流互动，还能获得真实客户的第一手反馈，这更加便于企业调整销售策略。

### 4. 提高转化量

Facebook 可以吸引更多的用户，进而带来巨大的流量。Facebook 可以与其他社交媒体平台结合，如博客。谷歌喜欢高质量的原创文章，对关键词、长尾词巧妙运用，这就能大大减轻"蜘蛛"的爬行障碍。与其他企业网站相比，谷歌抓取博客的速度要快得多。博客主要以文章为主，而企业网站大部分以图片为主，所以谷歌对博客的收录很快,这样就使博客的排名靠前,曝光率也会大大提高。博客如果被分享、访问、讨论,它是可以沉淀的,排名也是可以靠前的。

综合以上所述的情况,能够发现,在进行 Facebook 推广的过程中,对于一般的企业来说,前面三个目的都是需要具备的,最后一个目的能否顺利实现取决于前面三个目的的实现效果。在经过一番思考之后,小孙决定首先努力实现前面三个目的,再来实现最后一个目的,为企业创造更多的收益。

## 二、划分 Facebook 推广人群

在进行推广的过程中,通过划分 Facebook 推广人群,可以更有效地选择受众,与可能喜欢你的产品或业务的客户建立联系。对于 Facebook 而言,每月有 20 亿用户,强大的受众选择工具能帮助企业定位与业务紧密相关的优质受众。对于企业而言,可以利用所知的客户信息,如人口统计数据、兴趣和行为等,覆盖具有类似特征的人群。考虑到以上几点,小孙决定将 Facebook 受众分为核心受众、自定义受众、类似受众三种,如图 4-4 所示。

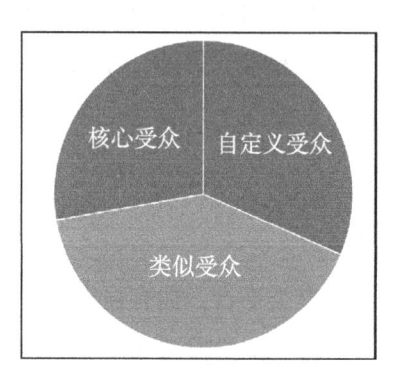

图 4-4 Facebook 受众划分

### 1. 核心受众

无论是想要吸引更多本地客户,还是想要挖掘潜在客户的电子产品网店,Facebook 的核心受众定位选项(广告管理工具内置的定位功能)都能帮助企业根据人口统计数据、地区、兴趣和行为等面向受众进行营销。图 4-5 所示为核心受众图标。

图 4-5 核心受众图标

对于人口统计数据，你可以根据年龄、性别、感情状况、学历、工作地点等参数寻找受众；对于地区，你可在想要推广业务的各城市、社区和国家、地区覆盖目标受众，你可以覆盖（潜在）业务区域内的受众，甚至可以选择面向门店周围一定范围内的人群推广业务，提升店内客流量；对于兴趣，你可以根据人群的兴趣爱好和最喜欢的娱乐活动等来定位受众，如有人喜爱有机食品或动作电影等；对于行为，你可以根据客户首选购买行为、设备使用情况和其他活动来选择受众。

### 2. 自定义受众

通过自定义受众，你可以与已知客户建立联系。

自定义受众可以帮助你在 Facebook 中找到现有客户和联系人。在 Facebook 中定位已经与你建立联系的客户有助于加强双方的关系和提升销量。它的原理是利用你现有或可以轻松获得的客户数据来创建自定义受众，便于你轻松找到已经对你的业务表现出兴趣的人群，与他们重新建立联系。在通常情况下，你可以利用以下三种数据源创建自定义受众：客户名单、网站访客、应用[①]用户。图4-6所示为自定义受众图标。

图 4-6 自定义受众图标

（1）客户名单。

在 Facebook 中可以寻找你的现有客户和潜在客户。利用来自客户关系管理系统或客户名单的数据（如电话号码或电子邮箱），你可以在 Facebook 中找到你的客户和联系人，并与他们建立联系。图 4-7 所示为寻找现有和潜在客户的示意图。

图 4-7 寻找现有和潜在客户的示意图

---

① 这里所说的"应用"，即应用程序。

（2）网站访客。

网站访客都是极有开发潜力的潜在客户。对于这些客户，利用Facebook"像素"（指安装于网站的一段代码），你可以根据网站访客创建自定义受众，还可以利用网站访问量数据投放广告，向用户展示他们在访问你的网站时曾表现出兴趣的产品。图4-8所示为网站访客示意图。

图4-8 网站访客示意图

（3）应用用户。

你可以向你的移动应用用户展示广告。利用Facebook SDK（安装在应用内的一段代码），你可以将应用用户创建为一组自定义受众，吸引他们返回应用或查看可能有兴趣购买的商品。图4-9所示为应用用户示意图。

图4-9 应用用户示意图

### 3. 类似受众

类似受众是指与现有客户类似的人群，它能让你利用现有客户信息，包括网站和应用访客、为Facebook主页点赞的用户和自定义受众中的用户，然后在Facebook中可以利用其类似受众功能寻找与现有客户相似的人群并与之建立联系。另外，你也可以利用上传或关联至Facebook的数据源自动创建类似受众，然后快速、有效地与更多可能响应广告的人群建立联系，从而更好地覆盖对你的业务感兴趣的人群。图4-10所示为类似受众示意图。

图4-10 类似受众示意图

## 三、熟悉Facebook广告技巧

通过熟悉Facebook广告的技巧和建议可以帮助你改善Facebook广告质量，从而与客户建立更加紧密的联系，实现业务目标。Facebook的广告技巧通常有以下两类。

## 1. 广告创意技巧

对于 Facebook 广告创意技巧，你需要明确如何创建高效的广告，即创建与 Facebook 动态契合的广告，来取得业务成效；你需要了解撰写广告文案的简单技巧，使你的文案更有效，且基调与广告一致；你需要学会选择广告图片的方法，要明白图片是在 Facebook 吸引客户眼球的利器。

创建高效的广告可以从以下三点展开。

（1）了解业务目标。

首先确定广告目标。你想推广哪个产品？推广该产品的目的是提升店面客流量、提升网站访问量，还是增加信誉？确定广告目标有助于创建的帖子取得预期成效。图 4-11 所示为常见的业务目标。

图 4-11 常见的业务目标

（2）了解目标受众。

在设计广告前，要确定广告目标受众。受众可能影响广告图片的选择和广告文案的撰写方式。他们属于哪一个年龄段？ 18～25 岁？ 25～54 岁？他们居住在哪里？任何地方？他们对什么事情感兴趣？家庭活动？校园运动？图 4-12 所示为常见的目标受众定位。

（3）选择主题。

在确定广告主题时，要想到广告的目标受众，想想什么内容能引起他们的兴趣或向他们传达有价值的信息。你是想建立品牌与员工之间的信任，还是想展示新品，重新吸引忠诚客户？知道广告的主题有助于确定其他内容。图 4-13 所示为常见的主题。

图 4-12 常见的目标受众定位

图 4-13 常见的主题

对于广告文案，你需要写出打动人的 Facebook 帖文。掌握一些简单的技巧，可以让你撰写的广告文案更有效。就算你不想花费其他力气，拼写检查也是必不可少的。总体来说，撰写广告文案时需要注意以下三点。

① 表现风格。你的表现风格要能明确反映你的业务特点，是幽默的、严谨的，还是大胆的？每个商家都有自己的品牌个性。广告表现越真实，广告的效果越佳。另外，广告文案要能传达出前后一致的品牌形象。图 4-14 所示为常见的不同业务的表现风格。

② 重点突出。请记住，用户翻阅 Facebook 信息的速度很快，停下来仔细阅读内容的情况很少。我们要做到重点突出，简明扼要，尽量以有限的文字清晰表达

精彩的内容，而且提出你希望客户采取的特定操作，如访问店铺、提供报价和访问网站等。图 4-15 所示为某服装销售的文案。

图 4-14　常见的不同业务的表现风格

图 4-15　某服装销售的文案

③ 以客户为中心。站在客户的角度思考如何谈论一个事物，什么样的内容在情感上对他们有吸引力。不管你花费了多少时间来思考如何推广业务，客户也只会关心自己的生活，因此，要设身处地地想想"什么原因可以让我喜欢这家店"。图 4-16 所示为常见的以客户为中心撰写的文案。

至于选择广告图片，你需要明白用户查看帖子时，第一眼注意到的就是图片。因此，你应该花时间好好选择和设计你想要展示的广告图片。图片决定了业务在用户眼中的形象。但是，这并不意味着你需要成为手持昂贵器材的专业摄影师。以下是一些有用的拍摄技巧。

图 4-16　常见的以客户为中心撰写的文案

① 挑选有趣的拍摄对象。请记住,客户关注的内容中可能包括可爱的宝宝照片或让人垂涎欲滴的美食图片,它们随时都在和你争夺客户的眼球。你应该尽量展示与业务相关的抢眼内容。挑选精彩图片,在受众浏览 Facebook 信息时吸引他们的眼球。此外,不要发布与自身业务毫无关系的照片。图 4-17 所示为常见的拍摄方式。

图 4-17　常见的拍摄方式

② 注重图片质量。这主要意味着要避免以下三点:低分辨率(会导致低像素)、模糊的照片和剪贴画。你可以在光线良好的地方,用智能手机拍摄静物,拍照时手不能抖。同时,你还要注意创建广告时指定的照片尺寸(正方形还是长方形)。图 4-18 所示为常见的对图片的要求。

③ DIY 摄影。使用智能手机,你也能拍出好照片。多花时间布置拍摄场景,

确保光线适度，避免取景框内充斥大量无关的事物。尝试使用带有滤镜的照片应用程序，让普通的照片看起来更专业。另外，还要让所有广告风格保持一致。你可以尝试使用 Instagram、VSCO Cam、Snapspeed 或 Mextures 等应用程序。图 4-19 所示为常见的 DIY 摄影技巧。

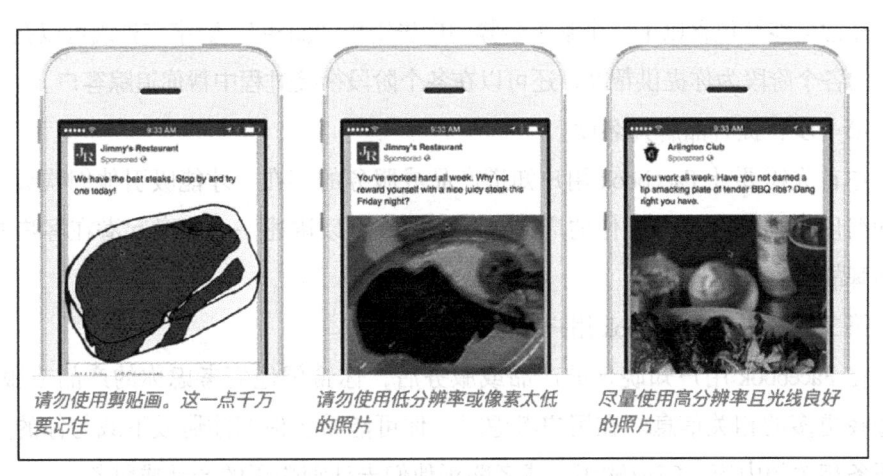

图 4-18　常见的对图片的要求

图 4-19　常见的 DIY 摄影技巧

### 2. 通用广告技巧

通用广告技巧中包括数字广告基础知识和吸引客户采取行动的方法，以及如何避免广告投放不足和覆盖你关注的受众。

（1）数字广告基础知识。

对于数字广告基础知识，你需要明白以下要点。

无论拥有多大的业务规模或何种业务类型，你都可能因为以下原因发布广告：提升品牌知名度，加大品牌宣传力度，从而吸引用户购买你推广的产品或服务。在Facebook中，你可以利用数字广告适时地向适当受众展示具有相关性的文案。你无须再通过广告牌、30秒电视插播或地方出版物页面中不起眼的广告来获得用户。广告主经常会涉及包含以下三个基本步骤的广告销售"漏斗"。数字广告既可以在"漏斗"的各个阶段为你提供帮助，还可以在各个阶段衔接过程中帮你追踪客户。

第一步：提升品牌知名度。

你首先需要让Facebook用户知道产品或服务的存在，才能吸引他们购买。提升知名度即面向全球推广你的产品或品牌。你可以讲述一个能激起潜在客户共鸣的品牌故事。

第二步：吸引Facebook用户考虑你的品牌。

在Facebook用户知晓你的产品或服务后，你希望他们考虑你的产品或服务，并查找更多的相关信息。在用户考虑时，你可能希望他们注册或下载与你的产品或服务相关的内容，完成购买，或者购买他们未计划购买的产品或服务。

第三步：吸引用户购买。

现在到了完成交易的阶段。在这个阶段，你希望客户在线或离线购买你的产品或服务。你还希望培养新客户，并吸引他们今后再次购买。

数字广告也为商家提供了多种独特且实用的功能，具体如下。

① 高级定位选项。目标受众定位是在线广告最重要的优势之一，可以帮助你向特定类型的用户投放广告。例如，Facebook用户会分享真实的身份、兴趣、生活记录等。Facebook拥有10亿个以上的活跃用户，广告主可选择面向与业务最相关的用户投放Facebook广告。

② 广告排期和预算控制。通过在线发布广告，你可以控制广告的排期和预算。大多数在线工具还可以选择广告在线展示位置和格式。另外，与传统广告相比，数字广告的灵活性更强。例如，你可以随时在Facebook调整广告的排期和预算。

③ 广告追踪和成效指标。数字广告可以实时追踪广告成效。如果广告成效不佳，你就可以关闭广告。如果某条广告成效非常好，你就可以增加预算，向更多用户投放广告。在Facebook，你还可以使用Facebook像素来了解看过你广告的用户及其受广告影响进行的操作。

数字广告平台提供多种工具，可以帮助你衡量广告成功与否，并了解广告取得的回报。下面是一些相关的数据指标，可以帮助你了解广告成效和设置目标改善成效。

① 是否覆盖了合适的受众。你可以比较你设定的目标受众和取得的成效，如果与你的广告互动的用户和你的目标受众相同，则是不错的迹象。如果目标受众以外的用户查看了你的广告，你可能需要调整受众。例如，你可能需要考虑选择更具体的受众。

② 广告的单次操作费用。你的广告成效应该表明广告的单次操作费用。例如，如果广告系列花费25美元，获得60次点击量，则单次点击费用约0.41美元。随着时间推移，你可能希望增加操作次数，同时降低单次操作费用。

③ 广告是否花费了预算金额。虽然你设置了预算金额，但可能因为广告未面向受众投放，不会花费所有金额。竞价较低或广告质量等因素也可能影响广告的投放。如果出现未花完预算金额的趋势，就请重新评估你设置的金额。

（2）吸引Facebook用户采取行动的方法。

在吸引Facebook用户采取行动方面，你需要明白以下要点。

Facebook可以帮助你在用户使用手机、桌面计算机或平板电脑时，覆盖更多合适的用户。无论你是希望提升网站销量、店内销量，还是增加移动应用程序安装量，Facebook都能帮助你在各类设备的Facebook平台上实现业务目标。你可以按照以下方法操作，充分利用广告系列。

第一，请确保在Facebook上正确设置相关信息。Facebook的广告系列架构可以让你轻松地组织、优化广告和衡量广告成效。新架构分为三级：广告系列、广告组和广告。我们应根据广告目标创建广告系列，在同一个广告账户中创建多个广告系列；我们应根据受众群体安排广告组，优化表现最佳的版位；我们应使用契合广告系列目标的广告类型，创建多条广告，以优化广告表现。

第二，选择适当受众，需要注意以下几点。

① 根据用户在购买周期中所处的阶段来覆盖。你需要向在你的网站上展示过购买意向的人群进行营销，或覆盖花费最多的客户并维系他们的参与度。

② 尽量避免定位重叠。目标受众重叠会影响广告系列的投放效果。你应该考虑合并目标受众并评估各广告组的时间安排，因为它们没有必要同时投放。

③ 使用受众分析和应用成效分析。利用受众分析和应用成效分析的数据，可以识别出有兴趣购买你的产品且参与度最高的受众。

④ 在争取新客户的广告系列中排除现有客户。如果你正在开展以争取新客户为目标的广告系列，请使用"自定义受众"功能，从广告系列中排除现有客户。

第三，按以下竞价提示操作。

① 准确竞价。选择你愿意为每个目标支付的最高竞价金额。

② 增加竞价。Facebook 收取的金额通常几乎总是低于你的竞价。因此，如果你愿意支付更高的费用，可以增加竞价，以获得最大的投放量。

③ 设置精确的结束时间。你可以为广告组设置精确的结束时间。如果投放时间较长，系统将在整个时间段内平均分配支出，如此便会减缓投放。

④ 切勿过于频繁变更竞价和预算。你不能过于频繁地变更竞价和预算，因为竞价波动可能影响投放效果。

⑤ 切勿尝试为点击量或展示次数设置最低竞价。你不能尝试为点击量或展示次数设置最低竞价，虽然这样能轻松覆盖最容易覆盖的人群，但这类人群不大可能提供你预期的价值。

第四，追踪广告表现。你可以以适当的方式衡量和优化广告系列成功的关键因素。你需要将 Facebook 像素或应用事件嵌入转化流程中的各个关键点，通过在"漏斗"中的各个位置设置 Facebook 像素或应用事件，你可以测试多项优化手段的效果，找出能带来更多的转化的方法。

（3）避免广告投放不足。

在广告投放方面，你需要充分利用广告的全部预算，了解哪些问题会影响广告的受众人数，以及如何避免这些问题。具体需要注意以下四点。

第一，准确竞价。如果手动竞价（而不是让 Facebook 优化竞价），建议针对广告组的优化成效，设置你愿意支付的最高竞价。例如，你希望获得网站点击量，愿意为每次点击支付最多 5 美元，则竞价应设置为 5 美元。较低的竞价可能减少目标受众能够看见你广告的用户数量。如果你的竞价未能获得预期的成效，请提高竞价金额。

第二，选择适当受众。选择适当受众可以显著提升广告组的投放效果。使用定位明确的受众群，但定位条件不能使受众规模太小。选择受众时可参考使用兴趣或行为定位、使用根据像素或客户数据创建的自定义受众和使用根据最优质客户创建的类似受众等。另外，你还需要注意受众应与广告目标相符。例如，向广泛的受众群投放品牌知名度广告；向更具体的受众群投放高效营销广告。

第三，注意受众重叠的情况。受众重叠表示你将多个广告组定位至包含相同人群的不同受众。这种情况并不一定是坏事，但由于 Facebook 会尝试避免在短期内向特定用户展示来自同一个广告主的大量广告，因此这可能导致你的广告组难以花完所有预算。要避免或减少受众重叠，首先根据以上建议细化受众定位，如果无效，就尝试整合受众重叠的部分广告组。如果某些广告组的目标受众非常类似，就将其整合为一个广告组并设置更高的预算，这样可能获得更好的成效。

第四，提升广告相关度分数和反馈。如果你的广告相关度分数较低或存在负面反馈，则可能影响投放效果。如果广告相关度分数低或负面反馈量高，就尝试调整定位条件。如果这种方法没有效果，就调整广告内容，具体如下。

① 仔细选择广告图片、视频和文案。

广告图片、视频比文字更引人注目，因此首先要提高图片、视频的质量。确保文案简洁精练，契合推广的内容。

② 更新广告创意。

随着时间推移，曾经对广告反响积极的受众可能出现审美疲劳。当广告的相关度分数下降时，请尝试使用针对相应受众群的新内容创建新广告。

③ 测试不同的广告和受众群。

向相同受众群展示不同广告，或向不同受众群展示相同广告。你要认真研究当前的广告成效分析报告，发掘可取之处。例如，当某些广告的相关度分数一直比较高时，就可以考虑这些广告有何共同点。

④ 不要使用冒犯性或误导性的内容。

冒犯性或误导性的内容或许可以吸引用户的眼球，但最终会导致用户体验不理想。你要尝试寻找与众不同的方法，争取脱颖而出。

（4）覆盖你关注的受众。

对于覆盖你关注的受众，你需要注意以下要点。

在 Facebook 中，你可以利用"广告定位"选项，将可能对广告感兴趣的用户设为广告受众。商家无论规模大小都可以找到符合目标的定位选项。

在使用 Facebook 的"广告定位"选项开始建立受众前，你必须明确想要覆盖的人数及利用广告想要实现的目标。

第一，创建细分受众。

当定位范围更小、更具体的用户群时，你可以使用个性化的图片和文字来吸引受众。

第二，创建广泛受众。

将广告受众定位为广泛的受众时，你可以打响品牌知名度和为业务宣传造势。除此之外，你需要明白受众规模是至关重要的。一方面，若受众规模过小，则广告表现可能低于预期；另一方面，若受众规模过大，则广告可能无法获得预期的展示次数。目标受众都有资格看见你的广告,但你设置的预算将影响实际能够看见广告的用户数量。如果预算过低且受众规模过大,则你的广告表现可能不如目标受众类似但预算更高的广告主投放的广告。在这里,你可以在广告创建流程中查看受众信息,了解符合定位条件的预计人数。图4-20所示为受众信息。

第三,明确定位。

基本定位选项包括地区、年龄和性别。对于地区定位,你可以根据用户所在的国家(地区)、州(省)、区域、城市或邮编,或者自定义地区(如街道地址),来定位广告受众,也可以选择向业务周边特定范围内的受众展示广告,定位多个地区有助于覆盖流动的受众。对于年龄定位,你可以在13岁与65岁之间选择特定的受众年龄范围。对于性别定位,你可以根据业务特征,仅定位男性或女性受众。要定位所有性别的用户,包括未选择性别的用户,此时要选择"全部"。

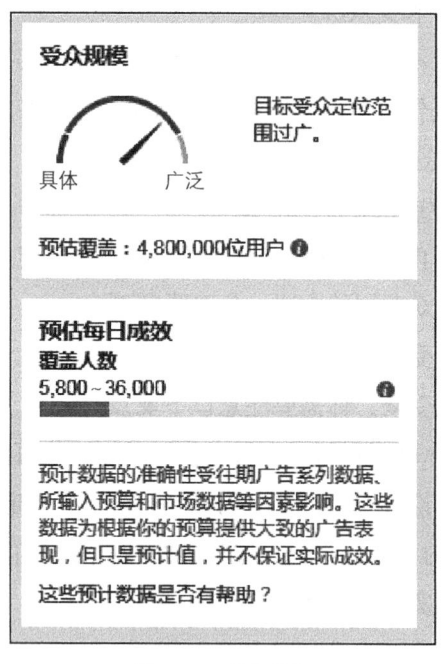

图 4-20 受众信息

第四,缩小受众范围。

你可以在兴趣、行为和人口统计选项中增加更多定位条件,覆盖相关性更高的受众。对于兴趣,你可以根据兴趣覆盖受众。如果只定位了少数几个兴趣,则可以考虑使用相关主题,在定位相关受众的同时增加潜在覆盖人数。对于人口统计,你可以根据年龄和性别以外的定位选项来覆盖客户。例如,你可以根据客户就读过的学校、近期发生的人生大事等选项定位客户。专营婚礼服装的商家可以定位最近刚订婚的客户。对于行为，你可以根据客户的购买行为、设备使用情况等选项来覆盖受众。例如，专门从事健康服务的非营利性机构可以定位那些过去曾向类似机构捐款的客户。对于关系网络，你可以覆盖已经与你的业务建立联系的客户。关系网络包括与你的Facebook主页、应用程序或活动建立联系的客户。例如，如果想获得新的主页赞，你可以排除那些已赞过主页的客户。

第五，追踪受众表现。

广告相关度分数可以帮助你了解广告在目标受众中的表现。广告展示次数达到500次后，系统会得出一个1～10分的相关度分数。10分表示你的广告与受众高度相关，1分表示你的广告与受众不太相关。如果广告相关度分数偏低，可以尝试更新受众或调整广告创意，增加广告对所选受众的吸引力。

另外，如果希望详细了解受众，在Facebook主页赞达到30次后，广告主就可以查看主页成效分析。"主页成效分析"提供了赞你的主页的用户的人口统计数据，这些数据对于下次创建受众非常有用。

## 四、制订Facebook推广核心计划

经过前期的准备工作，小孙开始制订Facebook推广核心计划，即邮件发送的内容、选定的发送人群等。小孙决定分以下几个阶段开展工作。

第一阶段，选择目的，即选择此次推广的目的。

第二阶段，选择受众，即准备向哪些人群推广业务。

第三阶段，实施推广，即确定广告的投放位置、设置预算、投放的格式等。

第四阶段，衡量和管理广告，即借助广告平台来分析广告效果，并做出相应的调整。

## 任务二　Facebook推广操作步骤

小孙制订了Facebook推广方案，将方案上报给了上级主管。主管经过讨论之后，同意了小孙的方案。为了能够更好地实施方案，小孙决定有条理地推行他制

订的方案。接下来，小孙决定分别从创建主页、设置广告系列、设置广告账户、设置广告组、发布广告五个方面来完成前面制订的方案。

## 一、创建主页

创建主页是后期进行推广工作的首要步骤，主页的创建能帮助你后期更好地展示企业文化、产品及各种促销消息，能给客户提供一个更充分地了解企业相关信息的平台。创建主页的具体步骤如下。

**步骤一：** 选择主页的类型。

图 4-21 所示为选择主页类型页面。

图 4-21 选择主页类型页面

**步骤二：** 填写相关信息。

在该步骤中，你需要填写主页名称、主页类别、电话及街道地址等相关信息。图 4-22 所示为填写主页信息页面。

**步骤三：** 选择类别。

在这里，你需要再次选择你的企业的类别。图 4-23 所示为选择类别页面。

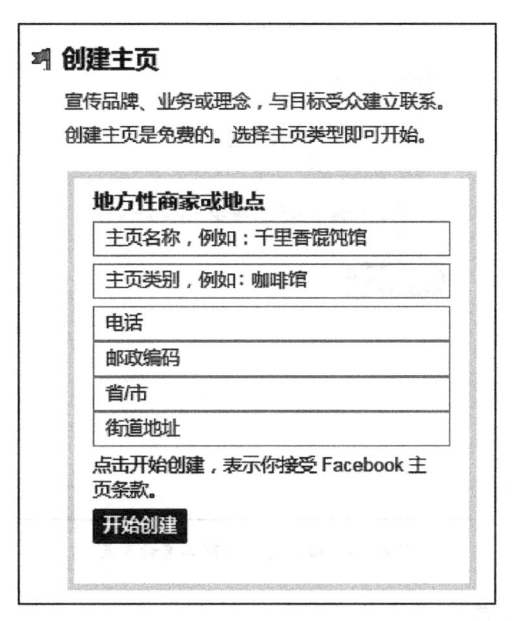

图 4-22　填写主页信息页面

图 4-23　选择类别页面

**步骤四**：选择品牌或商品。

在这个步骤中，你需要选择你将要销售的商品。图 4-24 所示为填写品牌或商品名称页面。

图 4-24　填写品牌或商品名称页面

**步骤五**：主页设置。

（1）添加头像。图 4-25 所示为添加头像页面。

图 4-25　添加头像页面

（2）上传封面照片。图 4-26 所示为上传封面照片页面。

图 4-26　上传封面照片页面

**步骤六**：为主页添加按钮。

（1）添加想要的按钮。图 4-27 所示为添加按钮页面。添加完按钮后再单击"下一步"按钮。

图 4-27 添加按钮页面

（2）引导客户前往。添加"发送邮件"按钮后，添加具体的邮箱，以引导客户发送邮件。图 4-28 所示为添加邮箱页面。

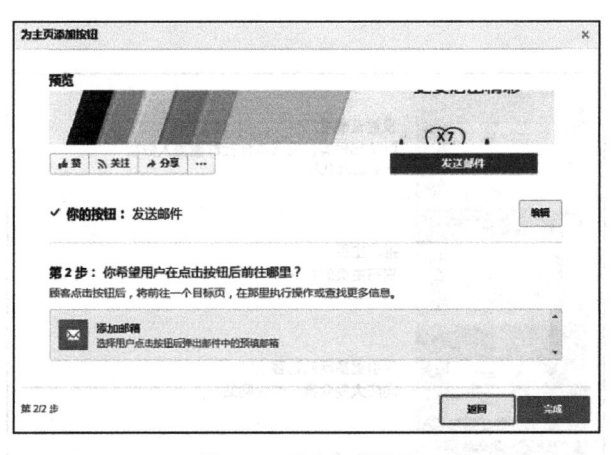

图 4-28 添加邮箱页面

在经过以上步骤之后，你就建立好了自己的主页。图 4-29 所示为创建的主页详情页。

图 4-29 创建的主页详情页

在创建主页之后，你可以选择多种方式来推广你的业务。单击图 4-29 所示的"推广"按钮，你会发现有以下四种方式来推广业务。图 4-30 所示为常见的推广业务方式。

图 4-30 常见的推广业务方式

**方式一**：设置长期推广。

① 选择目标。图 4-31 所示为选择目标页面。

项目四　Facebook 推广

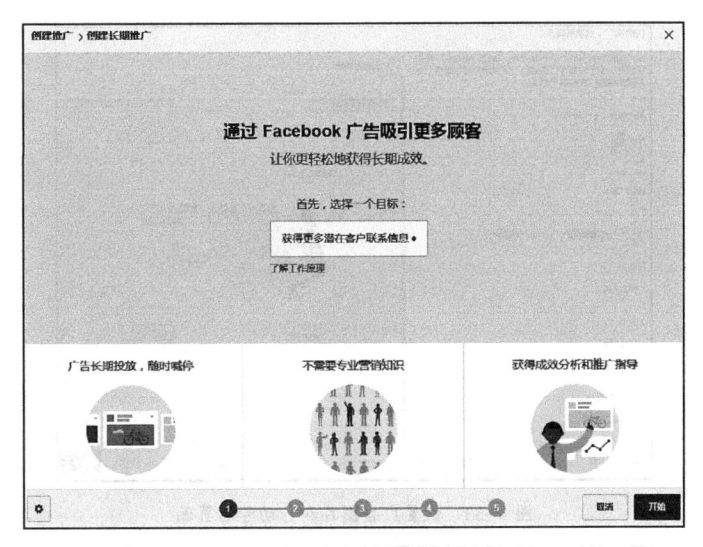

图 4-31　选择目标页面

② 选择希望用户提供的信息。图 4-32 所示为选择希望用户提供信息的页面。

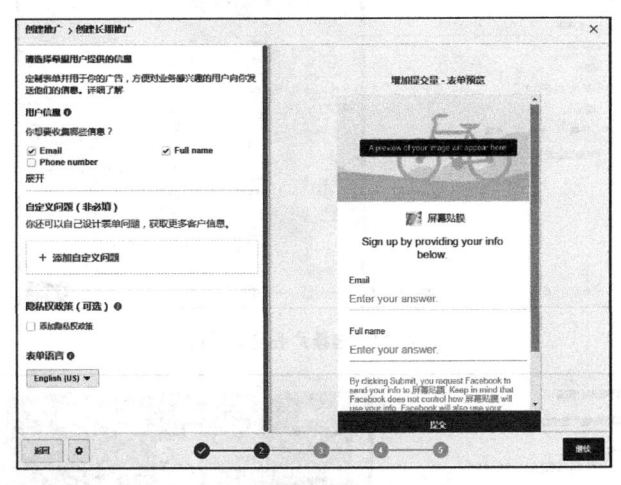

图 4-32　选择希望用户提供信息的页面

③ 展示的广告图片和位置。在这里，你可以添加你想要展示的图片和你想要用户看到之后应该做的操作。图 4-33 所示为设置广告图片和行动号召页面。

④ 选择广告受众。图 4-34 所示为选择广告受众页面。

⑤ 设置预算。图 4-35 所示为设置预算页面。

⑥ 选择支付方式。图 4-36 所示为选择支付方式页面。

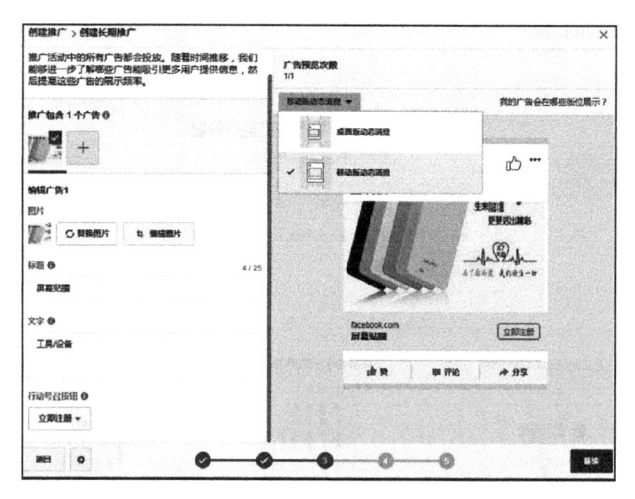

图 4-33 设置广告图片和行动号召页面

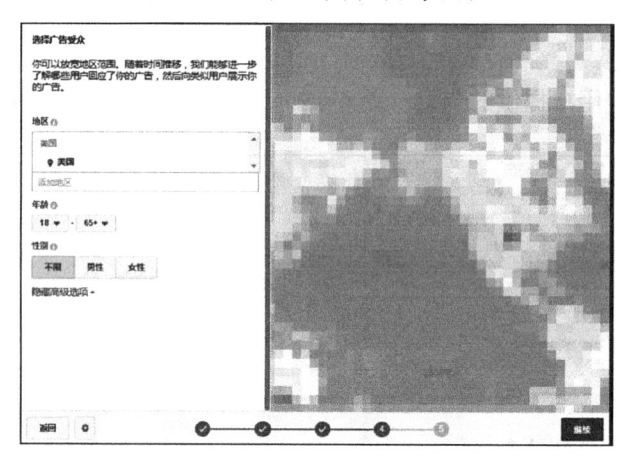

图 4-34 选择广告受众页面

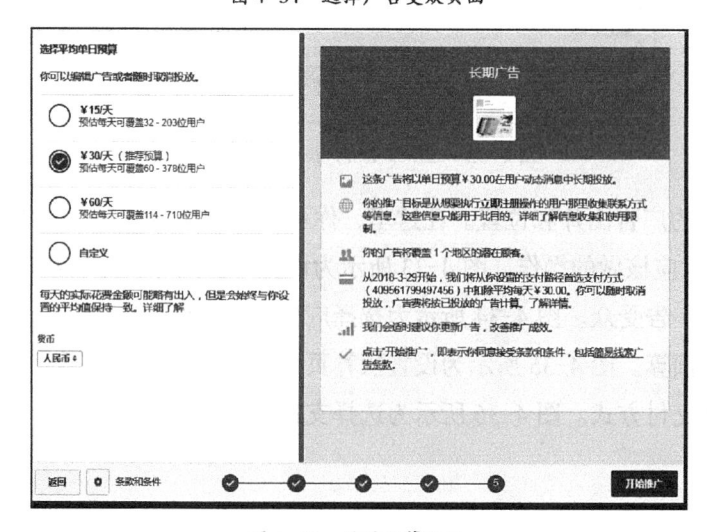

图 4-35 设置预算页面

图 4-36 选择支付方式页面

**方式二**：推广主页。

图 4-37 所示为设置推广主页相关信息的页面。在该页面，你可以上传广告图片和视频，选择受众，设置预算和投放期。

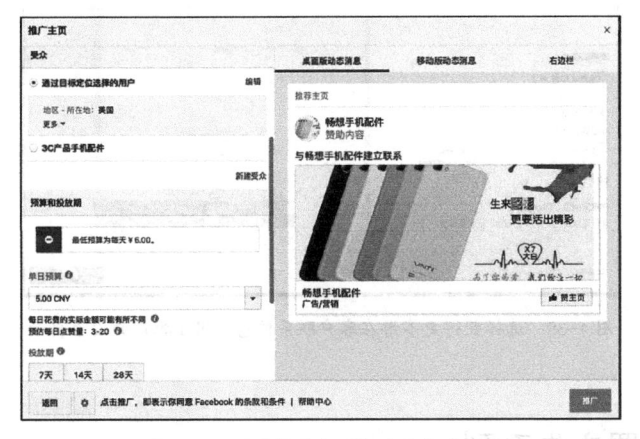

图 4-37 设置推广主页相关信息的页面

**方式三**：吸引更多网站访客。

图 4-38 所示为选择吸引更多网站访客的推广设置页面。

**方式四**：获得更多潜在客户联系信息。

图 4-39 所示为选择获得更多潜在客户联系信息，用于推广的设置页面。

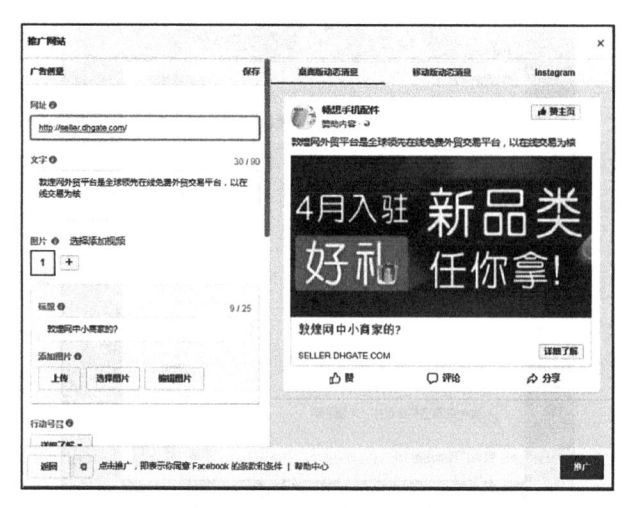

图 4-38 选择吸引更多网站访客的推广设置页面

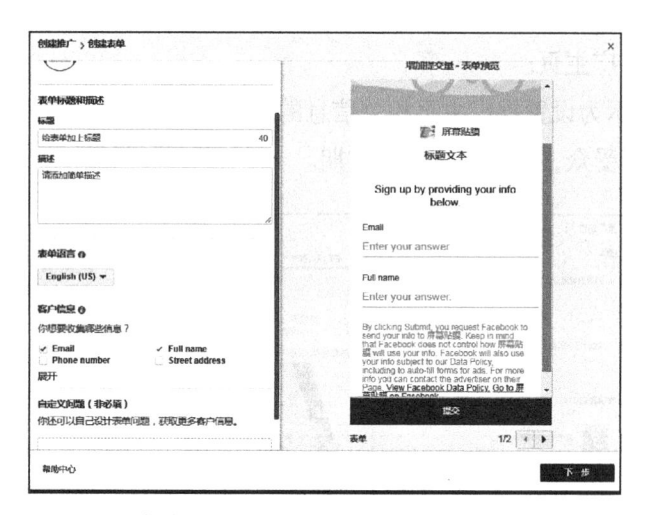

图 4-39 选择获得更多潜在客户联系信息，用于推广的设置页面

## 二、设置广告系列

在广告系列中，你需要选择目标，设置广告系列名称，并根据企业要求考虑是否设置广告系列花费上限。

**步骤一**：选择目标。

选择不同的目标，后期的操作是不一样的。经过一番思考之后，结合前面分析的企业问题，小孙决定首先提高品牌知名度。图 4-40 所示为选择目标页面。

**步骤二**：设置广告系列花费上限。

图 4-41 所示为设置广告系列花费上限。

图 4-40 选择目标页面

图 4-41 设置广告系列花费上限

## 三、设置广告账户

设置广告账户时,你需要明白你的所有广告账单和报告数据都会使用设置中的货币和时区设置;如需修改设置,必须新建广告账户。图 4-42 所示为设置广告账户页面。

## 四、设置广告组

当你选择了提高品牌认知度的推广目标之后,你需要确定受众、版位及预算和排期。

**步骤一**：设置广告的目标受众。

在这里，你需要对广告计划覆盖的人群进行选择，包括自定义受众、地区、年龄、性别、语言、细分定位，以及与你的账户的关系。图 4-43 所示为设置目标受众页面。

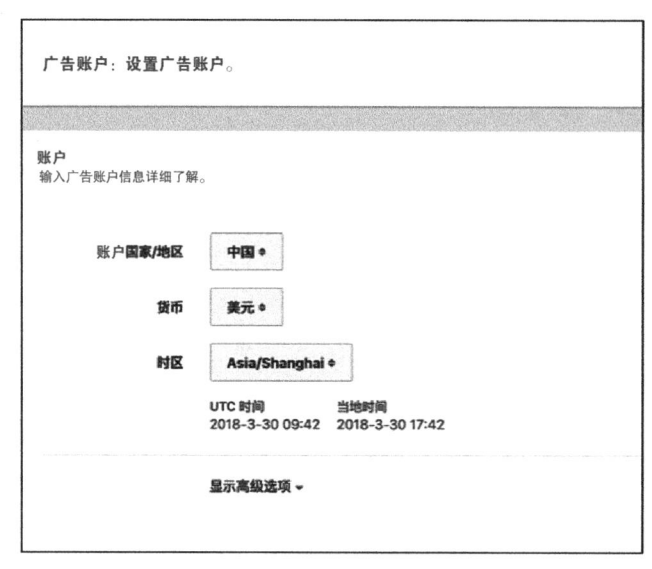

图 4-42 设置广告账户页面

图 4-43 设置目标受众页面

**步骤二**：选择版位。

在这里，你需要正确选择版位，以更加高效地展示广告。图 4-44 所示为选择版位页面。

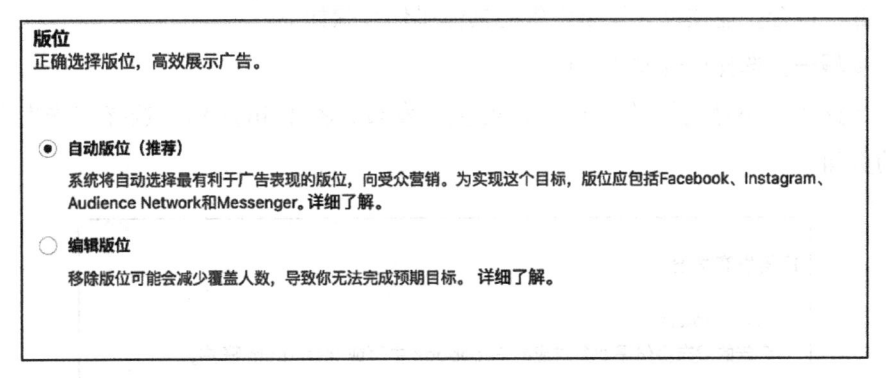

图 4-44 选择版位页面

**步骤三**：确定预算和排期。

在该步骤中，你需要确定你的单日预算或者总预算，你需要根据企业的具体情况进行设置，然后确定排期，即你计划长期投放广告还是有开始日期和结束日期。图 4-45 所示为确定预算和排期的页面。

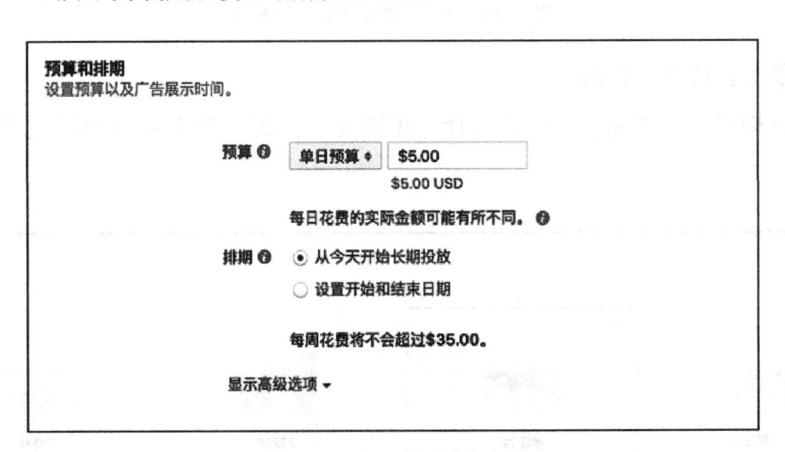

图 4-45 确定预算和排期的页面

## 五、发布广告

在广告方面，你需要选择你的广告发布身份，或者是你的 Facebook 账户主页，或者是你的 Instagram 账户；同时，你还需要确定你计划发布的广告格式和文本。在这里，你需要注意的是，不同的广告格式对于文本有不同的要求，具体的参数要求等在相关知识的链接中可以查看。在这里，小孙决定采用单图片的形式来展示广告，因为这种方式能通过设计精美图片有效地传达品牌理念，且成本相对较低，符合企业预算。发布广告的具体操作步骤如下。

**步骤一**：选择广告发布身份。

在这里，小孙选择的是 Facebook 主页发布。图 4-46 所示为选择广告发布身份的页面。

图 4-46　选择广告发布身份的页面

**步骤二**：选择广告格式。

广告格式有四种选项，小孙选择"单图片"格式。图 4-47 所示为选择广告格式页面。

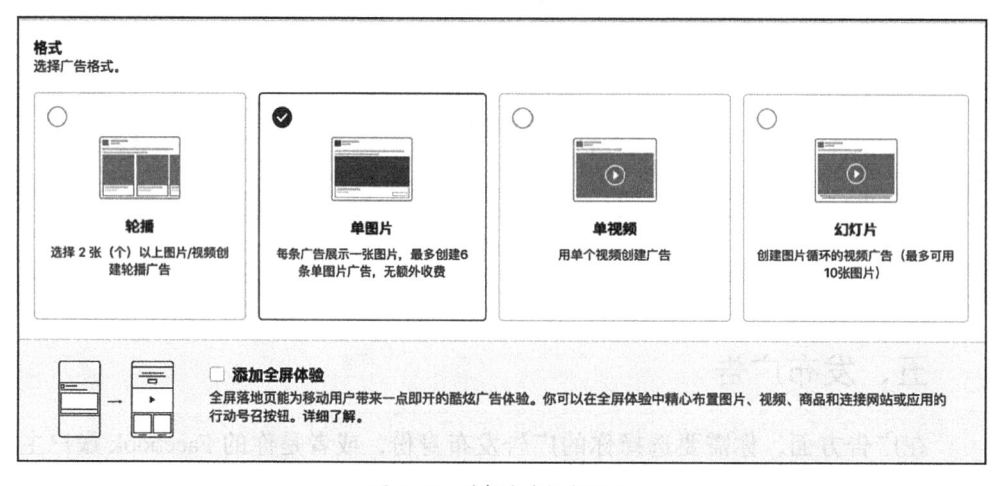

图 4-47　选择广告格式页面

步骤三：上传图片。

图 4-48 所示为上传图片页面。

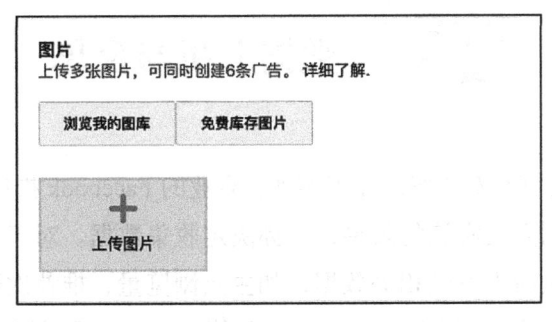

图 4-48 上传图片页面

步骤四：输入广告文本。

在该步骤中，你可以输入相关的文字说明，来介绍你的推广内容，或者输入你希望推广的网址；或者设置行动号召，即希望用户看完广告后的行动。图 4-49 所示为输入广告文本页面。

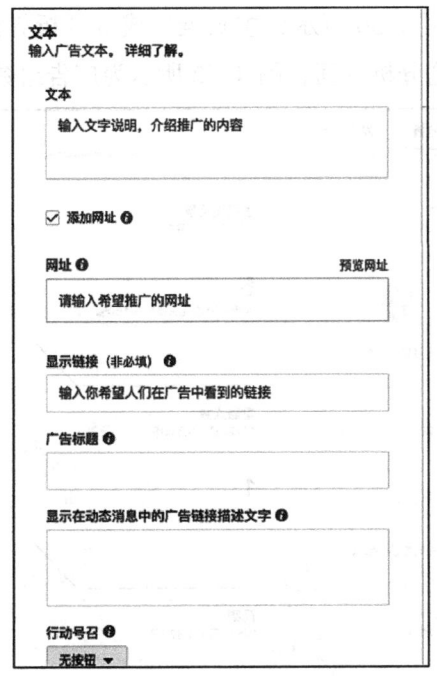

图 4-49 输入广告文本页面

## 任务三　数据分析与反思

经过方案的制订和对方案的完美实施，企业的 Facebook 推广取得了一定的成绩。为了能够看到方案实施的效果，小孙决定收集数据。对于主页的推广效果，可以在成效分析页面中看到相关数据，如主页浏览量、推荐次数和帖文互动等。对于广告的推广效果，可以在 Facebook 广告管理工具中看到相关数据，如用户参与度、视频互动率、应用使用率、表现与点击量等。另外，在该工具中可以对账户概览、广告系列、广告组、广告等多个方面进行数据收集，来衡量广告成效。需要注意的是，广告系列、广告组和广告的数据分析界面是一样的。

为了能够进一步优化 Facebook 推广方案，小孙决定从主页浏览量、推荐次数和帖文互动三个方面对主页进行分析，从参与度和"表现与点击量"两个方面对广告进行分析。图 4-50 所示为主页推广成效分析界面，图 4-51 所示为广告管理工具中账户概览分析界面，图 4-52 所示为广告组数据分析界面。

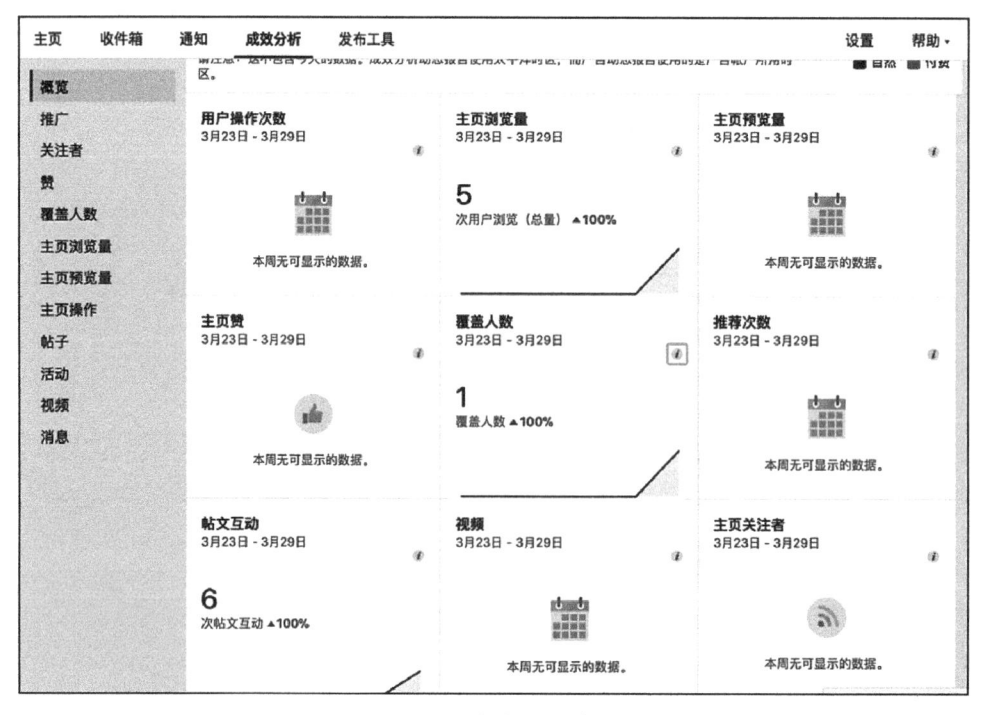

图 4-50　主页推广成效分析界面

项目四　Facebook推广

图4-51　广告管理工具中账户概览分析界面

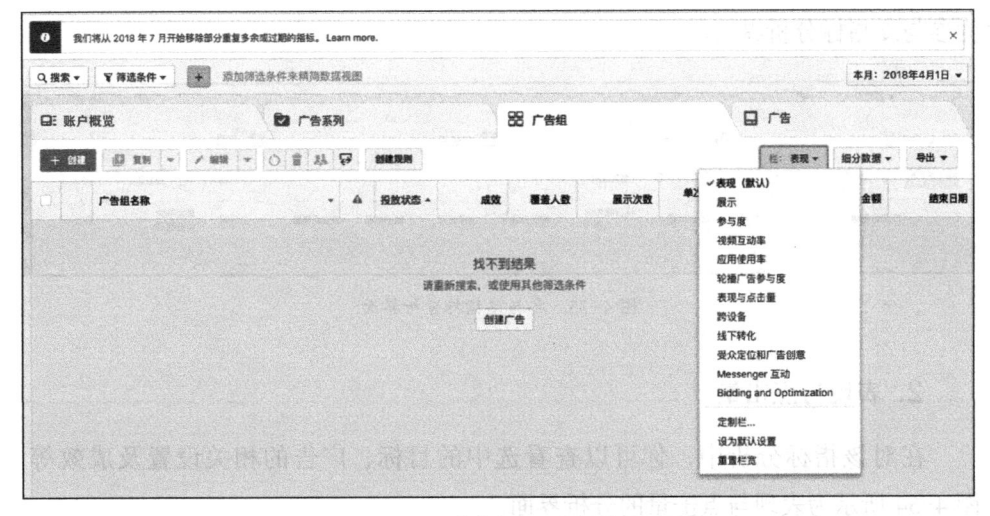

图4-52　广告组数据分析界面

# 一、主页分析

## 1. 主页浏览量

主页浏览量是指Facebook登录用户和未登录用户查看过该主页的次数。这个浏览量的次数可以根据自己设定的时间来查看。

### 2. 推荐次数

推荐次数是指你的主页获得用户推荐的次数,该指标可以选择设定的时间来查看。

### 3. 帖文互动

帖文互动是指用户通过点赞、评论和分享等方式与帖子互动的次数。

## 二、广告分析

### 1. 参与度

参与度是指用户对帖子的评论、分享、链接点击量和主页赞等。图 4-53 所示为参与度指标分析界面。

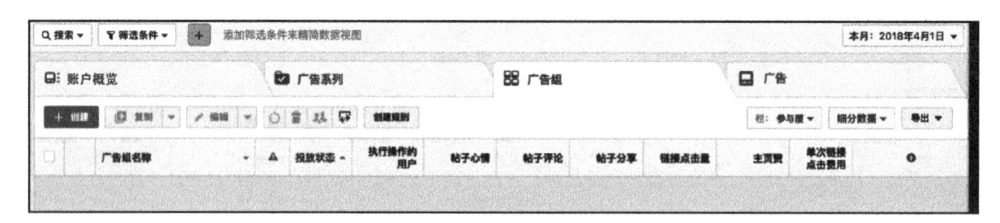

图 4-53 参与度指标分析界面

### 2. 表现与点击量

在对该指标分析中,你可以查看选中的目标、广告的相关设置及成效等。图 4-54 所示为表现与点击量的分析界面。

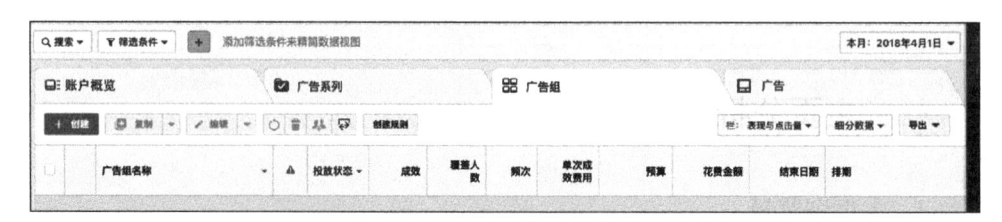

图 4-54 表现与点击量的分析界面

## 三、方案优化

在方案优化方面,你需要充分了解如何利用轮播广告展示更多的内容,如何创建视频广告,如何充分利用本地市场知名度广告,如何充分利用移动应用广告及如何针对转化量优化广告,来使价值最大化。下面简要介绍利用轮播广告展示内容、创建视频广告、利用本地知名度广告。

### 1. 利用轮播广告展示内容

在轮播广告的技巧方面,你需要注意以下要点。

借助轮播广告,你可以在一个广告单元中展示多件商品,或者利用每张轮播图卡讲述一个连贯的故事。几乎所有的商家都可以利用轮播广告来实现各种广告目标。另外,轮播广告能够持续为广告主带来巨大成效。对使用这类广告的企业来说,单次转化费用或单次点击费用会更低。下面介绍充分利用轮播广告的方法与建议。

(1)前期准备。

开始创建轮播广告之前,请考虑以下问题:

① 你的业务有什么与众不同之处?

② 你对与众不同之处充满自信,如何通过轮播广告展现这些亮点?

③ 你最想实现什么目标?

④ 你想销售一种商品还是多种商品?你想广泛面向客户宣传品牌及旗下的商品或服务?

(2)熟悉轮播广告的使用方式。

你可以使用轮播广告实现以下目标。

① 展示多种商品,将客户引导至不同的着陆页。为客户提供更多的选择,提升点击率。

② 宣传单个商品的多方面特色。展示不同的商品角度或细节,让客户更好地了解你的商品。

③ 讲述品牌故事。用一系列图片讲述一个精彩故事。

④ 讲解流程。向客户详细介绍业务运作方式。

⑤ 创造更大的展示空间。跨边框展示横幅大图,打造沉浸式广告体验。

⑥ 凸显优势。如果你销售的不是实物商品,就可使用图片展现你能为客户带来的益处或成果。

(3)善用创意技巧。

你可以自动创建轮播图卡。只要用户分享第一张图卡对应的目标网址,

Facebook 将从该目标网址自动为广告调用相关的商品图片,并将它们复制到其余图片中。

你可以投放动态广告,即你可以自动推广整个商品目录中的相关商品,在一个轮播广告中展示多达 30 张图片。

你可以利用轮播广告所有可用的功能,讲述品牌故事。虽然图片非常利于吸引用户的注意力,但简单明了的标题、说明和行动号召的作用也不可忽视,因为这些部分能够为受众提供背景信息、讲述细节并吸引他们的注意。

你可以使用紧密相关且引人注目的图片,即使用拍摄参数相同或配色、风格相似的图片。注意,图片中包含的文本不得超过 20%,且尺寸为 600 像素 × 600 像素(或宽高比为 1∶1)。你可以使用网格工具,确保图片获得 Facebook 的批准。

另外,在大多数情况下,首先应展示成效最佳的轮播图卡,这也是轮播广告的优势之一。你可以同时测试多个广告创意,并根据它们的成效排序。你可以替换或删除成效较差的轮播图卡。但是,如果想使用轮播格式讲述连续的品牌故事或展示一张长图片,请确保关闭自动优化功能,再创建广告。最后,确定关联轮播图卡和着陆页的最佳方式。有大量库存的大型商家可以将点击展示特定商品的轮播图卡的用户引导至购买页面,以便他们购买查看的商品;有较少库存的小型企业可以将点击轮播图卡的用户引导至商品类别页面。例如,如果轮播图卡展示的是某种女士上装,则可以将用户引导至对应的类别页面,展示你销售的所有女士上装。

(4)测试轮播广告的效果。

为充分了解轮播广告对提升广告系列成效的帮助效果,你可以开展以下测试。

① 在同一个广告系列中创建两个广告组。

在其中一个广告组中创建三到五条广告,且每条广告使用格式相同的不同图片。在另一个广告组中创建一条轮播广告,使用与前面三到五条广告相同的图片。

② 确保两个广告组的设置尽可能相似。

为两个广告组设置相同的预算、竞价、目标受众和着陆页。

③ 投放广告系列。

④ 创建成效分析报告,再对比两个广告组与广告系列目标相关的指标。

### 2. 创建视频广告

现在,移动设备的普及使人们大部分的时间都花在了移动设备上。移动意味着速度快,客户在移动设备上观看Facebook内容只会花1.7秒,而在电脑上观看内容要花2.5秒。记忆是瞬间形成的,只需要1/4秒,移动版的动态内容就能给用户留下印象。得益于移动设备,许多商家及其品牌比以往任何时候都更贴近客户的内心。借助移动视频,营销者得以与受众进行更深入的情感交流。在创建移动端的视频广告时,你需要明白,客户可以选择观看内容和观看时长,因此在移动设备上用视频讲故事必须讲究艺术性。视频广告传递信息和吸引受众的速度越快,客户记住广告内容的概率越大。设计移动视频广告,具体有以下技巧。

(1)快速抓住受众的注意力。

视频广告抓住受众注意力的速度越快越好。Facebook和尼尔森公司研究发现,视频营销活动前3秒创造的价值占总价值的47%,高达74%的价值是在前10秒内创造的。因此,你可以在视频片头采用最抢眼的元素,借助吸引力超强的内容吸引客户。例如,选择引人注目的视频缩略图,片头采用惊艳的产品镜头和生动的背景;或者抢占中心位置,即如果视频广告中有名人、知名形象或深受喜爱的品牌,要立刻让客户知道;或者使用具有吸引力的帖文,即添加有趣、富有情感冲击力或新颖的帖文,提升广告的吸引力。

(2)为静音播放设计创意。

最近的一项研究发现,76%的参评视频广告需要添加音频才能让客户理解。当客户选择静音播放时,你需要巧妙地用视觉元素讲述品牌故事;或者利用图片创建品牌故事,无须音频即可准确传达品牌信息;或者利用文本和图片帮助传达信息,即利用叠加显示的文本和图片等来讲述故事的核心内容,使客户能通过阅读来掌握信息。你还可以尝试为广告添加字幕。

(3)巧妙取景帮助讲述精彩品牌故事。

移动设备屏幕较小,因此要借助视觉元素讲述品牌故事,提升广告吸引力,改善信息清晰度。你可以探索不同的视频外框,即为视频采用方形广告框,扩大移动屏幕上的展示空间,进一步吸引客户关注。你可以突出关键要素,即重点展示能吸引观看者眼球并能传达强烈信息的关键画面。你可以打造新颖视觉效果,尝试使用不同维度,或者在前景和背景之间切换。

### 3. 利用本地市场知名度广告

本地市场知名度广告旨在帮助商家迅速高效地覆盖店铺周边的客户。你应该充分利用本地市场知名度广告,争取创造更丰硕的成绩。接下来,你可以从吸引客户关注、使用行动号召按钮、选择适当的目标受众三个方面来进一步理解。

（1）吸引客户关注。

加大推广力度，向客户宣传促销活动，如优惠时间段，激发客户光顾店铺的欲望；或者展现本地特色，讲述关于本地产品或特色的故事；或者分享趣闻，讲讲你的店铺有何特质或趣闻，从而向客户介绍你的业务。

（2）使用行动号召按钮。

行动号召按钮能让查看本地市场知名度广告的客户更轻松地与你建立业务联系。常见行动号召按钮如下所述。

① 立即呼叫。客户查看广告时可一键呼叫店铺，方便商家与潜在客户直接对话。

② 发消息。客户查看广告时可直接通过该按钮发送私信，它是发掘潜在客户的最佳选项。

③ 详细了解。利用该按钮可吸引客户访问网站或博客的任意页面，了解业务详情。

（3）选择适当的目标受众。

尝试不同的广告受众和排期，适时定位合适的客户。你可以通过缩小目标受众的特定性别或年龄范围，实现对目标受众的精准定位。

综上所述，小孙明白了Facebook推广方案的优化工作，需要具备一定的广告创意意识，来合理设计内容，如此才能在后期多次的推广操作中取得成效。

## 同步训练

### 一、选择题（单选题）

1. Facebook全屏广告不具有的特点有（　　）。
   A. 制作简单　　B. 目标单一　　C. 加载迅速　　D. 适用所有目标

2. 精品栏广告设计技术要求图片最小宽度是（　　）像素。
   A. 600　　　　B. 400　　　　C. 800　　　　D. 200

3. Facebook视频广告设计要求视频文件大小不超过（　　）。
   A. 4GB　　　　B. 3GB　　　　C. 2GB　　　　D. 1GB

4. Facebook推广常见的目标不包括（　　）。
   A. 精准投放广告　　　　　　B. 扩大受众范围

C. 降低转化量　　　　　　　　D. 科学调整销售策略

5. 创建自定义受众的数据源有（　　）。

A. 客户名单　　B. 网站访客　　C. 应用用户　　D. 包括 A、B、C

## 二、简答题

1. 衡量广告系列成功与否的相关数据指标有哪些？

2. 广告投放有哪些注意事项？

## 三、案例分析

某手机企业之前主要在国内销售手机。后来，企业负责人决定开拓海外市场，但前期的 Facebook 推广工作效果不佳，尤其主页点击率不高，帖文互动率偏低。假设你是企业的海外推广人员，需要你准备一个 Facebook 推广方案，请你确定推广目的、推广步骤、推广方法，以及对数据进行分析与优化，具体如表 4-6 所示。

表4-6　某手机企业Facebook推广方案

| 主营：某品牌手机及相关配件 ||
|---|---|
| 方案制订步骤 | 具体细节描述 |
| 1. 确定推广目的 | |
| 2. 确定推广步骤 | |
| 3. 确定推广方法 | |
| 4. 数据分析与优化 | |

## 项目五

# YouTube推广

### 学习目标

**（一）知识目标**

1. 了解 YouTube 推广的含义及意义。
2. 了解 YouTube 推广计划的制订方法。
3. 学习 YouTube 推广的方法和操作步骤。
4. 学习 YouTube 推广效果的检测与改进。

**（二）能力目标**

1. 熟练掌握 YouTube 推广的方法和操作步骤。
2. 学会分析 YouTube 推广效果并根据数据及时进行反思和改进。

**（三）素质目标**

1. 通过课程教学，培养学生的创新精神。
2. 通过课程教学，树立规则意识，养成遵守第三方平台规则的良好习惯。
3. 通过课程教学，树立法律意识，提升知识产权意识，尊重和保护自己及他人的劳动成果。

### 导入案例

现在，大约 80% 的企业开始使用视频营销，这表明企业正在重视以视频的形式增加客户接触点。而 YouTube 是全球最大的视频社交网站，每日用户观看视频累计时长超过 3 亿小时。无论是 B2C 还是 B2B，运营 YouTube 频道的企业数量都在不断增加。

以 vivo 公司（以下简称"vivo"）为例，vivo 欲将旗下新推出的高端手机打入东南亚市场，实现品牌本地化。在营销策略上，vivo 首先借助谷歌深入分析用户的线上行为和兴趣爱好，进行受众定位，最终锁定目标用户群体为技术爱好者、时尚达人、专业摄影师、城市探索者。

然后，vivo 在 YouTube 平台上针对不同消费群体设计不同的创意广告，在广泛触达消费者的同时，与其进行互动。vivo 联合 YouTube 共同设计了 11 个创意故事，以满足不同消费群体的需求，引发对方的情感共鸣，从而扩大了在东南亚市场的品牌知名度。

此外，vivo 以几个 YouTube 视频为基础，针对不同受众群体制作了 50 多种定制化创意作品，进一步提升了品牌影响力。

最终，仅在菲律宾，vivo 就达到了 4.8% 的品牌满意度提升。

**思考**：vivo 高端手机打入东南亚市场的营销策略有哪些？

1. 借助谷歌搜索确定目标用户：技术爱好者、时尚达人、专业摄影师、城市探索者。

2. 在 YouTube 平台上针对不同消费群体设计不同的创意广告，引发对方的情感共鸣。

3. 以 YouTube 视频为基础，制作 50 多种定制化创意作品，进一步提升了品牌影响力。

## 相关知识

### 一、什么是 YouTube 推广

YouTube 是全球最大的视频社交平台，其全球活跃用户超过 10 亿人，同时也是全球互联网用户满意度评价最高的社交平台，其主要让用户下载、观看及分享视频。YouTube 推广的本质是一种视频推广。视频推广指的是企业或个人将各种短视频以各种形式放到社交网站上，达到一定宣传目的的推广方式。网络视频广告的形式类似电视视频短片，但其以互联网为平台。因此，YouTube 推广就是指在 YouTube 网站上以视频形式进行推广和宣传的一种营销方式。YouTube 视频营销属于口碑营销的一种，通过产品介绍、产品使用和产品评价相结合的方式，来

提升客户对产品和品牌的印象,从而实现交易。在 YouTube 平台,有很多视频主通过获取免费样品或者收费来帮助企业做产品评测。

## 二、YouTube 推广的特点

YouTube 推广是一种视频推广方式,不同于其他的推广方式,有其自身的优势,具体主要有以下几点。

### 1. 直观展示产品

心理学家认为,在文字、图片、视频等视觉刺激方式中,文字对客户的冲击远远小于其他两者。相对于文字来说,图片突破了单调的文字,具有直观的特点;而相对其他两者来说,视频对于客户的冲击是最大的,可以给予客户视觉、听觉两方面的感受。YouTube 视频可以直观展示产品的每个细节,无论是产品的颜色、大小、功能,还是特质。

### 2. 传播速度快,传播方式简单

YouTube 视频传播速度非常快,其主要通过点赞、转发、分享、评论等方式进行传播。如果视频被 A 点赞,那么 A 的所有粉丝都可以看到他的动态,也就是他发送的视频;评论和分享功能也是如此。一个视频如果收到的点赞、评论和分享多,便可以在 YouTube 上以病毒式的速度传播。

### 3. 效果持续时间长

YouTube 推广的效果持续时间长主要是从 YouTube 的两个功能来说的,它们可以使 YouTube 视频不会被淹没。

(1)相关视频推荐。

此功能曾在 2012 年获得创新奖。例如,你正在观看一个关于洗发水的视频,在此视频右侧会有一系列与洗发水有关的视频。假如我们刚好有一个关于洗发水的视频,视频中某些关键词与正在观看的视频吻合,那我们的视频就会被推荐放到右边(对视频拍摄时间没有要求),这可以增加我们的视频的曝光度。

(2)强大的搜索功能。

客户想买某品牌手机,他先去 YouTube 上看别人使用手机的情况。他会通过关键词搜索,找到自己想买的手机。这时,他搜索到的视频并不是按照时间排序的,几年前的相关视频也可能被显示出来。

#### 4. 互动性与双向沟通

YouTube 网站开通了评论功能，用户可以在观看网络视频之后及时发布自己的感想和反馈。互联网可以传输多种媒体信息，如文字、声音、图片、影像等，通过"多媒体"信息的交换，YouTube 视频推广的互动性非常强，因为有了互动，才能更好地达到双向沟通的效果。反馈的及时和互动的便捷在一定程度上可以提升营销的效率。企业和组织机构可以根据受众的反映进行评估营销，及时调整，让推广的效果更佳。

#### 5. 评估成效透明化

你可以了解你的广告是否覆盖了合适的受众群体，可以查看自己的 Google AdWords 账户，追踪观看次数、点击次数、费用和预算明细，然后访问 YouTube 账户内的分析工具标签，进一步了解观众信息。例如，企业可以知道自己的客户观看了哪些视频及观看时长。

## 三、常用的 YouTube 推广策略及技巧

现在是 YouTube 推广的好时机，跨境电商企业应该如何把握这个机会点呢？具体有以下几种方法。在实际应用的过程中，需要使用者根据自身所在企业的实际情况进行选择。

#### 1. 视频贴片广告

利用视频贴片广告进行网络营销，是一种传播范围广、传播效率高的方式。企业可以在视频网站上选择与自己营销的产品、理念相近或受众类似的视频进行贴片。YouTube 广告推广方式多种多样，主要有以下几种。

（1）展览式广告。

这是一种通常展示在页面右侧和推荐视频列表上方的图像型广告。在用户没有将主视频调整成全屏观看的情况下，它会一直展示在此处。这种广告可以采用静态或动态的图像，通过在 Google AdWords 中设置 "Display Campaign" 类型来完成投放。

需要注意的是，展览式广告只会出现在客户的桌面端 YouTube 界面中，而不会出现在手机端 YouTube 界面中。如果你想触及的受众群大部分都用手机，这种广告就不是最佳选择。图 5-1 所示为展览式广告。

图 5-1 展览式广告

（2）覆盖式广告。

覆盖式广告是显示在视频下部 20% 区域内的半透明广告。这类广告很显眼，但影响用户观看视频时的视觉效果，因此比较招人讨厌。这就需要企业主把握好广告受众群体和推广的产品的相关性，并且在广告里显示有用的价值信息，才能降低用户的消极反应。与展览式广告一样，覆盖式广告只能出现在桌面端 YouTube 界面中。图 5-2 所示为覆盖式广告。

图 5-2 覆盖式广告

(3)可跳过的插播式视频广告。

你看到这种广告,一定经常跳过吧?因此,企业需要非常用心地设计广告视频前5秒的内容,在这5秒内巧妙地吸引住观众的眼球,让其继续观看下去,切不可直接借用一些已经做好的推广视频。YouTube推广服务可以帮你把视频素材剪辑成适合这类广告形式的视频。相比电视广告,这类广告对企业比较友好。如果5秒后广告被用户跳过,YouTube就不会向企业收费。图5-3所示为可跳过的插播式视频广告。

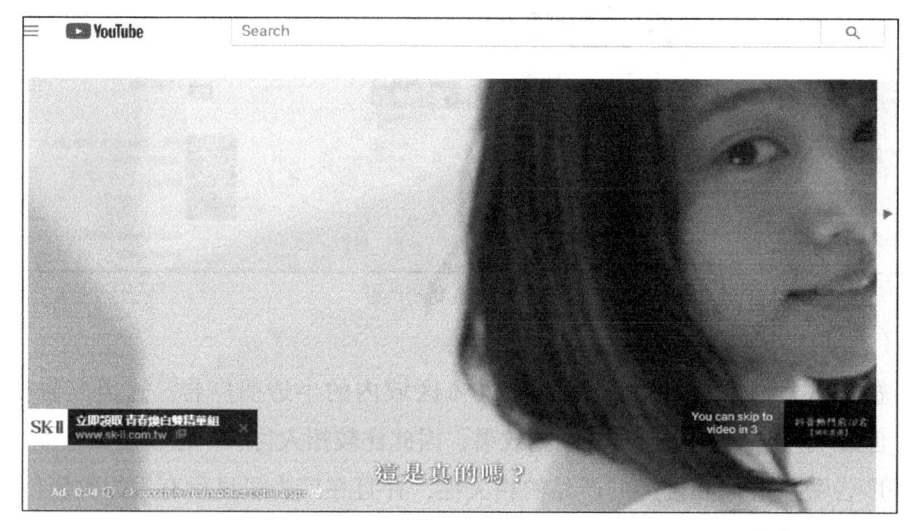

图5-3 可跳过的插播式视频广告

(4)不可跳过的插播式视频广告。

从名称中可以看出这类广告不可跳过,只有在整个广告完全播放后,才能观看主视频。这类广告可以出现在主视频播放前、播放中或播放后。虽然这类广告不可跳过,但并不意味着这类广告只要播了,YouTube就一定会收费。什么意思呢?这是YouTube一个比较人性化的地方,如果广告未播放完,并且未播放到30秒,观看者就已耐心不足切换到其他视频了,那么本次广告播放就不会向企业收费了。图5-4所示为不可跳过的插播式视频广告。

(5)导视广告。

导视广告最长只有6秒,出现在主视频中,并且不可跳过,用户只有在看完视频广告后,才能继续观看原视频。广告的时长最多只有6秒,可能就是一个品牌印象的作用时间,因此不太适合预算有限,要广告立竿见影的中小型企业使用。图5-5为导视广告。

图 5-4　不可跳过的插播式视频广告

图 5-5　导视广告

（6）赞助卡片。

赞助卡片是和你发布的 YouTube 视频一起使用的，它可以用来显示与视频有关的内容，如视频中提到的产品。卡片的宣传语会向观看者展示数秒钟。观看者也可以点击视频右上角的图标来浏览相关卡片。图 5-6 所示为赞助卡片。

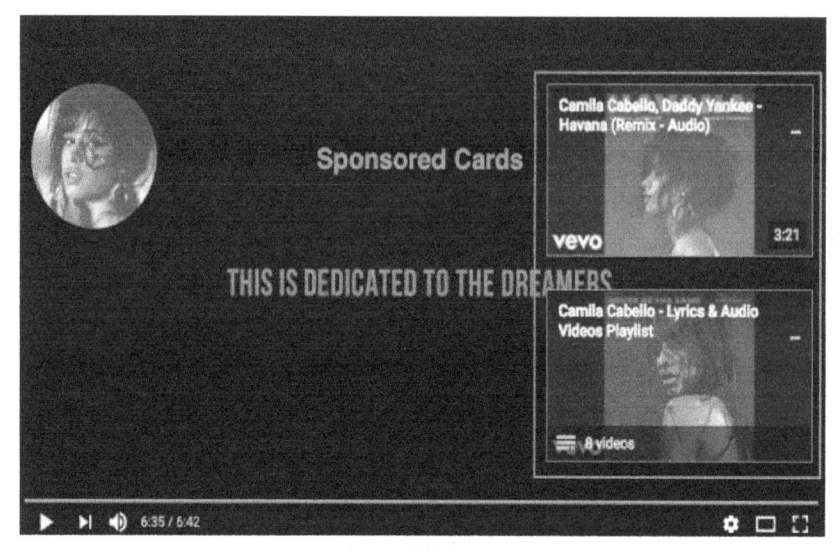

图 5-6　赞助卡片

## 2. UGC 视频推广

UGC 全称为"user generated content",意为用户生成内容。UGC 视频推广主要是网络用户创作或加工视频上传,从而达到推广的目的。企业在 YouTube 平台上进行 UGC 视频推广的技巧如下。

（1）建立企业自己的视频主页。

以往许多企业运用视频营销的时候,只能独立上传视频,无法建立自己的视频主页,将视频进行分类展示和管理。现在,企业可以选择在 YouTube 中建立以自己企业命名的视频频道主页,通过这个视频频道主页,企业可以将自己上传的所有视频进行集中展示、分类、推荐,让潜在的客户更系统地获得企业希望传达的产品信息视频。同时,企业还可通过视频频道主页,将客户引导到企业独立官网、B2C 或 B2B 网站,让意向客户可以快速转换为真正的买家。利用自己视频频道主页进行推广时,企业可以通过以下几个方法来提升浏览量。

**方法一**：制作频道介绍短片。

许多 YouTube 自媒体频道在页面顶部会有一个介绍短片,访客到来时自动播放。你可以截取过去视频短片中较精彩的部分,将它们拼接在一起,制作一个介绍视频,放在首页展示,让新访客快速了解频道主旨。

**方法二**：为你的 YouTube 介绍短片准备一段广告词。

不论是企业家还是自由创业者、创作者,都常常低估"电梯游说"的效果,

YouTube 视频创作者也不例外。你可以在视频的简介部分、结尾部分等使用广告词，进行简单的频道介绍。大多数 YouTube 网红在视频结束后，会单独说"如果你喜欢这个视频，可以点赞，发表评论并订阅"。这个做法已经脱离了视频本身，远没有用户观看视频内容时出现广告词有说服力。广告词不用很复杂，例如："我通常在每周三下午发布视频，下一个视频将介绍XXX。"这句话简单概括了频道的信息，能吸引新观众点击订阅。

**方法三**：视频缩略图要符合频道主题。

在某些方面，视频缩略图比标题更能吸引人们点击你的视频，请确保它们与主题内容保持一致，因为这会让你的频道看起来条理更清晰。虽然 YouTube 允许用户选择视频中的画面作为缩略图，但相比之下，自己设计会更好。你可以使用 Canva（免费）为每个视频制作独特的缩略图，要注意确保所有视频的缩略图在风格上保持流畅性和一致性。图 5-7 所示的是一个不错的例子，潜在订阅者可以通过视频缩略图大致了解视频的内容。

图 5-7　YouTube 平台视频缩略图

**方法四**：与其他具有类似观众群的 YouTube 视频发布者合作。

YouTube 视频发布者之间相互合作的事例并不罕见，这是吸引全新观众的绝佳方式。一个常见的做法是视频发布者相互出现在对方的视频中，这样两个人都有在其他创作者的观众面前获得认可的机会。你可以联系到希望合作的 YouTube 视频发布者，提出交叉推广的想法。

**方法五**：借助"热点"获取关注。

蹭"热点"是 YouTube 视频推广策略之一。你可以考虑制作一些与热点新闻、名人、流行趋势相关的视频，因为这些新闻已经有了一定的受众，能为你吸引到新的订阅。

以下是常见蹭"热点"视频制作方式：

① 在视频中使用流行歌曲。
② 在视频中模仿、讨论流行的事或物（如 Pokemon Go 或指尖陀螺）。
③ 在视频中回应其他热门视频创造者。
④ 对热门视频做出反应，如模仿、评论等。
⑤ 对热门新闻发表自己的想法、观点等。在合适的时间发表这类帖子，能接触到一些原本不关注你的视频的人，将他们引导到你的频道。

**方法六**：在利基[①]社区分享视频。

你可能已经把视频分享到了 Facebook 或者 Twitter，但你是否探索过其他在线社区，特别是视频受众"驻足"的社区？Reddit、Facebook 和论坛上的利基社区都有可能存在欣赏你的视频的受众。当你要把视频发布到其他子板块，或者 Facebook 群组时，试着按照视频内容相关性发布，而不只是考虑社区的大小。发布视频时，要让人们清楚知道你是谁，是做什么的（可以使用你在 YouTube 上的介绍短片）。通常来说，社区用户非常注重社区讨论主题的一致性，请确保一开始发布的内容具有足够的价值和相关性。你的视频越多，用户越有可能订阅，因为这为他们提供了追随你的理由。

**方法七**：创建播放列表。

播放列表是用户整理 YouTube 播放内容的好方法。这些列表将有机会出现在 YouTube 的搜索结果中，当然名字很重要。你可以使用 Keywords Everywhere Chrome 拓展程序查看各种内容的月底搜索量，给你的播放列表取个好名字。

---

① 利基是指针对企业的优势细分出来的市场，这个市场不大，而且没有得到令人满意的服务。产品进入这个市场有盈利的基础。在这里，产品特指针对性、专业性很强的产品。

（2）保持更新和回复。

商机是稍纵即逝的，只有保持对 YouTube 企业主页的管理和监控才能不断获得回报。像安特利、Blendtec 这类 YouTube 推广大户，对客户评论的回复不会超过 12 小时。也就是说，YouTube 推广不是短期推广，推广人员需要坚持登录 YouTube，及时回复潜在客户的询问，不断向浏览者推荐新的、800 万像素以上的智能手机可以顺畅观看的视频。只有保证有源源不断的忠实浏览者及不断的更新与回复，才能把 YouTube 变成企业的一个营销利器。

（3）利用工具分析和准确判断客户意向。

为了保证推广的有效性，企业在使用 YouTube 推广的过程中需要经常监控、分析、判断视频的推广效果及浏览者的采购意向，YouTube 提供的 YouTube Analytics 等工具就可以做到这点。这些工具可以实现实时追踪，告诉你有哪些人在看你的视频。当然，在某些情况下，企业需要由第三方提供的更加强大的流量追踪和转化分析工具。数据分析有助于提高视频营销的成功率，能令企业快速鉴定哪些人、从哪里、通过什么渠道观看你的视频，他们在看完你的视频之前有没有跳转到其他的网页，如果有的话，企业可以根据这些精细的数据调整视频主页、将客户更感兴趣的视频推送到更能引起客户关注的页面位置。

## 四、YouTube 推广的相关注意事项

### 1. 符合 YouTube 服务条款和社区总则

上传到 YouTube 的所有视频都必须符合 YouTube 服务条款和社区准则。某些内容可能符合 YouTube 的要求，但可能不适合投放广告。投放广告的相关准则提供了有关 YouTube 如何决定在你的内容中投放广告的额外指南。

### 2. 规避关键词误区

（1）视频关键词勿直接套用网页关键词。

很多人习惯性地将网页关键词放入 YouTube，这是进行 YouTube 推广的误区。因为在视频上用的关键词和网页的关键词有较大的出入，并不完全可以互相套用。例如，一个人想搜索野外求生的视频，他更可能搜索"survival guide wildness"，而不是"how to survive in the wild"。

（2）标题形式不能过于单一，要有吸引力。

你应将标题产品关键词提前，将重要的词语放在标题前半部分。这是因为人们往往只考虑在标题中如何设置关键词，而忽略了标题本身的重要性。

（3）不要忽略摘要的概括作用和引导性。

除了以上设置，一个有吸引力的摘要也扮演着关键角色，我们需要有目的地进行设置。摘要并非把视频内容概括出来，而是根据视频内容进行合理的表达。你要是一句话把视频概括完了，那别人为什么还要浪费精力去点击你的视频呢！摘要描述必须带有引导性，既有精彩内容展现，也必须给人以一种意犹未尽、想点击视频的冲动。

### 3. 避免使用具有误导性或耸人听闻的标题和缩略图

虽然一些创作者使用这些方法获得了更多点击次数和更长的观看时间，但观看者反馈和平台效果数据显示，这些方法会让潜在的观看者离开你的频道，甚至远离 YouTube。

YouTube 的目标是帮助用户找到他们想要观看的视频，并尽可能提高观看者的长期互动活跃度和满意度。具有误导性或耸人听闻的标题和缩略图会影响观看者的满意度和互动度。观看者可以举报具有误导性或耸人听闻的视频，实际上观看者也经常这样做。YouTube 平台会利用这类举报及来自观看者的各种其他信息（包括观众黏度、顶的次数、踩的次数和观看者反馈），来优化 YouTube 的推荐。如果视频标题和缩略图具有以下特点，YouTube 平台就不太可能将其推荐给用户。

（1）欺骗性或误导性：未如实反映视频内容。

（2）惊悚：包含攻击性或骇人的语言。

（3）令人厌烦：包含令人厌恶或令人反感的图像。

（4）无端暴力：无故宣扬暴力或凌辱行为。

（5）下流：暗示挑逗性行为或淫秽行为。

（6）哗众取宠：全部使用大写字体或使用连续的感叹号（！！！！）来过度强调标题。

例如，假设我们在想要发布的视频中分享了我们对某个不幸事件的观点。我们不能在标题和说明中使用全部是大写字体的攻击性语言。此外，请勿使用意在惊吓或冒犯他人的图片作为缩略图。

### 4. 在视频内容中不要放太多的广告

当有人点击你的视频时,你最多有十几秒的时间去抓住观众,所以重点还是要放在视频内容上。只有当观众觉得他们得到有价值的内容以后,才会期待点击你更多的视频并分享转发你的视频,所以 YouTube 博主们都是把广告放在内容的后面。

### 5. 重视版权问题

国外法律对知识产权比较重视,我们在制作和传播视频时,要注意是否借鉴或模仿了他人的创意。

## 项目情景

某国产手机企业在成立的最初几年中都在大力发展国内市场,在境外市场方面,主要采取和第三方贸易企业合作的形式。企业经过多年的发展,无论是资金储备还是企业规模相比以前都有了较大的提升,开始针对境外市场发力。小王是该企业年轻的"90 后"员工,他在上个月做了一次 YouTube 推广,发现企业的 YouTube 推广存在非常严重的问题。企业在 YouTube 网站上发布的手机视频广告点击量很低,宣传效果不明显。另外,合作视频创作者拍摄的视频对手机性能不了解,部分细节处理不完善。针对这些问题,小王经过一番思考之后,决定有计划、有系统地完善 YouTube 推广。

## 任务一 YouTube推广方案制订

在总结企业前期 YouTube 推广失败的原因之后,小王深知好的 YouTube 推广要有完善的执行方案。YouTube 推广方案的制订是首要的工作。在方案制订的过程中,需要有明确的推广目的,需要选定具备收益的影片,最后要计算广告收益。在这个过程中,小王首先需要明确 YouTube 推广目的。

## 一、明确 YouTube 推广目的

小王决定首先明确 YouTube 推广目的，他认为 YouTube 推广目的不同，相应的推广方法也是不同的。确定 YouTube 推广目的是为了更好地与企业的营销战略相配合。此次 YouTube 推广的目的是宣传企业品牌、开拓境外市场，还是获得新用户，抑或是提高企业形象呢？小王明白，确定清晰的目的将为后期规划提供有力的保障。在 YouTube 视频网站上进行推广，不仅宣传了企业品牌，树立了企业形象，而且借助 YouTube 平台可以对企业产品的潜在消费者进行了解，预测企业产品的受欢迎程度。为此，小王决定从宣传企业品牌、吸引新客户、增加客户黏性、提高转化率四个方面来分析他将要进行 YouTube 推广的目的。

（1）宣传企业品牌，提高企业在海外市场的知名度。

（2）吸引新客户。YouTube 是全球知名的视频平台，在全球拥有超过 15 亿的用户，能够为外贸出口企业带来海量的广告曝光，根据广告投放时设定的条件，可以帮助广告主获取符合条件的海外渠道的客户，增加获取海外潜在客户的机会。

（3）增加客户黏性。黏性是衡量用户忠诚度的重要指标，它对于整个企业的品牌形象起着关键的作用。一些用户将网络作为增长见识的工具，因此应该提供一些让他们真正感兴趣的东西。在网站上放置一些及时的、有针对性的信息会让你的网站成为一个真正的专业资料库，当客户认定可以从你的网站上不断获取信息时，他们就会不断来光顾。

（4）提高转化率。通过对 YouTube 推广目的的梳理，考虑到企业此前出现的 YouTube 推广问题，小王认为企业需要加大海外推广力度，提升知名度，获取更多客户。恰逢企业刚推出新品，故小王决定选择第一个和第四个目的作为此次 YouTube 推广的目的，即期望通过 YouTube 推广打开海外市场，为新品的畅销打下坚实的基础。

## 二、选定具备收益的影片

确定好推广目的能够更好地为推广方案的具体制订做好铺垫。接下来，小王考虑选择怎样的影片放在 YouTube 上进行推广。影片要具有哪些条件或特性才能获利呢？小王通过查阅资料发现，频道必须达到加入 YouTube 合作伙伴计划的最低标准，并且视频必须满足以下最基本的要求，才能将视频用于获利。

（1）内容必须适合广告客户。

（2）内容必须是原创的，有相应的商业使用权限。

（3）能够提供证明文件，证实你拥有其中所有音频和视频内容的商业使用权。

（4）内容符合 YouTube 合作伙伴计划政策、YouTube 服务条款及社区准则。对于未能遵守准则的账号，YouTube 保留停用该账号获利功能的权利。

小王认为，无论是影片的内容，还是发布的时间，都需要分门别类，统筹规划。理想的情况是，品牌的每一个视频都扮演着不同的角色，在发挥各自推广功能的同时，集体打造出符合品牌形象的频道体验。YouTube 广告专家将品牌频道发布的视频根据功能分为三大类，并提醒品牌方在进行频道内容编排时，要围绕这三类视频功能——导入访问量、稳定订阅量和冲击点击量——进行科学的整体规划。

### 1．"导入访问量"类型视频

在明确目标用户群之后，如何吸引对方点击我们的视频呢？首先需要考虑以下两个问题：目标客户希望在 YouTube 平台上看到什么内容？品牌能解答用户在相关领域的哪些问题？"导入访问量"类型视频是最常出现在品牌频道的"熟面孔"。基于以上问题，教学类视频往往是最好的答案，它们用于解答用户最常询问的行业问题。制作此类视频可以按照以下步骤进行。

（1）使用 Google Trends 或 YouTube Trends，定位相关领域的热门搜索话题，选择其中的一个话题制作视频。

（2）建立品牌在此话题上的权威形象，同时避免任何形式的推销元素，在必要时在视频后加入品牌推广元素。

（3）邀请用户订阅频道，使用"每周更新此类视频"之类的标语，吸引用户订阅。

### 2．"稳定订阅量"类型视频

"稳定订阅量"类型视频是品牌在其频道上定期更新的视频，也是用户订阅和定期回访品牌频道的主要理由。一般来讲，"稳定订阅量"类型视频主要是情景或格式固定的系列视频。一般来说，该类视频具有以下特征。

（1）视频的配音具有强烈的独特风格。

（2）在系列视频内容中，创造一个具有品牌代表性的人物。

（3）保持视觉上的连贯性。

（4）频道整体设计、视频描述、互动环节设计及发布视频的日程要明确而有规律，最好每周更新。

（5）采取积极的推广策略，包括关联社交平台、交叉推广和为分享内容的订阅用户提供特权。

### 3. "冲击点击量"类型视频

"冲击点击量"类型视频是品牌旨在大幅度增加其客户基础的视频，形式多样，如现场直播、"病毒"视频、YouTube 频道主之间的交叉推广视频，甚至为 YouTube 量身定制的品牌微电影广告。同时，"冲击点击量"类型视频的题材范围也十分广泛，从万圣节到超级碗，甚至由品牌自己策划的热门事件，都可以引发大众的点击狂潮。"冲击点击量"类型视频具体制作要点如下。

（1）准确切入与品牌受众相关的热门事件，迅速制作围绕热门事件的视频，比别人先行一步发布视频。

（2）使用 Google Trends 研究热门事件开始吸引大众注意的时间，并紧跟大众对于这一事件的关注热度。在推出热门视频之前，先发布与热门事件相关的视频进行预热，然后在官方及个人网站上同步发布相关内容。

（3）在发布视频前，要考虑三个问题：用户在社交媒体分享视频是否会有困扰？视频主题是否值得登上报纸头条？以你对用户的了解，他们是否愿意为视频内容付费？

（4）让客户参与视频制作，任何环节都可以。例如，让客户设计视频内容、出演角色或为视频内容投票。在视频正式发布之前，这些参与的客户就已经在社交媒体上分享相关内容，自发地为视频造势了。

（5）借助线下推广、社交网络发布文章和业内人士推荐等方式，冲击人气高峰。

基于以上三类视频的优势及适用范围，小王决定选择"冲击点击量"类型视频进行推广，因为其传播速度比较快。

## 三、计算 YouTube 广告收益

观看次数、观看率及平均每次观看费用是衡量广告效果的最核心的指标。观看次数统计的是真实客户的实际观看次数。观看率可以反映出广告受欢迎的程度，平均每次观看费用则可以衡量广告在竞价系统中是否具有竞争力，适当调整出价

会有助于更高效地展示广告信息。广告的互动效果可以用互动次数和互动率来衡量，通过添加卡片或者购物卡片，可以有效提高互动率，也可以通过添加号召性重叠式用语或者片尾画面来实现互动率的增长。

## 任务二　YouTube推广操作步骤

选定具备收益的视频后，小王考虑下一步的具体操作应该是寻找一个频道或媒介进行宣传推广。可是，应该寻找什么类型的频道呢？经过与部门其他人员的交流与探讨，综合考虑多种因素，小王最终选择 YouTube 上著名的拍客去推广。

### 一、寻找并联系拍客

#### 1. 寻找拍客

我们怎么去寻找一个符合我们要求的拍客呢？首先可以用国家关键词搜索。如果你的产品是针对美国用户的，那么最好将国家选为美国，在美国用户中搜寻。筛选完地区之后，再进行关键词搜索。例如，你的产品是无人机，那么直接搜索关键词"drone"，在出现的视频的前三页中找出视频拥有者的主页。不是每个视频拥有者都是适合的，所以要通过主页信息进行筛选。

在寻找拍客时，我们着重关注以下几点。

（1）看视频更新频率。更新频率太低的拍客不建议联系，更新频率高的活跃拍客更值得下功夫。

（2）对比视频平均观看量。很多拍客并不是每一个视频都很火，因此，我们需要根据所有视频的平均表现水平来判断是否应该与对方合作。

（3）查看拍客的信息简介。很多 YouTube 达人会公布自己的相关信息，留下邮箱，这样的合作概率会很大。

如果你觉得产品关键词搜索出来的 YouTube 达人数量不多，那么还可以考虑回复率，应尽可能多联系拍客。另外，你也不妨尝试用竞品关键词搜索，看看自己的竞品有哪些视频，可以联系这些视频的制作人，因为一般 YouTube 达人愿意做某类产品的对比视频。

### 2. 联系拍客

联系拍客的方式有以下两种。

（1）直接通过对方提供的邮箱联系。

（2）如果对方未提供邮箱，可以通过站内信"send a message"联系。YouTube对站内信没有限制，你可以大胆地说明自己的意图并留下联系方式。YouTube在某种程度上是支持商业合作的。

## 二、设计开发信内容

如果我们联系的拍客中"小号"占比较大，而回复率仍然很低，那么就说明联系邮件内容有问题，可能需要大幅度地调整。以下是我们在联系拍客时应注意的事项。

### 1. 邮件标题

邮件标题应简洁清晰，又足够吸引人。一般商务合作邮件都用关键词，例如，将"Collaboration Invitation"（意为合作邀请）、"Collaboration Proposal"（意为合作建议书）这类词放入标题中，让关键意见领袖[①]查看邮件时一下就能引起他的注意。

### 2. 邮件内容

关于邮件内容的大原则有两条：一是简洁、直接，二是友好。邮件内容应该尽量简短，表意直接，不论多大粉丝量的拍客，每天都有很多邮件需要查看，如果你的邮件不能很好地通过几行文字吸引对方的兴趣，你得到合作的机会就会大大降低。我们建议邮件内容以三段式为主，内容包括"自我介绍＋问候语"、合作内容简述和拍客可获得的利益。

"自我介绍＋问候语"最好放在第一段中。第一段一定要给拍客留下良好的第一印象，进行简短的自我介绍，介绍自己的品牌，把品牌主要的特点表达出来。问候语部分需要根据拍客的近况找到切入点，拉近与对方的距离。

---

① 关键意见领袖，英文为"key opinion leader"，简称"KOL"，指在行业内有话语权的人，包括在社交媒体上有话语权的人。

合作内容简述，是指将你想合作的内容表达得尽量简单。

对于拍客可获得的利益，一定要站在对方的角度，思考你与他的本次合作可以给他带去什么价值，强化其中的价值点。

## 三、拍客选品及发货

在我们发送了相当数量的开发信之后，会有一些拍客回复，表明他们的合作意愿。这时候，先问一下拍客有没有在线聊天的联系方式。现在比较常用的聊天工具有 Skype、Kik、Whatsapp、Aol 等，如果对方告诉我们，我们一定要及时添加，因为在线聊天的沟通方式比邮件沟通方便得多。然后，我们让拍客在我们的店铺里挑选产品，把产品链接及对应的尺码、颜色等信息发给我们。当然，要让拍客留下"shipping address"（寄送地址），注意向对方索要电话号码，因为有的物流方式中电话号码是必填项。即使物流用不到电话号码，我们将来也可能给拍客打电话或者发短信。第一次合作的拍客，建议少发产品，先试下效果，然后再决定是否继续合作或者增加产品量。拍客选好产品之后，应及时给对方发货，并告知对方"tracking number"（快递单号）。在此有一点需要指出，在拍客选产品的时候，我们应尽量推荐新产品，或者当下热卖的产品，这样产品比较有卖点，视频拍出来效果会更好。

## 任务三 数据分析与反思

经过方案的制订和对方案的完美实施，为了能够看到方案实施的效果，小王决定运用 YouTube 分析工具进行相关的数据分析，具体从受众特征及流量来源、浏览时间及停留时间、互动性程度和转化率提升几方面来进行方案优化。

## 一、受众特征及流量来源

### 1. 受众特征

受众特征分析可帮助我们了解受众群体的年龄段和性别分布情况。此数据基于所有设备上的登录观看者。通过受众分析，我们可以查看不同的图表类型、维度（可用于细分报告中的数据类别）与维度组合，以便更深入地进行分析。

运用 YouTube 分析工具，我们可以查看受众分析报告，主要步骤如下：

第一步，登录 YouTube 账号[①]。

第二步，在页面的右上角，依次选择"账号"→"创作者工作室"。

第三步，在左侧的菜单中，依次点击"分析工具"→"受众特征"。

通过受众分析，我们具体可以了解到哪些信息呢？怎样为我们的影片或视频改进服务呢？

（1）年龄和性别分布。

在默认情况下，系统会根据频道或视频观众的性别分布和年龄段来整理报告中的图表。每个柱形分别表示相应年龄段的观看次数或观看时长占总观看次数或总观看时长的百分比。我们还可以在条形图或饼图中查看相同的信息。

在图表下方的维度之间进行切换，可以调整表格中的数据和视图。例如，在查看观看者年龄和观看者性别时，我们还可以选择其他维度，如地理位置。在我们选择该维度后，图表将会更新，以显示特定地理位置的观看者年龄和性别分布。

（2）深入分析。

我们可以在报告中添加多个不同的维度，以进一步分析数据。例如，想了解频道中较受 13～17 岁女性欢迎的视频，按以下步骤操作。

第一步，在表格中选择 13～17 岁这一年龄段。

第二步，选择女性。你将看到一系列较受 13～17 岁女性欢迎的视频（按观看次数或观看时长排名）。

第三步，选择地理位置，查看这些女性观看者是在哪里观看的内容。

第四步，选择相应视频或国家（地区）可获得更具体的信息。

### 2. 流量来源

当分析视频时，很重要的一点是要精确地找出你的观众来自哪里。YouTube 分析面板的流量源页面会显示各种流量来源的图形，以及每个来源的总金额。这揭示了观众是如何找到视频的。

流量来源分为两大类：一是由 YouTube 内部来源带来的观看时长和观看次数，

---

[①] YouTube 账号可以使用谷歌账号登录，前者是谷歌的子公司，账号已打通。为避免误解，这里还是用 YouTube 账号表述。

二是由外部来源带来的观看时长和观看次数。我们可以在流量来源报告中查看这两类来源（在默认情况下按照观看时长排序）。

（1）由 YouTube 内部来源带来的流量。

这里的观看时长和观看次数是来自桌面设备、YouTube 移动应用程序及 YouTube 内的其他功能的累计观看时长和观看次数，主要包括推荐视频、浏览功能、播放列表、频道页、YouTube 广告、视频卡片和注释、片尾画面和其他 YouTube 功能等。

（2）由外部来源带来的流量。

这里的观看时长和观看次数是由 YouTube 外部链接（如谷歌搜索、Facebook 和其他网站）带来的累计观看时长和观看次数。

为了更加准确地分析流量来源这一指标，在 YouTube 官方平台上可查看"带来展示的流量来源"。这是怎么一回事呢？"带来展示的流量来源"可显示观看者是通过哪些 YouTube 功能找到了用户的视频内容。每当你的视频缩略图在 YouTube 上显示时，系统就会记录一次展示。通过此报告，你可以查看系统记录的展示的流量来源，了解视频缩略图和标题最常在哪些地方向潜在观看者显示。不是观看者每次看到视频缩略图都会计为一次展示，例如，在外部网站上看到视频缩略图就不会被纳入统计范围。需要注意的是，这一功能目前处于测试阶段，只针对有限的频道开放。

## 二、浏览时间及停留时间

### 1. 浏览时间

从 YouTube 的角度来看，观看时长或观看内容所花费的估计总时间比原始观看次数更重要。观看时长是指观看者观看某个视频的时间长度。借助这一指标，可以更好地了解观看者实际观看的内容（相比点击之后放弃观看的视频）。

### 2. 停留时间

随着时间的推移，监控视频中的观点是很重要的，评估观点的质量是成功的首要因素。打开观众保留页面，能够在视频中发现观众停止观看时的准确时间。利用这些信息，就能知道在哪里失去了观众的注意力，以及可能导致他们离开的原因，这将帮助视频创作者在未来避免犯类似的错误。

## 三、互动性程度

### 1. 订阅人数

订阅人数分析可以显示通过不同内容、在不同的地理位置和日期获得和流失的订阅人数。订阅者是指较为频繁地与你的内容互动并定期观看你的视频的观看者。

订阅人数报告可以帮助我们了解以下方面的信息。

（1）在吸引订阅群体方面的成效。

（2）吸引订阅和导致退订的视频。

（3）内容在哪些地方特别受欢迎。

### 2. "顶"与"踩"

此分析会总结有多少人"顶"过与"踩"过我们发布的视频，显示"顶"过与"踩"过视频的观众人数净变化的情况，因此进行分析时会加上新增的"顶"与"踩"人数，而减去移除的"顶"与"踩"人数。另外，使用比较指标按钮，可以将"顶"与"踩"的总人数与其他视频指标进行对比，包括互动度指标（如新增和移除的"顶"与"踩"人数），以及订阅数和收藏数的变化情况。

### 3. 评论

评论是观众参与的一个重要组成部分。密切关注哪些观众在评论，他们的评论可以帮助我们将观众转化为客户，或者至少增加视频或其他内容的参与度。通过点击 YouTube 分析部分的"Comments"选项卡，我们将看到评论的频率和日期，以及每个视频的评论总数。我们通过相关评论有机会接触观众，获得质量反馈。此外，借助 YouTube 分析工具，我们可以查看自己的"评论"报告，步骤如下：

（1）登录 YouTube。

（2）依次点击账号图标→"创作者工作室"，进入创作者工作室。

（3）在左侧菜单中，依次选择"分析工具"→"评论"。

（4）在出现的表格中会显示针对选定内容、日期范围、区域和其他过滤条件统计的你的视频和频道收到的评论数。点击图表下方的任意一个视频标题可以查看针对该视频的报告。

通过视频评论，我们可以寻找机会，用精辟或有趣的评论取悦观众，突出销售的任何产品或服务。把品牌塑造成平易近人的形象是很重要的。试着用一种有益的方式回应视频中的评论,将有助于增加你的评论总数,甚至可以把你的一个评论引到页面的顶部,让观众直接进入网站的相关部分。

### 4. 分享

社交媒体可以在视频推广中扮演重要角色,所以我们应注意谁在分享我们的内容,以及他们是如何分享的。当我们点击 YouTube 分析网站上的共享页面时,可以查看从社交网站到即时通信应用等各种平台上获得的投票数量。

## 四、转化率提升

在浏览的广告数量与实际产品的购买数量之间有一个转化过程,也就是网络广告说服其访问者达到广告发布预期销售结果之间的过程,这个过程就是网络广告的转化率。转化率反映的是广告进行的产品营销所达到的客户满意度及产品宣传效果,是所有电商在进行宣传时希望得到的效果。其计算公式为:

转化率=(浏览产品人数/进站总人数)×(进入购买流程人数/浏览产品人数)×
(订单数/进入购买流程人数)

以用户登录为例,如果每 100 次访问中,就有 10 个登录行为,那么登录转化率就为 10%,而最后有两个用户订阅,则订阅转化率为 2%,有一个用户下订单购买,则购买转化率为 1%。因此,我们只有可以根据客户的在线购买过程,各个环节,节节把控,最后才能提升转化率。那如何提升转化率呢?

### 1. 提供具有真实感的多方位的信息

消费者在电商平台上购物往往对产品的了解是平面的,无法多方位地感受和了解产品,通过 YouTube 视频,消费者可以在网络上看到具有真实感的产品,不仅可以看图片这样的平面信息,还可以 360 度立体观看,甚至通过测试视频来分析产品的质量。这样消费者做决策的信心更为充足,缩短迟疑和信息收集的时间,有助于提升我们的购买转化率。

### 2. 分享体验的内容

在做一件事之前,我们通常会借鉴以往的经验。例如,在旅游以前,我们会查找攻略,看去过旅游目的地的游客写的游记。在买商品以前,我们会去看其他人对该商品的评论,看别人的购买意见。在 YouTube 上,我们可以看别人现在对某种商品的使用情况、试用感受等。

### 3. 丰富视频内容

在设计 YouTube 视频时，首先需要对视频标语严格把关。对于语义有歧义的句子绝对不能使用，否则容易让消费者误认，不利于商品销售。此外，广告语要简短，受众在进行网页浏览时，耗费在广告上的时间很短，可能只有几秒钟，如何在几秒钟内快速吸引受众的注意，是广告设计者需要重点思考的问题。此外，应充分利用多媒体技术，对于文字较多的页面，网络广告可以用动态图的方式展示；对于视频界面，网络广告则适宜用文字展示，结合网站主要特点进行广告设计。

### 4. 与受众增加互动

YouTube 推广与受众之间的交互特点主要体现在真实性，以及商品与广告的相关性上。要实现 YouTube 推广的转化，必须提高受众的认同，以此提高受众购买商品的可能性。从受众购买商品的行为来看，网络广告使受众产生消费需求往往是在特定地点或情景下出现的，而这些因素构成了与受众之间的交互。传统广告往往以静态的方式实现与受众之间的交互，这种方式实现转化的可能性低。而通过 YouTube 推广，可以很好地解决这个问题。因此，在进行设计时，需要考虑受众可能产生的需求，针对特定的时间、地点和特定的受众进行视频投放，并结合视频的真实性和相关性激发受众的相关需求，提高转化率。

## 同步训练

### 一、选择题（多选题）

1. YouTube 推广的特点有（    ）。
   A. 传播速度快　　　　　　　B. 效果持续时间长
   C. 评估效果透明　　　　　　D. 传播方式简单

2. YouTube 推广的技巧有（    ）。
   A. 建立视频主页　　　　　　B. 巧妙利用分析工具
   C. 利用"水军"传播　　　　　D. 巧用"热点"问题

3. YouTube 推广目的有（　　）。
A. 提高知名度　　　　　　　　B. 提高转化率
C. 吸引潜在消费者　　　　　　D. 增加客户黏性
4. YouTube 推广从以下哪些方面进行互动性分析？（　　）
A. 用户分享　　　　　　　　　B. 评论情况
C. 订阅人数　　　　　　　　　D. 收藏人数
5. 提高转化率的路径有（　　）。
A. 用户分享体验　　　　　　　B. 丰富视频内容
C. 增加与用户的互动　　　　　D. 提供多方位的信息

## 二、简答题

1. YouTube 推广策略有哪些？
2. YouTube 推广的相关注意事项有哪些？

## 三、案例分析

某服装企业之前主要在国内市场销售产品。后来，该企业负责人决定开拓海外市场，但在经过一段时间的推广之后发现客户和企业的互动、转化率都偏低。假设你是企业的海外推广人员，请制订一个 YouTube 推广方案，确定推广目的、推广步骤、推广方法，以及对数据进行分析与优化，具体如表 5-1 所示。

表5-1　某服装企业YouTube推广方案

| 主营：时尚男装、时尚女装 ||
|---|---|
| 方案制订步骤 | 具体细节描述 |
| 1. 确定推广目的 | |
| 2. 确定推广步骤 | |
| 3. 确定推广方法 | |
| 4. 数据分析与优化 | |

# 项目六

# Twitter推广

## 学习目标

（一）知识目标

1. 了解 Twitter 推广的含义及意义。
2. 了解 Twitter 推广计划的制订方法。
3. 学习 Twitter 推广的方法和操作步骤。
4. 学习 Twitter 推广效果的检测与改进。

（二）能力目标

1. 熟练掌握 Twitter 推广的方法和操作步骤。
2. 学会分析 Twitter 推广效果并根据数据及时进行反思和改进。

（三）素质目标

1. 通过课程教学，培养学生的系统思维。
2. 通过课程教学，培养学生的总结概括能力，激发学生的品牌发展意识。
3. 通过课程教学，引导学生关注社会热点，与时俱进，提升明辨是非的能力。

## 导入案例

没有年轻人不会喜欢表情符号（emoji）。全球约有 90% 的网民频繁使用表情符号，每天有大约 60 亿个表情符号被传送。广大年轻群体用表情符号表达情绪，进行人际沟通。这种可视化的信息传播方式显然比文字表述更为生动形象。

百事可乐泰国公司（@PepsiThailand）在推广新产品 PepsiLime 时，将表情符号融入营销策略，同时发现在 Twitter 上，美食是最受泰国用户关注的三大话题之一。基于这一发现，百事可乐泰国公司选择与 Twitter 合作发起新品 PepsiLime 的推广活动。在活动中，只要 Twitter 用户发送带"#PepsiLime"话题标志的推文，就会有定制的表情符号出现。同时，百事可乐泰国公司运用了 Twitter Trend 和 First View 广告，在第一时间向用户分享最新的活动，吸引了美食爱好者的目光。

之后，百事可乐泰国公司还将表情符号运用到自动回复中，以持续获得关注。百事可乐泰国公司的官方账号邀请用户点赞自己的推文。当用户点赞之后，百事可乐泰国公司将为他们提供特别的促销活动：用户的推文中带话题词"#PepsiLime"，并加上五种与食物相关的表情符号——🍗、🍤、🏸、🍟、🥤之一，即可获得百事可乐泰国公司的餐饮合作伙伴提供的促销优惠。例如，带上鸡腿表情符号🍗发文，就可以获得肯德基的促销优惠。这次活动得到了年轻消费用户的广泛传播。最终，百事可乐泰国公司的此次活动获得了 3500 万次曝光，每千次曝光成本比行业平均水平低 12%，并超额完成了销售目标。

**思考：** 百事可乐泰国公司与 Twitter 合作发起的新品推广活动获得成功的原因有哪些？

1. 迎合目标用户年轻群体，将表情符号融入营销策略。

2. 使用号召性用语和正确的标签，即邀请用户点赞官方推文；用户发推文带话题词"#PepsiLime"，并加上规定的表情符号。

3. 运用 Twitter Trend 和 First View 广告，在第一时间向用户分享最新的活动。

4. 百事可乐泰国公司的餐饮合作伙伴提供促销优惠活动。

## 相关知识

### 一、什么是 Twitter

Twitter（非官方汉语通称"推特"）是一家美国社交网络及微博客服务网站，是全球互联网上访问量最大的十个网站之一。它是微博客的典型应用，可以让用户更新不超过 140 个字符的消息，这些消息也称为"推文"（tweet）。Twitter 由杰克·多西在 2006 年创立。Twitter 在全世界非常流行，每天有上亿的活跃用户，被形容为"互联网的短信服务"。

Twitter 是一个广受欢迎的社交网络及微博客服务网站，允许用户将自己的最新动态和想法以移动电话中的短信息形式（推文）发布（发推），并可绑定即时通信软件。所有的 Twitter 消息都被限制在 140 个字符之内。

2017 年，罗丝·麦高恩在 Twitter 上发布了一个私人电话号码后，Twitter 暂停了她的账户。麦高恩在 Twitter 上一直批评并且呼吁抵制好莱坞制片人哈维·温斯坦，后者涉及数十年的性侵丑闻。尽管麦高恩的账户最终被恢复，但该事件突出了 Twitter 如何处理平台滥用行为的问题。对此，Twitter 首席执行官杰克·多西表示，Twitter 决定对发帖规则采取更积极的态度，将会引入一些新的删帖规则。2016 年，Twitter 推出了一些过滤推文的功能，并且能够阻止某些关键词。图 6-1 所示为 Twitter 登录页面。

图 6-1　Twitter 登录页面

## 二、什么是 Twitter 推广

Twitter 是即时信息的一个变种，也称微博客，允许用户将自己的最新动态和想法以短信息的形式发送给手机和个性化网站群，而不仅仅是发送给个人。Twitter 使用非常方便，你可以通过网页和手机客户端，随时把信息发到网上。Twitter 推广就是利用 Twitter 工具进行传播的一种营销方式。

## 三、常见的 Twitter 推广策略

作为营销渠道，Twitter 现在是不可或缺的一部分，国外基本每人都有 Twitter 账号。但是，因为每个人都在使用它，所以你可能很难造成一定的影响。吸引客户的唯一办法就是在 Twitter 上做得更好，你的推文质量高，内容优秀，才有可能

被转发，增加你的覆盖面和观众。首先，你需要了解客户真正的想法。其次，你需要重新评估你的品牌优点和缺点，用真实意见来支撑你的产品，再获得客户对竞争对手的看法，查找新的广告系列提案，针对特定的关键词和主题设置标签，查找适合你的理想买家。大体上来说，常见的 Twitter 推广策略有以下八种。

### 1. 熟悉 Twitter 的高级搜索

利用 Twitter 的高级搜索功能可以缩小搜索范围。除了常规搜索，还有一些高级的搜索方式。例如，使用通用术语或热门短语，可以帮助你排除很多没有用的内容。搜索后，我们可以保存搜索项，每个账户最多可保存 25 个搜索项，就像自定义的标签一样。你可以创建一些有用的搜索，并且每周重新访问。

### 2. 使用监控工具

在 Twitter 中，你可以像建立高级搜索一样设置警报，接收关于社交媒体对话的每日报告，以及对关键词趋势的实时提醒。Twitter 是一个巨大的聊天室，大多数人都在谈话、开玩笑或聊教育问题。你不能花所有的时间谈论自己。

### 3. 使用相关的主题标签

标签（hashtags）是 Twitter 通过关键词将信息捆绑在一起的方式。跟随主题标签的人会对该内容感兴趣。如果你的内容合适，你将会接触到热衷与之接触的观众。每个帖子不要使用三个以上的标签，越准确越好，并使它们容易记住和拼写。如果你正在创建广告系列标签，请记住要坚持原创。

### 4. 知道什么时候发消息

Twitter 对时间是很敏感的，这意味着受众仍然在很大程度上依赖时间来获取内容。所以，你需要了解目标受众何时参与，在选定时间确定推文的优先次序，以获得最大的影响。

### 5. 添加号召性用语

每次转发推文都是一个接触新客户的机会，告诉他们你需要什么。有人分析了超过 270 万条 Twitter 信息，看看哪些词使推文被大量转发，发现"帮助""转发""请""如何""跟随"是转发率最高的词。如果你想看到对你感兴趣的 Twitter 关注者，你最好使用这些词。

### 6. 实现更少，不是更多

Twitter 是一个"微博客"网站，所以 Twitter 内容应该比其他社交平台上的帖子更短。

### 7. 使用图像

调查发现，图片的转发率是普通文章的 3 倍。由于图片占据了 Twitter 的主页面，你的信息会变得更加突出。Twitter 研究发现，图片转发率增加了 35%，而图片引起的报价将增长 19%。所以，将报价和图片相结合是相当不错的一种营销方式。

### 8. 个人不要像机器人一样鸣叫

Twitter 是社交媒体，用户喜欢熟悉的感觉。在适当的时候，你可以将名称命名为"tweeting"。它让你的推文具有更个性化的感觉。《哈佛商业评论》指出，"同情"是企业是否"获得"Twitter 的关键指标。他们认为同情心包括"保证、真实性和情感联系"。基本上，Twitter 上口碑最好的品牌听起来不像品牌，它们听起来更像人，更人性化。

## 四、常见的 Twitter 推广技巧

对海外推广企业来说，Twitter 是一个有价值的社交媒体平台。它覆盖了大量的海外用户，每天更新的内容数量十分庞大。Twitter 是一个不得不重视的传播品牌和进入国际市场的重要平台。常见的 Twitter 推广技巧主要有以下几点。

### 1. 减少推文中的链接数量

不包含链接的推文更易和粉丝产生互动，所以不是每条推文中都要包含链接，链接的精妙之处在于精，而不在于杂。如果你注意并控制了推文中的链接数量，你就会发现账号的粉丝参与度有提升。链接数量少更有益于提升粉丝的信任度，这样当你发了链接的时候，粉丝会认为你发的链接质量高，这样才能真正发挥链接的作用。

### 2. 使用正确的"#"标签

想要在 Twitter 中获得更多的关注，可以使用"#"标签，这样也会加强和粉丝

的联系。然而,"#"的使用次数是有讲究的,不可一味地为了加强吸引度而滥用。

### 3. 发布有图片的推文

有图片的推文更有吸引力,会在一瞬间获得浏览者的关注,难点在于如何选择合适的图片。在图片中,我们还可以添加链接,让浏览者更愿意点击图片,看到你想让他们看到的内容。

### 4. 合理排版

合理排版有利于用户阅读,而且会给人一种舒适感。推文中可以使用多种元素,如文字、图片、链接、"#"及"@"。需要注意的是,不要在推文一开始就使用"@",这很可能使浏览者直接跳过,从而降低了推文的关注度。这几种元素的合理使用会提升推文的关注度和分享量。

## 项目情景

某LED灯具企业在成立的最初几年中都在大力发展国内市场,关注传统贸易领域。但是,随着电商市场的火爆,传统市场开始呈现一定的疲态。企业开始向电商市场转型,后来随着国内电商市场的饱和,企业负责人开始寻找新的出路。随着国家一系列跨境电商优惠政策的出台,企业负责人看到了新的生机,于是决定招兵买马,涉足海外市场。企业在EDM、Facebook、SEM、SEO等方面的推广工作都取得了一定的进展,唯独在Twitter推广这方面缺乏亮点和成效,小马就是在这样的情况下进入企业的。在详细梳理企业Twitter推广之后,小马发现其中明显存在一些问题。首先,企业自身Twitter账号的关注者不够多,直接导致企业知名度偏低;其次,企业发送的推文缺乏新意,获得的转发、点赞和回复数极低,使最后的互动点击量偏低;最后,企业的链接点击量不够,导致企业的销售量偏低。针对这些问题,小马及团队经过思考后,决定有计划、有系统、有针对性地完善本季度企业的Twitter推广工作。

## 任务一  Twitter推广计划制订

在总结企业前期Twitter推广失败的原因之后,小马深知好的Twitter推广要有完善的执行计划。Twitter推广计划的制订是首要的工作。在计划制订的过程中,需要明确Twitter推广目的,其次需要划分Twitter推广人群,随后需要熟悉Twitter发帖技巧,最后根据前期做好的准备工作制订Twitter推广核心计划。在这个过程中,工作团队首先需要明确Twitter推广目的。

### 一、明确Twitter推广目的

Twitter是对移动设备支持最好的社交媒体平台之一,你只需要拥有一部智能手机就可以方便地使用Twitter服务。而其最大的亮点之一就是对手机的良好支持,每条推文限制在140个字符内,这就使用户在发帖的过程中不能添加华丽的修饰成分,这成就了Twitter的另一个亮点:简洁、精练。由于Twitter对移动通信的良好支持,不但在全球赢得了大量的月活跃用户,也成为各类人群分布最为平均的社交媒体平台之一。作为可以实时传播你的声音的Twitter社交平台,在使用其进行推广时,主要有以下几个目的。

#### 1. 持续对话

当一位企业员工发现Twitter时,他认为终于找到了一条发布信息的好渠道,他所在的团队其他成员也认同这一点。他们认为这种简短而精练的信息传播方式可以有效地传播信息,将信息传播到尚未关注自己的人面前,这些人也真的对传递的信息感兴趣。Twitter将人们的激情联系在一起,人们分享彼此的观点,以转发推文、回复和点赞等多种方式来回应对方。这样企业的推广人员能够收集相关的客户反馈信息,第一时间对信息进行处理。图6-2所示为Twitter信息界面,具体的解释如下。

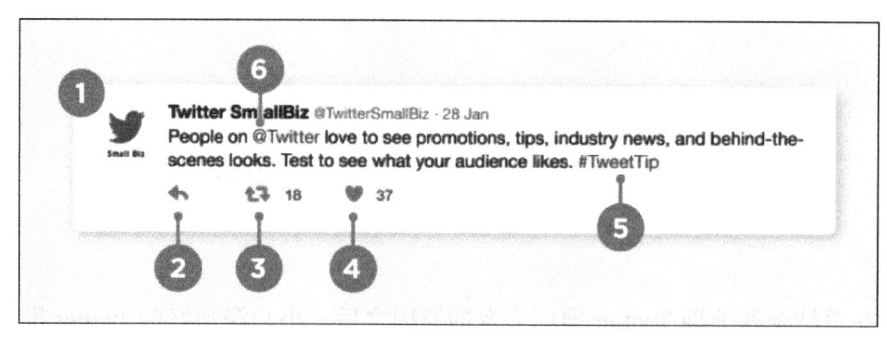

图 6-2 Twitter 信息界面

（1）推文（tweet）。

推文是用户在 Twitter 上发布的信息。它可以包含文字、照片、链接、动画和视频。

（2）回复。

点击"回复"按钮，即可回复其他人的推文。回复推文表示你正在倾听并参与该主题。

（3）转推。

转推，即与跟随你的人共享其他人的推文。点击"转推"按钮两次，表示按原样分享推文；点击一次，可以添加评论后转发推文。Twitter 用户在看到有意思的链接和消息转发分享时，必须手动将原消息拷贝到消息框，并在前面输入"RT"字符后发布，以表明这一消息为转发，这种行为被称为"retweet"。

（4）喜欢。

以一个简单的方式来积极承认一个推文。如果你想再次轻松找到推文，那么将其作为书签工具。点击心脏图标即可表示欣赏推文，作者也会看到你欣赏它。

（5）# 号。

哈希标签是以"#"符号开头的任何单词或不含空格的短语。人们向推文添加主题标签，以链接与给定主题相关的所有内容。点击哈希标签可以直接转到对该主题的搜索结果。非常流行的标签通常是热门话题。

（6）@ 号。

在你的消息中加入"@ 他人的名"，可以让他人注意到你的推文。你可以用它来向某人提问，感谢他们，或仅仅突出显示一段内容。使用 @ 号时，也可以直接向 Twitter 上的人发送信息。

### 2. 提高品牌知名度

使用 Twitter 定期与追随者沟通并吸引新的追随者，可以增加你的影响力。使用 Twitter Ads 可以进一步扩大你的覆盖面。你在 Twitter 上的活动和提供给 Twitter 的信息，以及企业与广告合作伙伴的关系都有助于提高内容与客户的相关性。

当你使用 Twitter 关注、搜索、查看或与推文、Twitter 账户交互时，Twitter 公司会使用这些操作为我们定制 Twitter 广告。例如，如果你搜索特定的字词，Twitter 可能向你显示与该主题相关的推广内容。同时，Twitter 也可以使用其他关于个人的信息来定制广告，如个人资料、移动设备位置（如果位置功能已打开）、IP 地址或设备上安装的应用程序。这将有助于向客户展示他们偏好的本地广告和其他广告。

此外，Twitter 还可以基于它和个人的分支机构收集的信息及我们的广告合作伙伴与我们分享的信息［如散列电子邮件地址、移动设备标识符或浏览器相关信息（Cookie ID）］来使广告个性化。这些都有助于 Twitter 展示消费者喜欢的品牌和商家感兴趣的内容的广告。例如，你可以收到 Promoted Tweet（推广推文），其中包含你经常访问的网站或订阅的电子邮件的业务促销活动。当然，你也可以将此业务视为推荐账户，在你的关注对象之一中了解详情。图 6-3 所示为 Twitter Ads 介绍首页。

图 6-3 Twitter Ads 介绍首页

### 3. 提供及时的客户服务

人们经常在 Twitter 上谈论他们使用的产品，因此 Twitter 是提供客户服务的自然场所。实际上，85%的中小型企业用户表示，企业在 Twitter 上提供客户支持是非常重要的。对于传统的商家而言，他们有线下的客户服务中心，消费者可以选择去店面或者以打电话咨询的方式为自己购买的产品取得售后服务。实际上，许多消费者选择电话沟通的方式来获取售后服务，如果电话很难接通，就降低了企业在消费者心中的地位。现在，移动设备的广泛使用和信息技术的发展，使人们可以方便地使用手机进行沟通。Twitter 提供了一个很好的平台，许多企业开设了 Twitter 账号，这样客户就可以在企业公众号上很方便地与企业进行沟通，而企业使用 Twitter 的客户服务功能可以快速地回复客户，这将有助于企业建立良好的声誉和与客户的牢固关系，提升客户忠诚度。图 6-4 所示为联想集团在 Twitter 上与客户交流。

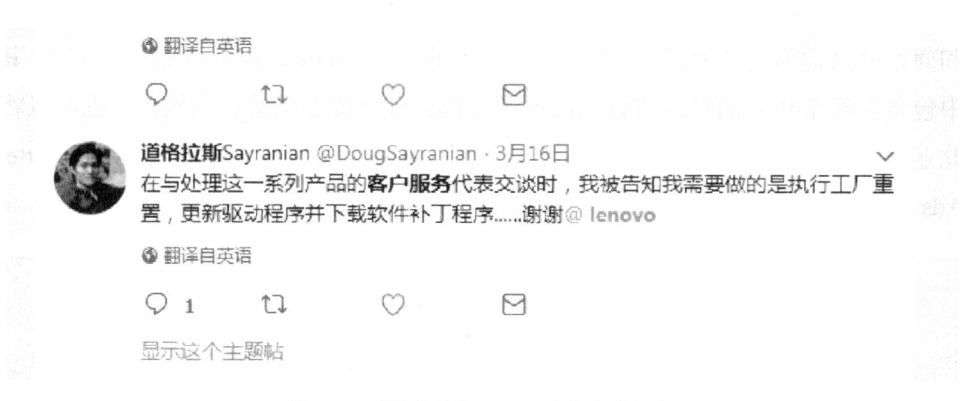

图 6-4 联想集团在 Twitter 上与客户交流

### 4. 增加销售量

Twitter 对企业增加销售量有用吗？相关调查结果显示，它是非常有用的。戴尔通过开通 Twitter 账号，使其品牌得到了传播，也驱动了销售，由此获得了超过 300 万美元的收入。另外，各个平台的逐步打通，是社会化媒体营销的大趋势。无论是新媒体运营还是新零售，不管有多少粉丝和点击率，销售额都是最有价值的参数。戴尔的 Twitter 账号直接连接到戴尔的电子商务平台，或者百思买等卖场的戴尔专区。一些电子商务网站会给 Twitter 一定的分成，以鼓励其开放更多的流量接口，将流量带到这些电子商务平台。相比之下，国内的社会化媒体目前都还无法提供后台接口，能够和电子商务网站之间进行销售核算，这在某种程度上阻碍了社会化媒体营销的发展。图 6-5 所示为戴尔官方发布的推文，推文中包含购买链接。

图 6-5　戴尔官方发布的推文

经过一定的梳理，小马对于 Twitter 推广目的有了一定的认识。在登录 Twitter 进行推广实际操作的过程中，他发现 Twitter 官方提供的推广目的主要针对以下几项。

（1）认知度，即你想让更多的人看到你的推文。

（2）关注者，即你想要建立一个具有互动受众的群体，在 Twitter 上"放大"你的信息。

（3）推广视频观看量，即你想让更多的人看到你的动画或视频。

（4）网站点击量或转化量，即你想让人们访问你的网站，并在你的网站上采取行动（例如，下载使用手册或者购买产品）。

（5）推文互动率，即你想使你的推文实现互动最大化，并让更多的人讨论你的业务。

（6）应用安装量或再次互动率，即你想让更多的人安装你的应用程序或者与你的公众账号再次互动。

在经过一定的对比之后，小马觉得前四项是在 Twitter 中应该具备的，前三项是为了更好地实现最后的目的,即最终获得销售量的增加。于是,他选择前四项作为此次推广的主要努力方向。接下来,他准备根据相关资料进行 Twitter 推广人群划分。

## 二、划分 Twitter 推广人群

在明确推广目的之后,接下来,你需要做的是根据 Twitter 推广的特点,进行推广人群的选择。在实际进行推广的过程中,你的受众是可选的,Twitter 可以持续优化你的广告活动。目前,Twitter 主要通过人口统计学,按照位置、平台、语言设备或操作系统版本、受众特点等来定位目标人群。这里说的受众特点包括事件、行为和兴趣等因素。

### 1. 人口统计学

在人口统计学中,你可以根据企业的产品特点,来选择你想要推广的人群的性别和特点,这将有助于你更加精准地获得你想要的客户,提高转化率。图 6-6 所示为人口统计学相关信息设置页面。

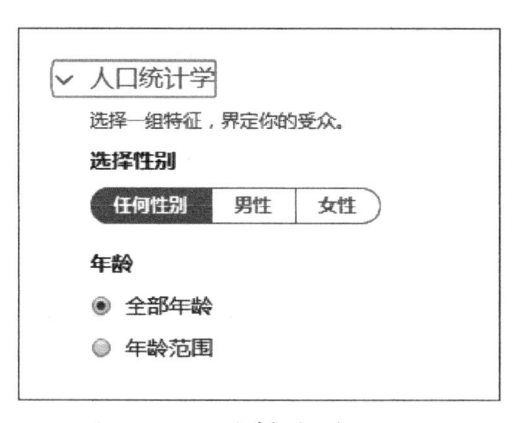

图 6-6 人口统计学相关信息设置页面

### 2. 位置、平台、语言设备或操作系统版本定位

在选择推广人群时,你还可以对推广人群的位置、平台、语言设备或操作系统版本等进行进一步的划分,以便更加有效地获得优质客户。图 6-7 所示为按照位置、平台、语言设备或操作系统版本定位推广人群页面。

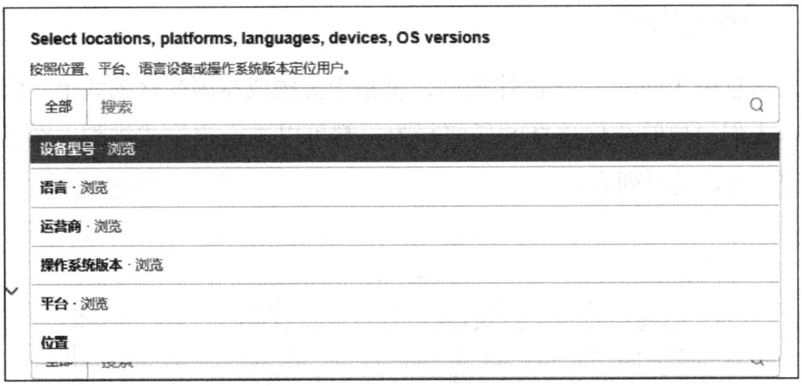

图 6-7 按照位置、平台、语言设备或操作系统版本定位推广人群页面

### 3. 事件定位推广

事件定位可以覆盖对全球或地区事件感兴趣的人们。在推广的过程中，你可以将自己想要推广的相关信息和一些热点事件进行联系，以便拓宽受众，获得更多用户的关注，并通过进一步的沟通来提升销售量。图 6-8 所示为事件定位推广选择的完整列表。

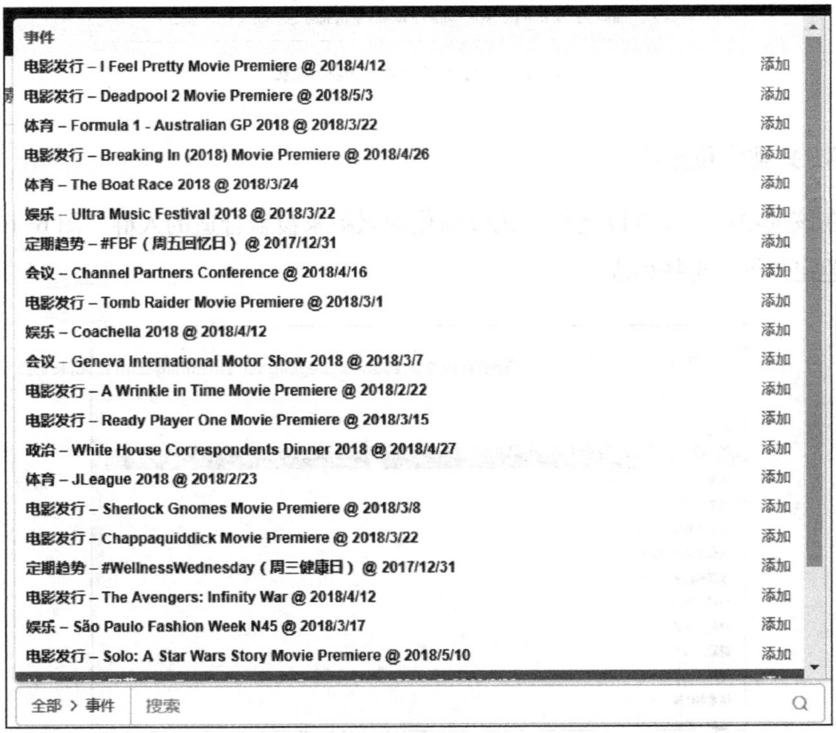

图 6-8 事件定位推广选择的完整列表

### 4. 行为定位推广

行为信息由 Twitter 合作伙伴提供，仅基于美国或英国受众的线上、线下行为和特征。人们只要符合你选择的任何行为，都可以进行定位或排除。图 6-9 所示为行为定位推广选择列表。

图 6-9　行为定位推广选择列表

### 5. 兴趣定位推广

在该选项中，你可以选择粗化或细化的兴趣来覆盖合适的人群。图 6-10 所示为兴趣定位推广选择列表。

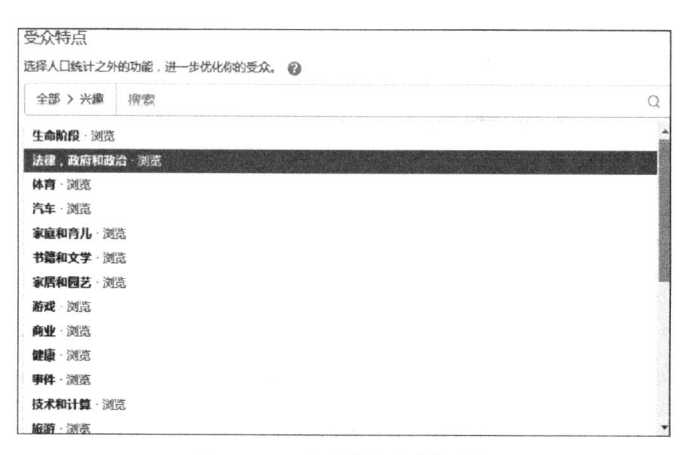

图 6-10　兴趣定位推广选择列表

以上就是对 Twitter 推广人群的一个简单划分，在实际推广的过程中可以根据企业产品的特点进行选择。作为 LED 灯具企业的推广人员，考虑到购买灯具的大多数是男性，而且是成家的人，小马最后将条件设为：男性，年龄在 35 岁以上，兴趣定位为家居和园艺。

## 三、熟悉 Twitter 发帖技巧

Twitter 推广的精髓在于发帖内容的质量，这直接影响是否能吸引新客户关注企业及相应的产品，同时影响与忠诚客户之间的关系。小马明白这些道理，于是决定在划分 Twitter 推广人群之后再对发帖技巧进行熟悉。在经过一定的思考之后，小马发现 Twitter 的引流作用一直以来都受到各大广告商和品牌商的关注，而 Twitter 也一直努力通过改进产品来提高社交网络的吸引力。不过，该平台每天有成千上万条推文，品牌商在进行社交媒体营销时，应该如何做才能吸引潜在客户和维系忠诚客户，进而提高客户忠诚度呢？他总结了以下三点。

### 1. 观察和学习他人用推文营销的方法

品牌商在 Twitter 平台进行推广之前，可以尝试花点时间观察一下他人的 Twitter 页面，特别是那些具有商业性的用户的页面，再结合自身特点，创造出自己的推文内容。你可以尝试类似的内容，看看粉丝的反应。当你的推文 80% 能够引起互动时，例如转发、回复和点赞等，这说明你已经与粉丝建立起了良好的关系。那么，在下一步的推文营销计划中，你可以发一些与你的网站相关的内容，附上网站链接，激发粉丝点击链接的兴趣，进而使客户能跳转到你的网站进行购买。

### 2. 友好互动，幽默的推文语言风格

在与粉丝互动的时候，应该形成友好但不过度亲昵的互动风格。推文不必太正式，带点幽默感的俏皮语言方式会让你更受粉丝欢迎。

### 3. 测试推文发送频率和效果

常常有品牌商表示刚开始进行社会化营销时，发文频率不知如何把握，发多了，怕粉丝们烦，发少了，又担心曝光度不够。当然，一天发几条推文，什么时候发，没有硬性规定，目前也没有营销人员统计出怎样的频率是最有效的。不过，

有一点必须注意：推文必须保持一定的质量，发布时间也应该有规律可循，这样你的粉丝才知道何时与你进行互动。你可以尝试制订一周发布推文的内容计划，有规律地更新推文。

总之，如果想让粉丝为你转发、回复和点赞，推文的内容必须有创造性、有趣、有新闻价值或者有一定启发性。此外，你也可以积极地参与到时下热门的文化类和经济类问题的讨论中去，因为这类话题通常都是大家比较关注的，可以引起共鸣与互动。你还可以发布一些引人入胜的、激发好奇心的内容，勾起粉丝的兴趣。更重要的一点是：发布帖子的时间需要有规律，这样粉丝才能知道何时与你进行互动。如果你想要粉丝点击你的链接，则不用加上标签、照片或者其他内容，这样会分散他们的注意力。

## 四、制订 Twitter 推广核心计划

在经过前期一系列的准备之后，为了在后期的实践操作中能够更有效地实现推广目的，小马决定制订 Twitter 推广核心计划，主要分为以下几个阶段进行。

第一阶段，选择素材。根据企业的推广目的，合理设计推文内容。

第二阶段，定位受众。根据受众的分类特点，结合企业文化及产品特点，选择受众。

第三阶段，出价和预算。该阶段需要考虑预算，以及产品出价规则，根据出价策略合理进行选择。

第四阶段，检查设置和分析数据。在该阶段需要仔细核查广告设置信息，包括目的、受众和预算等，之后需要根据后台数据分析的结果对方案进行优化。

## 任务二 Twitter推广操作步骤

小马制订方案后，将方案上报给了上级主管。主管经过讨论之后，同意了小马的方案。为了能更好地实施方案，小马决定有条理地推行他制订的方案。接下来，小马决定从选择推广国家和时区、定位目标、设置详细信息和创建广告组活动四个方面来实施方案。

## 一、选择推广国家和时区

在该步骤中,你需要确定国家,这将会决定你最后使用的结算货币。图 6-11 所示为国家和时区的选择页面。

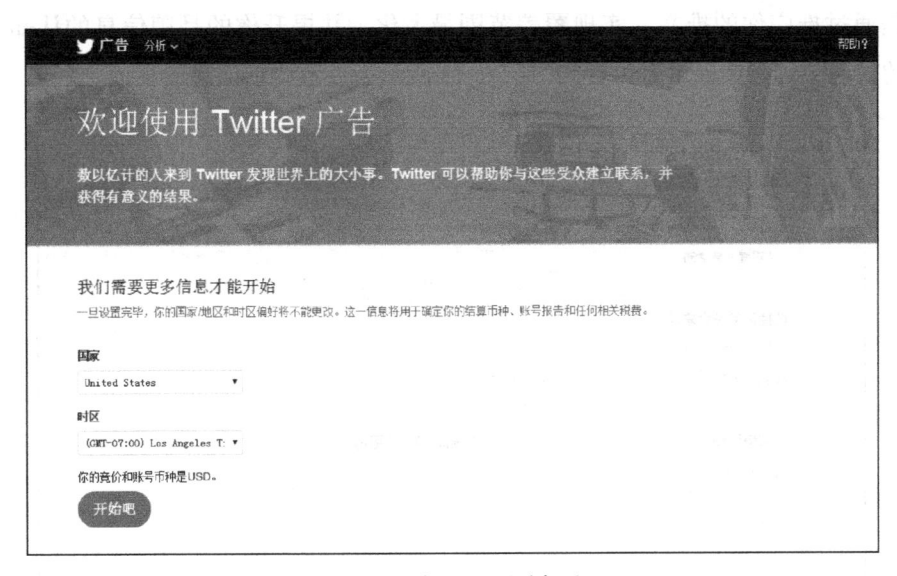

图 6-11 国家和时区的选择页面

## 二、定位目标

基于 Twitter 广告目标的广告活动,在方案设计之后,可以帮助你提高业绩,为你的业务增添价值。在推广中常见的有如图 6-12 所示的几类目标可以选择。

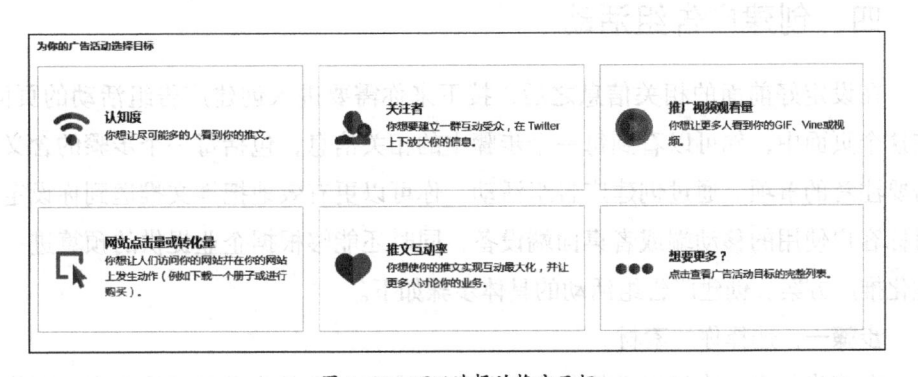

图 6-12 可以选择的推广目标

## 三、设置详细信息

在该步骤中,你需要为你的广告活动命名,并选择你的资金来源,以及确定你想要在什么时候开展广告活动。如果你的目标是提升认知度,那这里的操作原理是通过推广你的推文,实现覆盖范围最大化,并提升你的品牌信息的认知度。你的付费项目是按展示量付费的。图6-13所示为设置详细信息的页面。

图6-13 设置详细信息的页面

## 四、创建广告组活动

在设定好前面的相关信息之后,接下来你需要进入创建广告组活动的页面。在这个页面中,你可以看到每一个步骤中的相关信息,包括每一个步骤的含义及需要注意的事项。通过创建广告组活动,你可以更有效地把推文推送到你设定的目标客户使用的移动端或者桌面端设备,同时还能够根据企业提供的预算进一步优化推广方案。创建广告组活动的具体步骤如下。

**步骤一**:选择你的素材。

在该步骤中,你可以选择你之前发送的推文,或者选择新建推文来达到你的推广目的。图6-14所示为选择你的素材页面。

图 6-14 选择你的素材页面

**步骤二**：选择你的受众。

在该步骤中，你需要选择你的受众，以及你的广告所要传送的人群的性别、年龄等，这将帮助你更加精准地找到客户群体。图 6-15 所示为选择你的受众页面。

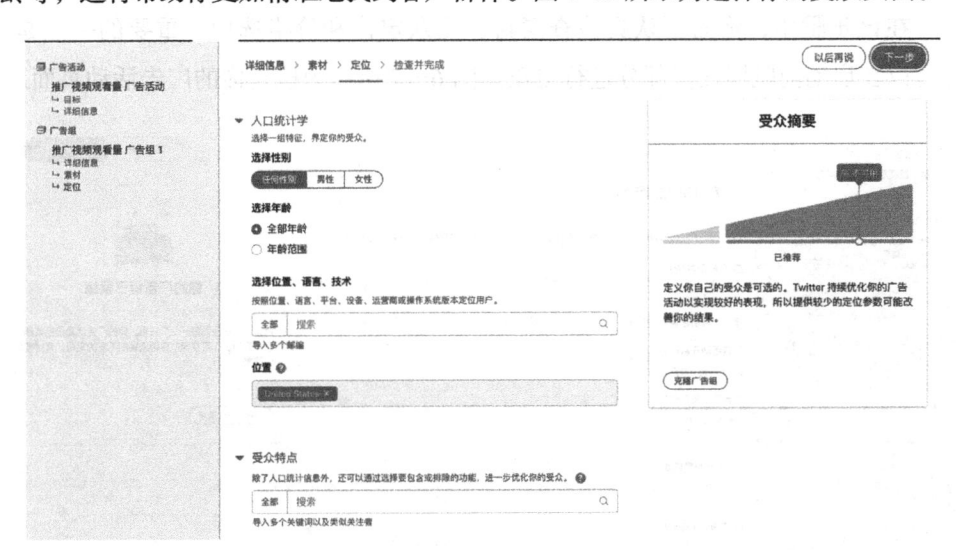

图 6-15 选择你的受众页面

**步骤三**：设置你的出价和预算。

这里主要是根据你所在企业的预算来选择出价类型。出价类型主要包括自动出价和目标成本两种类型。如果选择自动出价，你的出价就会被优化，以便尽可能以（预算范围内的）最低价格获得最大的利益；如果选择目标成本，则需要设定每个出价单位平均目标成本，你的每日平均成本会等于或低于你设置的当日最高目标。图6-16所示为设置你的出价和预算页面。

图6-16 设置你的出价和预算页面

**步骤四**：检查你的广告活动。

在该步骤中，你需要认真检查素材、受众定位和价格选项。重要的一点是，你可以在启动前跳回任何部分进行更正。图6-17所示为检查你的广告活动页面。

图6-17 检查你的广告活动页面

**步骤五**：添加支付方式。

在该步骤中，你需要确定使用哪张银行卡支付广告费用，该页面的右侧说明哪些支付方式是允许使用的。图 6-18 为添加支付方式页面。

图 6-18　添加支付方式页面

## 任务三　推广数据分析与反思

经过方案的制订和对方案近乎完美的实施，为了能够看到方案实施的效果，小马决定对此次 Twitter 推广效果和推广数据进行比较分析。我们先来看一下企业上一次 Twitter 推广的各项数据，如表 6-1 所示。

表6-1　企业上一次Twitter推广的各项数据

| 项目 | 数据 |
| --- | --- |
| 粉丝数量 | 1000 |
| 点击率 | 20% |
| 转发数 | 200 |

采用小马制订的推广计划后，企业的 Twitter 推广相关数据有了很大的改善，具体情况如表 6-2 所示。

表6-2　企业此次Twitter推广的各项数据

| 项目 | 数据 |
| --- | --- |
| 粉丝数量 | 2000 |
| 点击率 | 40% |
| 转发数 | 500 |

小马现在决定对方案实施的效果进行对比评估，他决定导出数据，对 Twitter 推广的效果进行精准的数据分析，分析的数据包括展示量、互动率、链接点击数、转推数、获赞数和回复数等。在 Twitter 广告数据分析中，常见的有以下几项。

对于账号主页数据，从分析页面可以看到推文的展示量和新增加的关注者。图 6-19 所示为账号主页数据分析页面。

图 6-19　账号主页数据分析页面

对于推文动态，从分析页面能够看到互动率、链接点击数、平均每日获得链接点击数、平均每日获赞和平均每日获得转推的数量。图 6-20 所示为推文动态分析页面。

对于受众，从受众洞察页面可以看到受众的兴趣、家庭收入、职业、婚姻状况等相关信息，以及生活方式和消费者行为等。图 6-21 所示为受众洞察页面。

图 6-20 推文动态分析页面

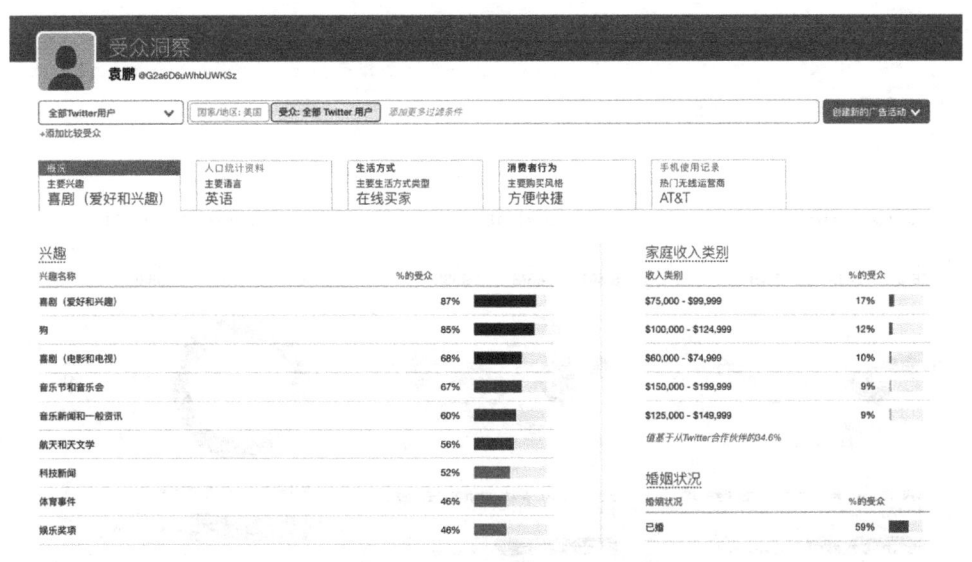

图 6-21 受众洞察页面

对于视频动态，从分析页面可以看到你发布的视频获得的观看次数、总观看次数和收藏量等，通过这些数据能看到你发布的视频在关注者心中留下的印象。图 6-22 所示为视频动态分析页面。

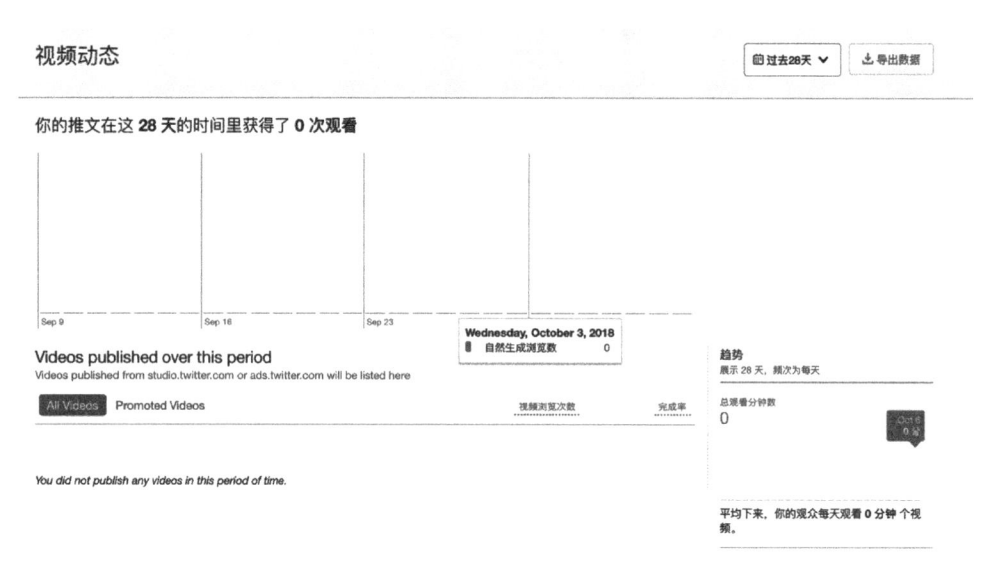

图 6-22 视频动态分析页面

对于事件数据，从分析页面可以看到你的推文的总覆盖量、展示量及与事件相关的推文数量等，通过查看这些数据可以得知人们对哪些事件更感兴趣，进而设计自己的推文，吸引更多的关注者。图 6-23 所示为事件动态分析页面。

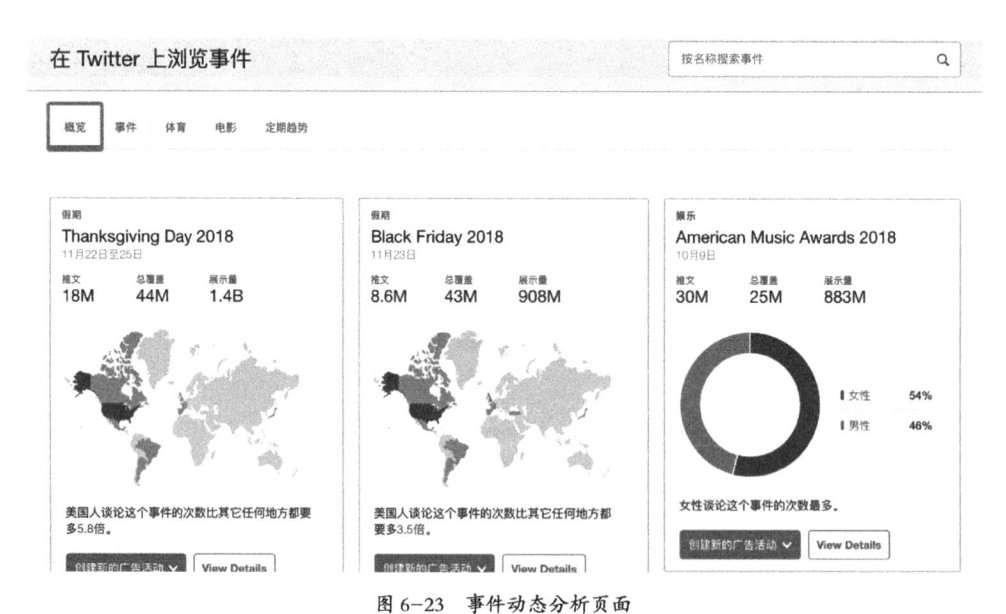

图 6-23 事件动态分析页面

通过以上所述可以看到，Twitter 上的广告数据分析的角度有很多。接下来，我们主要从粉丝数、点击率和转发数三个方面进行分析。

## 一、粉丝数

企业的主要业务肯定不是发 Twitter 消息。而社交网络是非常廉价的营销渠道，它可以扩大你的客户群体，以及潜在客户群体。你没有必要做太疯狂的事情，只需要掌握一些技巧就可以在 Twitter 上获得良好的效果。增加粉丝数量的方法通常有以下几种。

### 1. 经常发推

如果想要增加粉丝，你必须无时无刻不在发推，而这并不意味着你必须雇用一个社交媒体专员。如果使用定时发推工具，你可以在每周早些时候准备好内容，然后几个小时就可以发布一条推文。另外，虽然很多客户所在的时区与你所在的时区并不一致，但不要顾忌在何时发推文，因为没有人愿意关注一个更新极少的 Twitter 账户。所以，一定要保持正常的发推频率。当你在线上的时候，要确保你的用户档案中有一个简介、标题图像及背景图像。最后，请不要使用默认的系统头像。

### 2. 分享内容

你分享的内容应该是丰富具体的，尤其标题的设计，要新颖、精练。另外，你要有耐心地去转发不同的内容，进而吸引更多的人成为你的粉丝，为后期的广告宣传做好铺垫。

### 3. 紧跟时事

当大事件发生的时候，Twitter 上很多人都会对大事件展开讨论。例如，奥斯卡颁奖、格莱美颁奖，以及经典美剧大结局等。让你的企业加入讨论之中，可以获得更多关注。

## 二、点击率

Twitter 用户基数极大，活跃用户数量超过 2 亿个，每天发布的消息数量约 5 亿条。你需要意识到，在庞大的市场背后存在着激烈的竞争。Twitter 是为你的网站引入流量的绝佳渠道之一，它还可以帮助你获取销售线索，并且与已有客户或潜在客户取得联系。而且，在 Twitter 上的一切活动都可以提升你的用户参与度。在国内，大家经常说刷微博、刷微信朋友圈等，这是很形象的说法。当很多用户在移动端上网时,手指在触摸屏上划动,就可以看到很多最新的信息,这表示人们不会在每一条信息上花费太多时间。Twitter用户同样如此,想要抓住他们的注意力,要尽可能地使用清晰而且精练的语言,让人一眼扫过就能够知道你在说什么。通常来说,提高点击率有以下几种方法。

### 1. 使用合适的文章题目

所有优秀的文案都很清楚,一篇好文章,标题有一半的作用,尤其在社交网络上,因为人们点击的是标题。增加Twitter点击率实际是增加分享标题的点击率。

(1)标题要短。推文字数限制在140个字符,所以长标题会很快被忽略。

(2)使用惊叹语气。专家调查显示,用三个感叹号结尾的句子的平均点击量是其他标点用法的2倍。

(3)使用最高级词语,如"最好的""最多的""最智能的"等。

(4)使用诙谐的语气。轻松诙谐的标题比沉重严肃的标题有更高的点击率。

(5)使用副标题,即用冒号或者破折号将你的标题分成两段,如"搜索引擎优化:为什么它依然重要的七大理由",或者"8招教你赚大钱——巴菲特的独门秘籍"。

### 2. 使用动词

从认知意义上说,动词比名词更能吸引人的注意力。研究表明,单单看到或者听到一个动词就足以驱动身体的运动系统。包含动词和副词的消息一般比名词和形容词能获得更高的点击率。所以,当你转发了一篇文章《CEO必须知道的6个营销业绩指标》时,记得在链接前后写上"快点这里"。

### 3. 行动召唤

行动召唤在任何营销活动中都是必不可少的,提升Twitter点击率也是同样的。你希望你的关注者用什么行动来回应你的消息呢?那就在你的消息中加入行动召唤。例如,"85折优惠,限时抢购""立即注册以了解我们的最新产品信息""完全免费!点击就送!"这些例子都有明确的行动召唤,能够让人清楚地明白你的想法。

## 三、转发数

在Twitter上,每天都有很多文章发布,能够被转发多次的文章大多数有一些共性。以下几种推文能够获得更多的转发量。

### 1. 即时新闻

Twitter 已经成为一个以即时新闻为主的社交媒体平台。利用 Twitter 看新闻和传播消息的人越来越多，Twitter 越来越凸显出时效性和包含新闻价值等特点。实践证明，带有"Breaking"（即时新闻）字眼的推文的转发率是最高的。

### 2. 带图片的推文

Twitter 用户最喜欢关注带有图片的推文。研究发现，带有图片的推文被转发的概率比不带图片的推文高出 94%。然而，值得注意的是，这些推文并不包括那些带有 Instagram 或 Facebook 图片链接的推文。实际上，后者反而会令推文的转发率下降。

### 3. 幽默笑话类推文

内容风趣、幽默的推文能够愉悦用户，进而激发其转发的欲望。

## 同步训练

**一、选择题（单选题）**

1. 常见的 Twitter 推广策略有（　　）。
A. 使用自带的高级搜索　　　B. 使用监控工具
C. 使用图像　　　　　　　　D. 使用更少的文字

2. Twitter 推广的目的有（　　）。
A. 提高认知度　　　　　　　B. 增加关注者
C. 增加网站点击量　　　　　D. 增加应用程序安装量

3. Twitter 推广分析的指标有（　　）。
A. 粉丝数　　　　　　　　　B. 点击率
C. 转化数　　　　　　　　　D. 浏览量

4. 增加粉丝数的方法有（　　）。
A. 经常发推　　　　　　　　B. 分享内容

C. 紧跟时事　　　　　　　　D. 少用图片

5. 可以根据以下哪些指标对人群进行定位？（　　　）

A. 用户行为　　　　　　　　B. 用户兴趣

C. 用户性别　　　　　　　　D. 用户年龄

## 二、简答题

1. 简要阐述创建广告组活动的步骤。

2. 增加点击率的方法有哪些？

## 三、案例分析

某手机企业之前主要在国内销售手机。后来，企业负责人决定开拓海外市场，但前期企业的Twitter推广效果不佳，导致企业推文的点击率偏低，企业的粉丝数也很少。假设你是企业的海外推广人员，需要你制订一个Twitter推广方案，请你确定推广目的、推广步骤、推广方法，以及对数据进行分析与优化，具体如表6-3所示。

表6-3　某手机企业Twitter推广方案

| 主营：某品牌手机及相关配件 ||
|---|---|
| 方案制订步骤 | 具体细节描述 |
| 1. 确定推广目的 |  |
| 2. 确定推广步骤 |  |
| 3. 确定推广方法 |  |
| 4. 数据分析与优化 |  |

## 项目七

# TikTok 推 广

## 学习目标

**（一）知识目标**

1. 了解 TikTok 推广的含义及意义。
2. 了解 TikTok 推广计划的制订方法。
3. 学习 TikTok 推广的方法和操作步骤。
4. 学习 TikTok 推广效果的检测与改进。

**（二）能力目标**

1. 熟练掌握 TikTok 推广的方法和操作步骤。
2. 学会分析 TikTok 推广效果并根据数据及时进行反思和改进。

**（三）素质目标**

1. 通过课程教学，培养学生爱岗敬业的职业操守和创新精神。
2. 通过课程教学，引导学生脚踏实地，树立团队合作的意识，培养学生诚实守信的品质。
3. 通过课程教学，培养学生的家国情怀，塑造学生的民族自豪感。

## 导入案例

欧美美妆圈顶流博主"J 姐"杰弗里·斯塔尔在 2022 年发布了一条视频，夸花西子为"世界最美化妆品"，一举将花西子推向了全世界。

目前，花西子在 TikTok 上的粉丝已超百万人。花西子在海外爆火的原因还在于它独特的内容策划方式——"账号垂直＋话题标签＋国潮元素"，每一条视频都与产品强相关。花西子的相关话题"#florasis#"在视频营销的带动下获得了 1 亿 9 千多万次的曝光。

花西子和 TikTok 的网红达人合作，主要是一些腰部及尾部的垂直度高、粉丝忠诚度高的达人，更有网红在花西子的开箱视频中表示："这是我见过的最华丽、最精美的化妆品，简直就是一件艺术品！"

花西子的 TikTok 带货达人来自不同国家，有着不同肤色，甚至不分性别，带货的产品涵盖气垫、口红、眼影、高光等花西子全线产品。海外消费者纷纷在评论区留言表示"我不想使用它，我只想拥有它"，可见花西子独特的国风美学已经占领了海外用户的心智。

思考：花西子是如何进行 TikTok 推广的？

1. 内容策划与产品强相关，采取"账号垂直＋话题标签＋国潮元素"形式。

2. 与 TikTok 的网红达人合作，包括一些腰部及尾部的垂直度高、粉丝忠诚度高的达人。

3. 花西子的 TikTok 带货达人来自不同国家，有着不同肤色，甚至不分性别，带货的产品涵盖气垫、口红、眼影、高光等花西子全线产品。

## 相关知识

## 一、什么是 TikTok 推广

TikTok 是北京字节跳动科技有限公司（简称"字节跳动"）旗下的一款短视频 App，最初以"抖音"为名在国内市场推出，后来作为抖音的海外版服务于全球市场。发展至今，TikTok 的全球下载量已超过 30 亿次，全球月活跃用户数已突破 10 亿人，已然成为全球最受欢迎的短视频社交平台。TikTok 于 2022 年 4 月 25 日在东南亚四国，即泰国、越南、马来西亚、菲律宾，正式上线 TikTok Shop 跨境电商业务。此前，TikTok 就为中国、印度尼西亚和英国的跨境电商业务提供了相关支持。

TikTok 推广本质是以时长 15～60 秒的短视频或者沉浸式的直播展现形式来推广企业的品牌、产品或服务的一种营销方式。其中 TikTok 短视频"种草"正逐渐成为其用户建立产品认知的关键渠道之一，通过自己喜爱的明星、网红达人等的社交分享，用户更容易建立信任机制，形成情感认同。

## 二、TikTok 推广的特点

TikTok 推广是借助 TikTok 平台以短视频或直播的形式开展营销活动的。与其他社交媒体平台不同，TikTok 推广带给用户更加真实，几乎是"原始"的感觉。其特点主要体现为以下几点。

### 1. 传播速度快

相比传统的营销推广方式，TikTok 推广具有病毒般的传播速度。具体而言，现如今人们的生活节奏加快，用户使用社交媒体的时间呈现碎片化趋势，TikTok 短视频很好地契合了用户的需求。随着用户的使用频率和沉浸时长的不断增加，对短视频的依赖及人们天生喜爱分享的心态所带来的裂变效应，使 TikTok 短视频通过分享转发得以在用户和用户之间广泛传播，从而成为新的流量聚集地。

### 2. 互动性强

相比传统的以文字、图片为主的营销形式，TikTok 短视频或者直播的呈现形式更容易引起消费者的兴趣。TikTok 可实现高效的双向沟通，企业和消费者之间，名人和粉丝之间可以通过短视频的评论区功能实现直接沟通，用户在短视频下方留言，企业收到后可以直接回复用户提出的问题。而 TikTok 的直播功能更使企业可以实时与用户沟通，从而增加用户的信任度，提升交易率。

### 3. 目标用户定位精准

TikTok 短视频或直播可以实现精准营销，准确地发现目标用户群体。TikTok 平台会利用智能推荐算法对搜索框进行设置，当用户输入关键词进行搜索时，平台会自动推荐相关视频，从而实现精准营销。此外，TikTok 平台根据用户的搜索习惯和购买行为推荐个性化的短视频，也可以实现精准营销。

### 4. 准入门槛低

相比需要较高成本的传统广告推广，TikTok 平台的市场准入门槛较低，投入成本较低。TikTok 短视频的内容创作者大体可以分为两类，一类是专业企业团队，另一类是个人用户。用户基于信任机制自发传播，用户黏性大，维护费用低。所以，企业应将重点放在打造好的 TikTok 短视频内容、有足够的创意、制作高质量的视频上,以此吸引更多用户的关注。

### 5. 数据可视化程度高

在TikTok平台上,企业可以清楚地看到有多少用户点赞视频,有多少用户关注视频,有多少用户收藏视频,有多少次转发,有多少条留言评论,从而对TikTok短视频的推广效果进行分析。企业还可以直观地看到竞争对手视频的播放量、评论等数据,从而了解企业所在行业的趋势,及时调整营销推广策略,取得更好的营销推广效果。

## 三、TikTok推广与YouTube推广的对比

TikTok是一个新晋的视频社交平台,通过将视频、音乐与各种特效进行组合,制作成时长为15～60秒的短视频,使人们随时随地彰显个性,受到广大年轻群体的喜爱;而YouTube是一个老牌视频平台,也是全球第二大搜索引擎,仅次于谷歌。YouTube主要让用户下载、观看及分享影片或短片。具体来看可以从以下几个方面来认识两个视频类平台推广。

### 1. TikTok视频短,重趣味;YouTube视频长,展细节

与YouTube视频相比,TikTok创作者上传的视频时长较短,一般为15～60秒的短视频,并且视频内容趣味性强,非常适合有创意想法的活动展现。对创作者来说,TikTok操作简便,容易上手,而且视频制作花费的时间和成本较低,用户打开TikTok就是短视频自动播放的状态。由于视频较短,用户观看时产生与刷微博同样的感觉,不会感到厌烦。与此同时,企业在TikTok平台上通过段子、剧情等方式植入企业产品或者发起主题挑战赛活动,可以吸引大量目标受众。

而YouTube视频能够传递更多的细节内容,适合比较有深度的内容创作。例如,功能复杂的电子产品,可以在YouTube平台上通过开箱视频、专业测评等方式对产品细节进行展示。YouTube以横屏为主的视频播放形式,可以使用户注意到视频下方的品牌简介,企业将产品链接加入简介当中有助于用户直接购买。

### 2. TikTok流量大,YouTube网红资深

由于TikTok尚处于发展早期阶段,许多网红还没有开启正式的商业合作模式,所以相较于YouTube,TikTok平台的网红原创内容的收益较低,但由于平台

流量巨大，再加上网红内容原创性高，因此自身的私域流量及吸引来的潜在用户可以带来较好的总收益。

由于发展时间较早，YouTube 有大量的名人及业界名流在平台上开通自己的频道，所以企业借助明星光环，依靠他们背后强大的粉丝群体，提升企业品牌和产品的曝光率。例如，在 YouTube 上，网红通过分享自己的日常生活，在视频当中自然地植入企业品牌广告，被推荐品牌通常会收获一些新用户。

### 3. TikTok 用户年轻化，YouTube 用户更广泛

TikTok 平台一个非常明显的特征就是年轻化。Statista 数据库在 2022 年 4 月发布的数据显示，17～24 岁的用户群体占 TikTok 总用户数的 40.9%。而根据 App Ape 对 TikTok 美国用户的画像显示，女性用户具有绝对的优势。所以，综合来看，在 TikTok 中，年轻女性用户是最为活跃的群体，占绝大多数，这批"Z 世代"用户虽然从购买力上看暂时没有优势，但从长远来看，她们的消费潜力是最大的。

相比之下，YouTube 作为老牌视频平台，视频内容类型多种多样，能够吸引不同年龄段的用户群体关注。美国统计数据显示，在 YouTube 平台用户中，25～54 岁的用户占到平台用户总数的 65%，成年用户群体占绝大多数，其中男性用户群体更是占比 62%。这类用户更加关注"干货"类视频，如操作方法、指导教程，同时也更具有商业潜力。

### 4. TikTok 个性化推荐，YouTube 搜索权重高

在 TikTok 平台中，用户登录应用后直接进入"For You"界面，短视频以自动播放状态呈现，用户看到的短视频是根据算法推荐的个性化内容，每个人的短视频推荐内容都是基于个人喜好呈现的，从而吸引用户关注。对于商家来说，可以利用这种算法的特点来针对用户的喜好创作短视频内容，然后通过兴趣匹配的方式，将内容触达目标用户群体，以"货找人"的方式实现精准营销。

而 YouTube 作为一款访问量排名全球第二位的谷歌旗下的视频网站，在谷歌搜索的前十个结果当中通常会出现一两个 YouTube 视频，因而 YouTube 在谷歌搜索中权重占比高。YouTube 正是采用这种将搜索引擎流量与自身社交媒体视频内容相结合的方式，不断汇集流量，从而极大提高视频链接在谷歌搜索引擎中的结果排名。

## 四、TikTok 广告呈现类型

### 1. 信息流广告

信息流广告指的是出现在用户发现页面（For You）的短视频广告，它是根据 TikTok 的智能推荐算法，商家通过用户画像，设置特定的关键词或者兴趣标签，所进行的针对目标用户群体的精准广告投放。商家可以通过嵌入产品链接的方式将用户导流到第三方购物平台或者商家产品的下单页面，从而实现消费行为的转化。信息流广告是目前 TikTok 平台上性价比较高的一种广告形式。该类广告以 App、游戏类投放为主，如美颜相机、社交媒体软件等的出海投放。

### 2. 开屏广告

开屏广告也被称为启动页广告，是指用户在打开 TikTok 应用程序时出现的以全屏播放形式出现的静态或动态的图片或者视频广告，该广告将持续约 5 秒，展示产品。在开屏广告投放的地区，用户打开 TikTok，开屏广告会自动播放，进行 3～5 秒的产品展示，广告结束后自动进入 TikTok 主页面随机推荐的视频。开屏广告一天仅展示一个商家的产品或品牌，从而为商家带来最大限度的曝光量。这类广告费用较高，所以适合大品牌选择投放。

### 3. 挑战赛形式的广告

品牌挑战赛是指商家在 TikTok 平台上发起的品牌专属挑战赛，即商家发起一个话题，邀请用户自发创作内容，录制视频参与挑战，从而扩大品牌影响力。首先，商家会在 TikTok 平台上以信息流广告的形式发布官方视频广告，鼓励用户积极参与挑战。其次，商家将用户流量引导至主题标签页，从而汇集所有的来自世界各地用户发布的挑战赛视频。普通挑战赛的进阶版，如品牌馆、全球挑战赛，通常会邀请明星网红对品牌进行演绎，完美呈现产品和品牌的特点。在挑战赛当中，热门话题搭配动感音乐的组合更容易吸引用户和粉丝的参与，头部意见领袖参与话题挑战往往会激起用户的好奇心，并最终提升品牌传播效率和曝光度。

### 4. 贴纸广告

贴纸广告有前景贴纸、2D 面部贴纸（面部识别）、2D 手部贴纸（手势触发）、分屏贴纸、控雨染发等多种效果类型，用户可以将其显示在视频当中。为了增加视频的传播范围和速度，在 TikTok 平台中，商家可以将贴纸广告放到挑战赛当中，结合比赛使用。贴纸广告能够降低用户的参与门槛，提高用户的参与度，通过对贴纸的趣味化使用，可以突出产品或品牌的卖点，增加其曝光度。

### 5. 超级首位

超级首位类型的广告与开屏广告类似，它是 TikTok 打开后的第一个全屏类型的视频。超级首位广告可以在视频当中添加产品或品牌链接，用户可以点击画面进入站内或者站外页面。此外，超级首位广告还支持用户对视频进行评论转发、互动交流，从而建立起商家与用户间的联系。超级首位也是唯一创作视频内容长达 60 秒的广告类型，有利于商家提升广告创意，向用户全方位地展示产品细节和内涵。

## 📒 项目情景

某时尚配饰企业在最初起步的几年里，主要目标市场为国内市场，采取与第三方贸易企业合作的方式布局海外市场。经过多年的发展和经验的积累，该企业规模不断扩大，资金力量雄厚。随着国内市场产品同质化越来越严重，国内市场逐渐趋于饱和。经企业高层会议决定，将海外市场纳入企业推广营销战略，大力发展跨境电商业务。小谢是该企业一名年轻的"90后"员工，他在上个月做了一次 TikTok 推广，发现企业的 TikTok 推广存在非常严重的问题。企业在 TikTok 平台上发布的短视频广告的浏览量很低，关注量与转发量也很低，产品的宣传效果不理想。针对这些问题，小谢经过一番思考，决定有计划、有系统地完善 TikTok 推广工作。

## 任务一　TikTok推广操作步骤

在经历前期的 TikTok 推广失败之后，小谢深知好的 TikTok 推广要有完善的执行方案。TikTok 推广方案的制订是首要的工作。在方案制订的过程中，需要明确推广目的，需要进行 TikTok 视频内容打造，需要制订推广核心计划。在这个过程中，小谢首先需要明确 TikTok 推广目的。

## 一、明确 TikTok 推广目的

小谢决定首先明确 TikTok 推广目的，他认为 TikTok 推广目的不同，相应的推广方法也是不同的。确定 TikTok 推广目的可以更好地与企业的营销战略相配合。此次 TikTok 推广目的是宣传企业品牌，提升企业形象，开拓境外市场？获得新用户？与用户交流，获得反馈？将流量引导到其他社交媒体平台或第三方独立页面？小谢明白，确定清晰的推广目的将为后期规划提供有力的保障。为此，他决定从增加品牌曝光度、市场洞察、触达目标用户、流量转化四个方面去分析 TikTok 推广目的。

### 1. 增加品牌曝光度

增加品牌曝光度是指在平台中让更多的用户看到并了解商家的产品或品牌。这是 TikTok 推广的基础。首先，如果商家想在平台上推出自己的产品或品牌，就可以选择与素人网红合作。TikTok 平台正处于早期发展阶段，素人网红的粉丝数量比较多而且黏性都比较高，可以给品牌带来大量私域流量。其次，商家找到与产品相匹配的网红之后，双方可以合作创作富有创意的短视频内容，或者直接采取网红直播的形式，吸引大量粉丝用户观看。商家将产品免费提供给素人网红，对方以使用产品或者开箱测试等形式向用户展示产品，戳中他们的兴趣点，使用户与品牌之间建立联系，拉近与用户的距离，最终增加产品或品牌的曝光度。

### 2. 市场洞察（产品方面）

市场洞察是指在 TikTok 平台上，可以不断地进行广告素材和企业选品的测试，从而了解用户的喜好，并根据用户的喜好及对视频的反应不断调整自己的产品款式和种类，选定具有潜力的产品。首先，可以在 TikTok 平台上对现有素材进行剪辑，也就是说，企业在 TikTok 平台上查找同类型产品的推广素材，或者观看 TikTok 平台上他人发布的推广视频，发现有何亮点。通常来说，自然流量较好的视频，对其进行付费推广的效果也比较好。学习他人视频内容的优点，用相同的手法模仿对标内容的短视频，积累经验并尝试进行产品推广视频内容创作。然后，可以在 TikTok 平台上进行广告投放测试，根据用户的反应，对产品的细分种类进行调整。当然，测试产品的市场没有一个明确的标准，可以设置自己能承受的成本金额上限。超过这个金额，被测产品的表现效果仍不理想，那么果断放弃，换其他产品进行 TikTok 推广。

### 3. 触达目标用户

在过去，传统的营销推广都是尽可能多地覆盖人群，采用的推广方式也是大众流行的。然而，在新媒体营销时代，个性化营销更加受到用户的喜爱。TikTok与其他社交媒体平台一样，使用主题标签是一种不错的提升企业口碑的方式。通过主题标签可以限定用户的范围，从而更加精准地覆盖用户群体。在选择主题标签之前一定要对产品或品牌进行细致的分析，选择那些能够覆盖对其感兴趣的用户及潜在客户的标签，尽量不要选择那些宽泛的标签。具体而言，可以在TikTok平台的顶部搜索栏中输入兴趣或者关键词，从而查看有哪些流行的主题标签，以及它们各自的浏览量。一般而言，用户观看次数越多，意味着越受欢迎。其次，在TikTok平台上，网红营销与消费者有天然的情感连接，通过与长尾网红进行合作，创作视频内容，可以扩大品牌的知名度，增加粉丝的信任感。

除上述方法之外，商家还可以与其他热门创作者进行互动，即在热门创作者视频下方的评论区表达自己对其他创作者内容的赞赏，与其他创作者的粉丝进行互动，从而让更多的用户关注到自己的品牌，并在其中发现目标用户。

### 4. 流量转化

目前，TikTok正处于发展初期，相比其他平台的红海现状，TikTok无疑是一片待开发的蓝海。TikTok是目前下载量最多的应用程序之一，它的流量是巨大的。那么如何提高流量转化效果呢？首先要做的，也是最基本的，就是不断提升视频的质量。企业可以借助TikTok平台的工具，对视频进行分析，包括视频的来源，粉丝喜欢的音乐和喜欢的视频；还可以对竞争对手的视频进行分析，通过分析发现问题，及时调整，从而提升视频质量。用优质视频吸引用户流量之后，企业要对流量进行引导和转化。例如，在TikTok日常营销管理中，每当视频发布成功之后，企业要及时对粉丝的评论进行回复，提高账号的活跃度，这样更容易调动起粉丝的参与度，之后引导流量至品牌主页。企业在品牌主页事先添加自己的第三方账号，既可以增加账号的权重，又有助于私域流量的沉淀和积累。企业还可以关注粉丝，引起粉丝的注意，吸引粉丝查看品牌主页并引流转化。

通过对以上TikTok推广目的的梳理，综合考虑企业此前进行TikTok推广出现的问题，小谢认为企业需要加大海外推广力度，提升品牌曝光度，获取更多的目标用户。恰逢企业计划推出新品，所以小谢决定首先努力实现前面三个目的，最后实现第四个目的，通过TikTok推广打开市场，从而为企业创造更多的收益。

## 二、TikTok 视频内容打造

在进行 TikTok 推广时，确定推广目的可以为后续推广方案的具体制订打下坚实的基础。接下来。小谢需要考虑如何打造优质的短视频内容，视频具备哪些条件或特征才更容易取得好的表现效果。通过观察优质视频，小谢发现需要借助网红的影响力。那么如何与网红合作呢？考虑到以上几点，小谢决定围绕视频发布的时间、文案、配乐，以及对网红的选择来进行整体规划。

### 1. 视频发布的时间

在新媒体营销时代，用户的时间更加碎片化，所以在 TikTok 平台上，可以选择合适的视频发布时间。例如，在人们下班之前发布视频，因为刚刚结束一天的工作，大多数人想放松一下心情，也有空闲时间。在这个时间段发布视频，观看视频的人数较多。在晚上的时间段发布视频，视频类型可以是鸡汤类、情感类等比较容易引起用户情感共鸣的视频，因为在晚上，尤其夜深人静的时刻，人们的情绪会被放大，更容易做出购买决策。

### 2. 视频文案撰写

进行 TikTok 推广，视频的文案内容是一个需要重视的关键要素。首先，TikTok 平台对视频标题的字数有所限制，通常为 10～30 字。字数过多或过少系统都会自动提示，建议标题的字数设置在 20 字左右。其次，标题内容一定要精准。标题是对内容的总结概括，标题的撰写一定要贴合内容。标题可以采用疑问句式，疑问句是引发人们思考、引起人们好奇心的最简单的方法。有了好奇心，用户才想知道视频内容，才会有点击播放的欲望。

关于视频内容的创作，最简单的方式就是蹭热点。例如，最近一段时间的热播影视剧、流量热词、热搜事件，或者最近一段时间的重大节日等，只要是流传度广、人们普遍关注的热点话题，企业都可以结合产品或品牌特色借势，从而有效提升视频曝光度。在视频内容的布局方面，一定要把视频当中的爆点及视频当中的精华部分在视频开头予以呈现，帮助用户抓住重点，吸引用户的眼球。视频最好能够增加代入感，目的在于拉近企业与用户的心理距离，让用户能够清晰地感觉到视频内容与自身利益的相关性。一旦用户有自我表达的欲望，就会在平台上产生分享行为，从而实现裂变。

### 3. 视频配乐选择

在 TikTok 平台上，对视频内容的打造还需要借助配乐辅助。在音乐的选择方面，首先需要注意的是一定要与视频内容相配。例如，你的视频内容描述的是一个欢快的场景，音乐选择的是带有淡淡忧伤的乐曲，用户就会感觉非常违和，体验较差。其次，选择的音乐最好带有一定的节奏感，节奏感强的音乐更容易使用户产生代入感，也更容易使用户产生消费的欲望。所以，我们可以选择卡点音乐，与视频画面联动。那么，去哪里选择音乐呢？我们可以直接选择 TikTok 平台提供的音乐，但这类音乐大部分是有版权的；还可以收藏别人发布的音乐，同类播主的音乐不仅有版权，而且与视频内容的适配性更高。

### 4. 对网红的选择

与所有有影响力的营销一样，想要在 TikTok 推广中获得成功，就需要吸引 TikTok 的用户群，即在 TikTok 平台上成功营销的关键就是匹配受众。对于大多数品牌而言，与网红合作是一种比较容易的推广方式。网红通常有团队在背后提供支持，可以通过网红的影响力来宣传产品或品牌。

那么，选择何种类型的网红呢？相对于头部网红而言，选择长尾网红的性价比是比较好的。长尾网红的价格是比较合理的，从目前看来，长尾网红人数较多，他们的粉丝数也比较可观，粉丝的黏性也比较强。所以，对于大多数中小企业来说，长尾网红是一个比较不错的选择。而且，这类网红做视频的时候，通常会邀请粉丝模仿自己，或者举办一些挑战赛，从而加速视频裂变，取得更大的曝光度和更好的播放效果。

## 三、制订 TikTok 推广核心计划

经过前期的准备工作，小谢准备开始制订 TikTok 推广核心计划，即搭建 TikTok 账户、视频发布、广告投放等。小谢决定分以下几个阶段开展工作。

第一阶段，搭建 TikTok 账户，即 TikTok 账户的注册及登录。

第二阶段，视频发布，即准备创作短视频。

第三阶段，广告投放，即确定广告的投放位置，设置预算、投放的格式等。

第四阶段，衡量效果，即分析视频效果，并做出相应的调整。

## 任务二　TikTok 推广操作步骤

小谢制订方案后,将方案上报给了上级主管。主管经过讨论之后,同意了小谢的方案。小谢决定有条理地推行他制订的方案。接下来,小谢决定分别从搭建 TikTok 账户、视频发布、广告投放三个方面来完成前面制订的方案。

### 一、搭建 TikTok 账户

搭建 TikTok 账户通常包括 TikTok 账户的注册及登录。TikTok 账户注册页面如图 7-1 所示。

图 7-1　TikTok 账户注册页面

（1）用手机号码注册。

TikTok 只能使用外国手机号码注册,国内的手机号码是无法注册的。

（2）用邮箱注册。

从理论上来讲，任何邮箱都可以注册 TikTok 账户。但是，国内的 QQ、网易等邮箱不建议使用，建议使用国外邮箱，如 Gmail，或者自建企业邮箱。

（3）用 Facebook 账号注册。

（4）用谷歌账号注册。

（5）用 Twitter 账号注册。

像上述这类用第三方账号注册（Facebook 账号、谷歌账号、Twitter 账号），通过第三方按钮直接点击注册即可。

TikTok 账户注册完成后，即可登录 TikTok，首先验证邮箱，如图 7-2、图 7-3 所示。

图 7-2　TikTok 验证邮箱页面

图 7-3　TikTok 账户管理——验证邮箱页面

进入 TikTok 账户设置页面，选择管理账户，如图 7-4 所示。

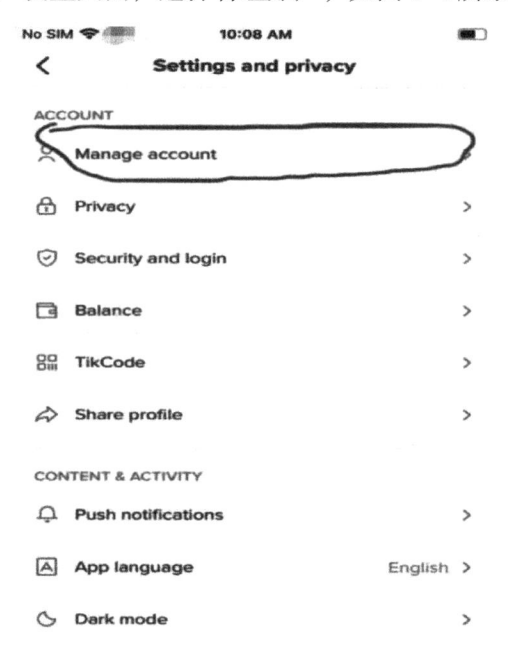

图 7-4　在 TikTok 账户设置页面选择管理账户

在 TikTok 账户设置页面点击右上方三个点，如图 7-5 所示。

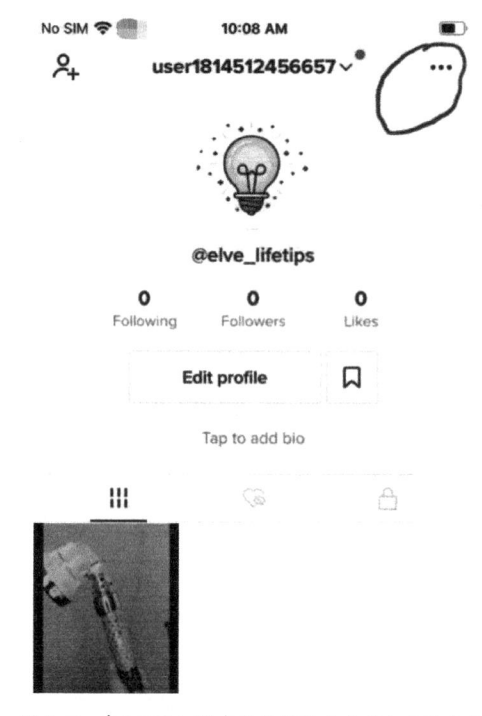

图 7-5　在 TikTok 账户设置页面点击右上方三个点

选择性别。性别设置页面如图 7-6 所示。

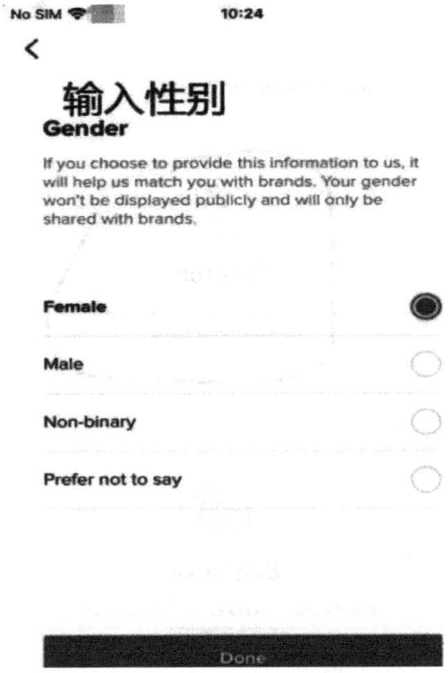

图 7-6　性别设置页面

选择产品类别。产品类别设置页面如图 7-7 所示。

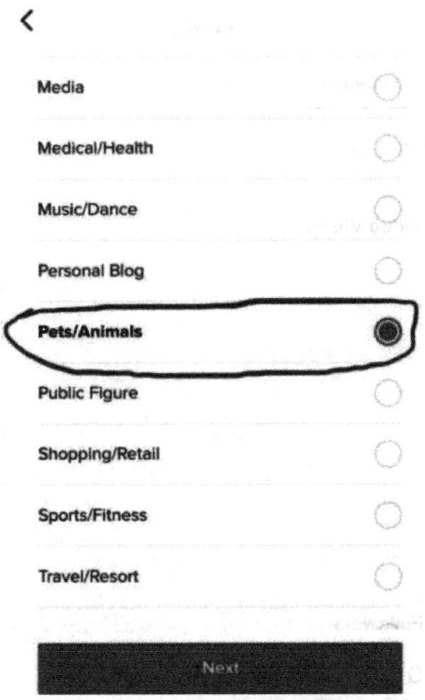

图 7-7　产品类别设置页面

切换高级账户。账户切换页面如图 7-8 所示。

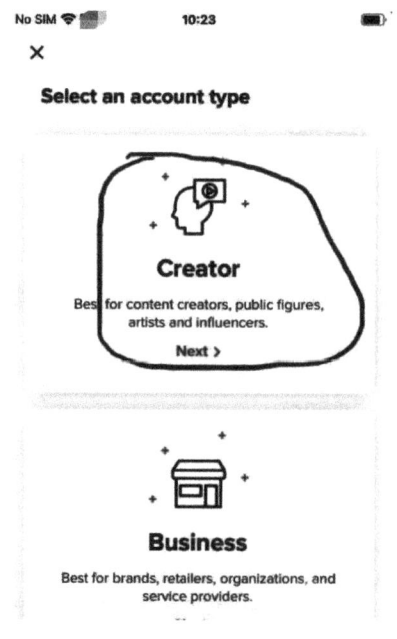

图 7-8 账户切换页面

数据分析页面如图 7-9 所示。

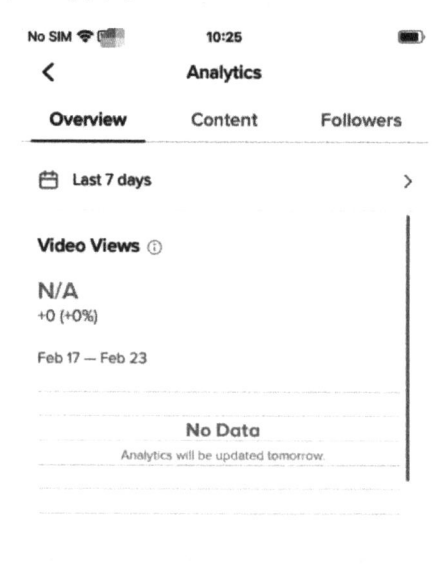

图 7-9 数据分析页面

切换个人账户。账户切换页面如图 7-10、图 7-11 所示。

图 7-10　账户切换页面（1）

图 7-11　账户切换页面（2）

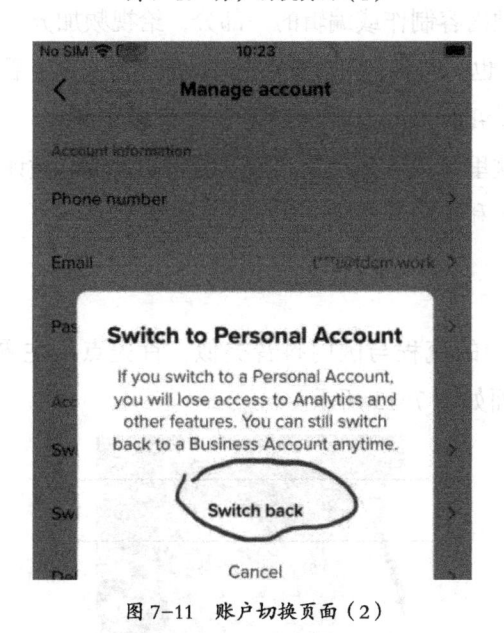

## 二、视频发布

### 1. 主界面

在开始之前，我们先来看下 TikTok 界面，以及它有哪些功能模块。TikTok 界面如图 7-12 所示。

图 7-12　TikTok 界面

（1）文字，视频制作的内容，帮助我们理解视频内容或者引导我们看下去。

（2）道具，视频内容制作或编辑的一部分，给视频加分。

（3）视频描述，也叫文案，用户看完视频一般会看文案，看看作者想表达什么。

（4）视频标签（#hashtags），利于视频被用户搜索到。

（5）评论，在这里可以看到作者和粉丝的互动，可以做评论引导。

（6）音乐，配音和视频制作是一体的，非常重要。

## 2. 上传视频

TikTok 发布视频的流程与国内抖音类似，首先点击主界面下方的"+"号。TikTok 上传视频界面如图 7-13 所示。

图 7-13　TikTok 上传视频界面

红色按钮是用于拍摄视频的，可以选择时长 60 秒或者 15 秒进行拍摄，也可以直接上传视频。点击"Library"按钮，选择已经剪辑好的视频。选择时长和选择视频如图 7-14 所示。

图 7-14　选择时长和选择视频

从 Library 上传的视频是提前做好的，一般不需要在 TikTok 里面修改。

### 3. 选择音乐

直接点击"下一步"按钮，选择音乐。TikTok 选择音乐界面如图 7-15 所示。

图 7-15　TikTok 选择音乐界面

上传视频时,可以用自己配置的音乐,也可以选择 TikTok 推荐的音乐或者自己去音乐库里选择。

(1)录音,一般在剪辑软件里完成,方便修改。

(2)选择 TikTok 推荐的音乐或挑选其他热门音乐。

(3)道具,可选或省略,一般在剪辑工具里编辑好的视频不用道具。

(4)文字,可添加透明文字,没有太多的功能设置。一般建议用剪辑工具编辑好,方便修改。

(5)贴纸,可选或省略。有些剪辑软件没有的特殊的贴纸可以挑选。

### 4. 发布视频

TikTok 发布视频界面如图 7-16 所示。下面介绍具体的参数设置。

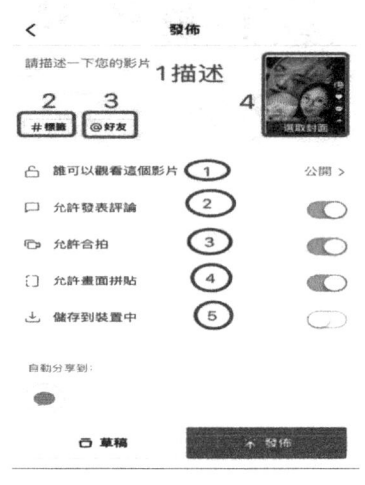

图 7-16 TikTok 发布视频界面

(1)描述文案。

这里展示的内容包含"描述""标签""好友"三部分,限制为 150 个字符。因此,视频的描述文案要用简短的词语表达,如果过长会遮住部分视频,影响视频的美感。文案一般是简单的话术,表达一个意思就足够了,也可以直接写标签。

(2)标签。

文案可以不写,但标签建议每次都写上,将其直接设置为关键词。

(3)你想 @ 哪位好友。

这个功能一般用来将粉丝引导到其他账户,或者提醒对方查看视频。

(4)封面。

选择吸引人的封面,当粉丝通过视频进入主页之后,根据封面查看其他视频,可以增加视频的点击率。

（5）视频参数设置。

①设定可以观看视频的用户范围。

②设定是否允许用户发表评论。

③设定是否允许画面拼贴。

④设定是否将视频保存在设备中。

（6）自动分享。

提前绑定其他社交平台账户，可以自动将视频分享到其他社交平台上，如Facebook。

## 三、广告投放

### 1. 设置像素（pixel）

Shopify[①]商家可以用以下两种方法设置像素。

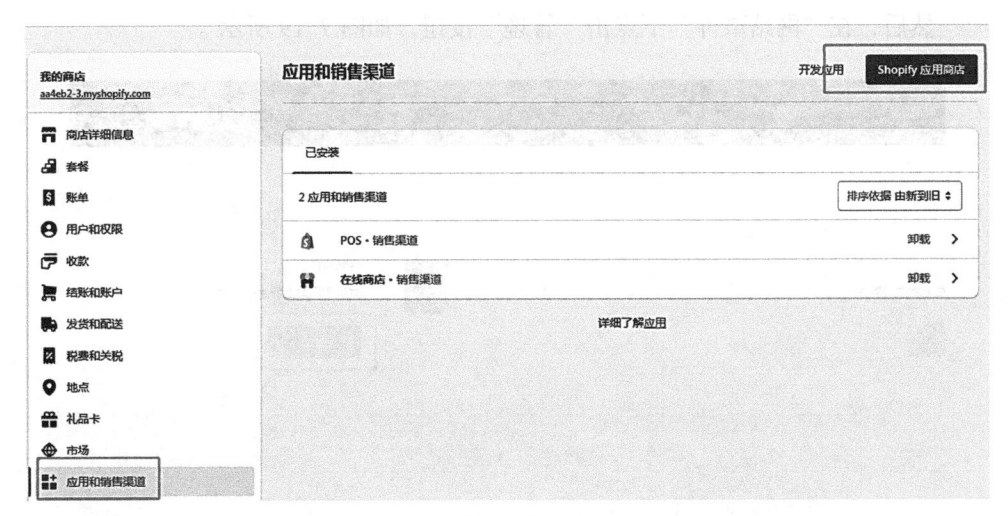

（1）在 Shopify 上的 TikTok 应用中创建和链接 TikTok 像素。

注意：要在 Shopify 上的 TikTok 应用中安装像素，必须在应用中的"设置"页面中将"TikTok For Business"账户链接到 TikTok 广告管理平台账户。在 Shopify 上的 TikTok 应用中创建和链接 TikTok 像素如图 7-17 所示。

图 7-17　在 Shopify 上的 TikTok 应用中创建和链接 TikTok 像素

---

① Shopify 是采用一站式软件运营服务模式的电商服务平台，为电商卖家提供服务。

如果账户中已经有创建好的像素，那么只需点击"链接"即可链接该像素；如果需要创建像素，请按照应用内用户界面中的步骤创建像素。

（2）通过TikTok广告管理平台的事件管理器创建像素。

在TikTok广告管理平台中，点击"资产"按钮，选择"事件管理"。TikTok广告管理平台界面如图7-18所示。

图7-18　TikTok广告管理平台界面

然后，在"网站事件"下点击"管理"按钮，如图7-19所示。

图7-19　在"网站事件"下点击"管理"按钮

开始创建像素，如图7-20所示。

图 7-20　开始创建像素

给像素命名，选择使用第三方工具安装像素代码，如图 7-21 所示。

图 7-21　使用第三方工具安装像素代码

选择使用 Shopify 进行像素配置，如图 7-22 所示。

## 2. 创建广告

（1）推广系列。

售卖类型，只能默认竞价；在推广目标中选择转化量。对于大部分卖家来说，他们都是以转化为目标的。推广系列设置界面如图 7-23 所示。

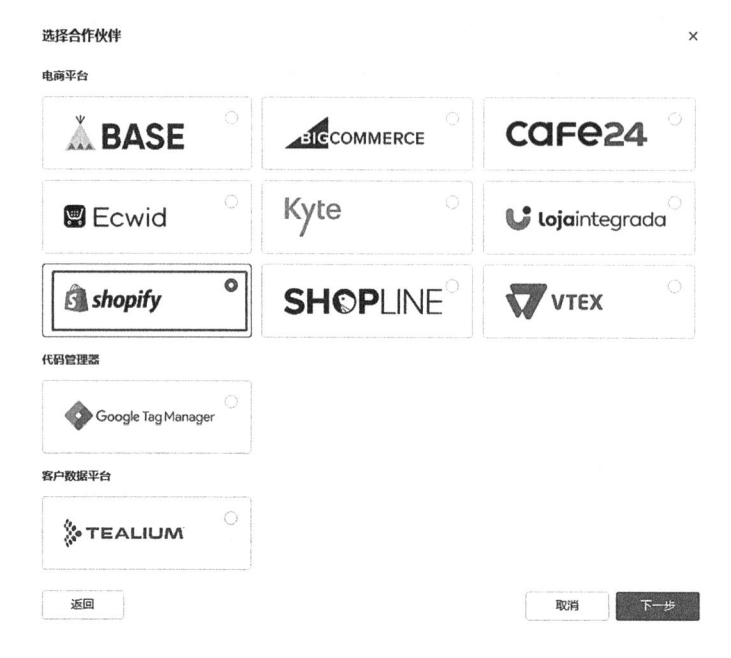

图 7-22 使用 Shopify 进行像素配置

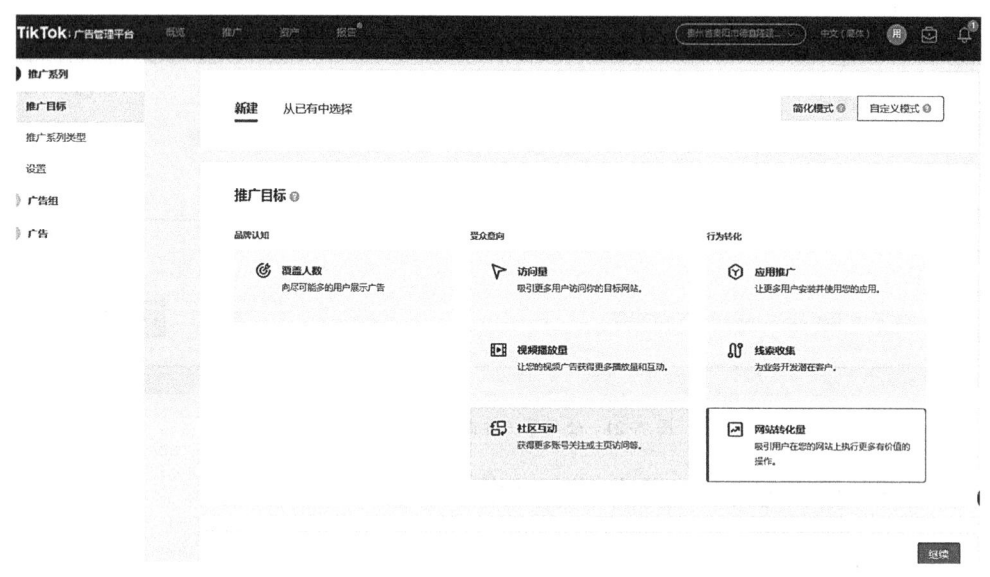

图 7-23 推广系列设置界面

（2）广告组。

在广告组设置界面，可以设置广告组名称；推广对象类型默认为落地页（着陆页）；"TikTok Pixel"一项选择刚刚创建的像素，暂无优化事件可不填，如图7-24 所示。

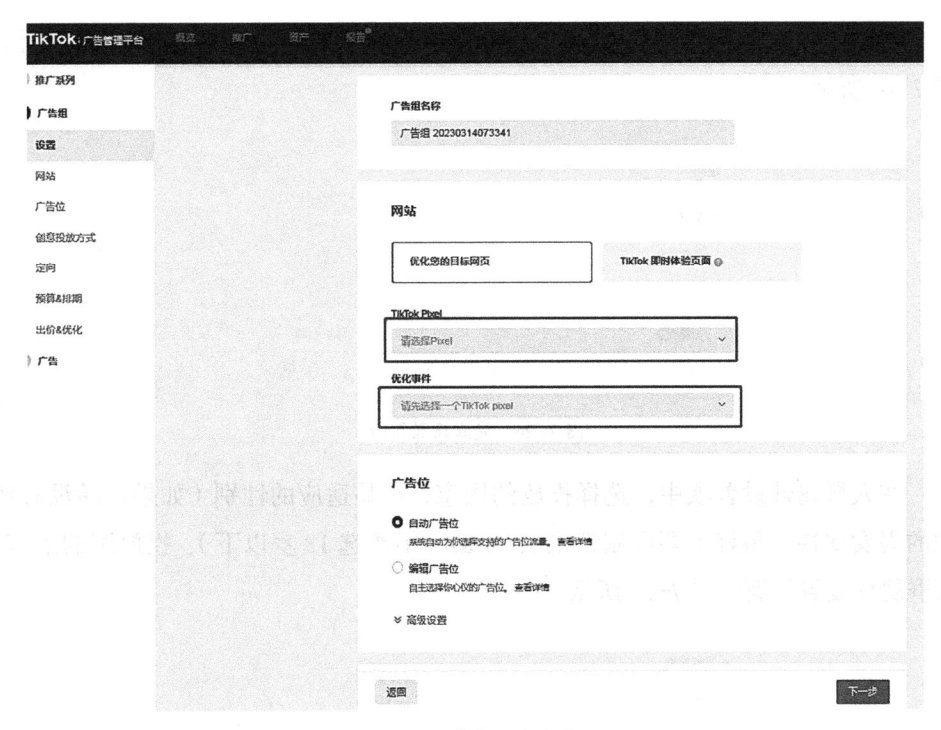

图 7-24　广告组设置界面

对于版位，根据需求，可以选择自动版位或者编辑版位。版位设置界面如图 7-25 所示。

图 7-25　版位设置界面

在受众设置项中,第一次投放没有受众数据,可以不填。受众设置界面如图 7-26 所示。

图 7-26　受众设置界面

在人群属性设置项中,选择投放的国家、产品适应的性别(如果产品没有特别的男女属性,最好不要限制性别)、年龄(不要选 18 岁以下)、投放国的语言。人群属性设置界面如图 7-27 所示。

图 7-27　人群属性设置界面

TikTok 可以根据用户兴趣和行为的类别进行定向。兴趣和行为设置界面如图 7-28 所示。

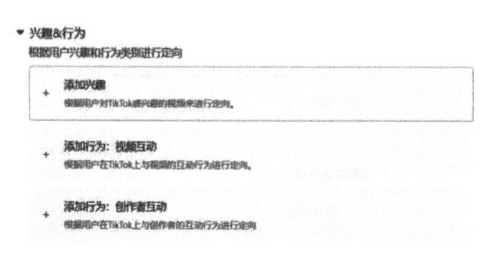

图 7-28　兴趣和行为设置界面

在设备设置项中,更多的是针对 3C 类产品,如果销售的是其他类目的产品,就可以不选。设备设置界面如图 7-29 所示。

图 7-29　设备设置界面

在预算设置中，日预算建议不要低于 200 美元，预算越低，流量越低。

人们在晚上和节假日使用 TikTok 的时间比较多，所以可以根据目标国的时区设置特定的投放时间段。预算和时间设置界面如图 7-30 所示。

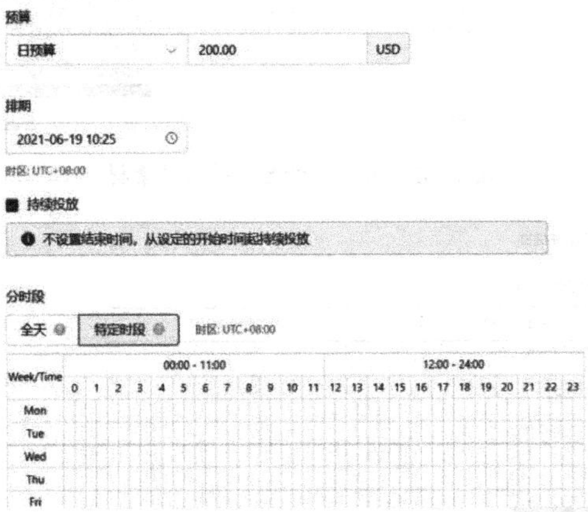

图 7-30　预算和时间设置界面

对于出价设置，一般采纳最低建议出价，因为低于该出价可能导致放量困难。出价设置界面如图 7-31 所示。

（3）广告。

为素材命名，并上传素材，如图 7-32 所示。

填写广告文案和推广链接，如图 7-33 所示。

图 7-31 出价设置界面

图 7-32 为素材命名，并上传素材

图 7-33 填写广告文案和推广链接

## 任务三  数据分析与反思

经过方案的制订和对方案的完美实施，为了能够看到方案实施的效果，小谢决定使用 TikTok 平台收集数据，然后进行分析。小谢在此次 TikTok 推广的过程中发布了两个短视频，第二次根据第一次的营销效果做了改进。现在小谢决定对方案实施的效果进行评估，他决定重点关注四个至关重要的指标，即完播率、点赞率、留评率和转发率。

### 一、完播率

完播率指将视频从头到尾全部看完的用户占观看视频用户的比例，是 TikTok 视频维度分析的一个很重要的指标，它是视频播放量的关键影响因素。完播率与用户花费的时间之间有比较强的关联性，完播率越高，意味着用户愿意花时间将视频看完，意味着用户对视频内容有极大的兴趣。对于 TikTok 平台而言，它将完播率高的视频认定为优质视频，会对其进行进一步的推广。TikTok 完播率如图 7-34 所示。

图 7-34  TikTok 完播率

根据数据总结，一般应该将完播率的最低基准线设置为 30%。在 TikTok 平台上，如果你发布的短视频的完播率低于 30%，那就意味着你需要对短视频进行进一步的优化。在视频的前三秒钟，用户流失的现象往往最为普遍，这也就意味着一定要在视频的前三秒钟抓住用户的眼球。总体来说，提高视频完播率的方法主要有以下三个。

### 1. 打造黄金三秒钟

黄金三秒钟指的是短视频开始的三秒钟，对这三秒钟的打造，意味着你要将短视频当中精华的部分呈现给用户，即将最搞笑、最劲爆、最感人、最能调动起用户情绪的部分在视频的前三秒钟展现给用户，从而吸引用户停留观看，否则用户没有期望，自然会离开。

### 2. 在视频中设置悬念

一些爆火的短视频账号，如一位叫作梅尼耶的博主，经常发布一些推理小短剧类型的短视频。在这类视频当中，每个视频前段都会隐藏着各种不同的线索，从而吸引用户反复观看视频，以集齐线索。他就是通过这样的方式使用户不仅乐意把视频看完，而且反复观看多次，从而有效地提升视频的完播率。

企业在进行 TikTok 推广时也可以借鉴这种方式，在视频当中留下线索，在视频结尾处抛出一个问题，从而激发用户反复观看视频的兴趣，并最终实现视频完播率的提升。

### 3. 把控好视频的节奏和长度

我们在观看短视频的时候，经常会发现这样一类视频，发布者对它们进行了加速处理，缩短整个视频的时长，这样做就是为了避免由于视频过长导致用户直接离开。

企业在进行 TikTok 推广时，也要注意把控好短视频的节奏和长度，如果担心时长不够导致内容表述不完整，可以将视频做成合集系列。这样不仅可以保持信息传递的完整性，还可以吸引用户持续观看，从而大大提升视频的完播率。

## 二、点赞率

点赞率是指对视频点赞的用户占观看视频用户的比例，是 TikTok 视频维度分析的一个重要指标。与前面提到的完播率相比，点赞率对视频播放量的影响没有那么大，但仍然是一个有优化价值的指标。点赞率与用户的兴趣有关联，点赞率越高，意味着视频内容越契合用户的兴趣点，越能吸引用户。点赞率的计算方式是：点赞率 = 点赞量 ÷ 播放量。TikTok 播放量和点赞量如图 7-35 所示。

▷ ♡<br>3,249,135　187,102

图 7-35　TikTok 播放量和点赞量

根据数据总结，比较容易获得 TikTok 平台官方推荐的视频的点赞率至少要达到 4%～5%。提高视频点赞率的方式主要有以下几种。

### 1. 素材选择

企业在选择视频素材时一定要站在用户的角度，去选择那些能够打动用户的、引人入胜的故事，或者融入幽默风趣的风格，或者使用色彩丰富的视觉效果。在正式发布视频之前，对素材进行有效的加工处理，可以提高视频的点赞率。例如，你的视频是美食主题，你可以在视频开头将美食的成品呈现给用户，从而吸引用户留下来观看美食的制作过程。

### 2. 紧跟热点趋势

在 TikTok 平台上做过推广营销的企业都会明显地发现这样一个事实，上周还在流行的东西到了本周末可能已经无人问津，即趋势的变化非常迅速。这就给了在 TikTok 平台上做推广营销的企业一个机会，通过及时了解最新趋势的变化，紧跟潮流，发布与当前流行内容相关的视频，通常会极大地提升视频的点赞率。

### 3. 文案写作与音乐选择

在文案写作方面，企业可以为视频添加主题标签，从而方便对同种类型视频感兴趣的用户更快地发现你的视频。你还可以为视频添加字幕，因为有相当一部分用户观看 TikTok 平台上的短视频是基于声音关闭的场景，字幕可以向用户提供背景信息，对字幕加以设计还可以提高对用户的吸引力。你可以选择使用 TikTok 平台上的视频编辑器添加字幕，TikTok 会识别语音，自动生成字幕。如果你认为字幕不准确，还可以在线编辑字幕，对字幕进行修改和调整。总而言之，添加字幕是提升点赞率的简单方法。

在音乐选择方面，你可以在 TikTok 平台上的创意中心查找流行歌曲，烘托气氛。当反复使用特定的音乐或者音频片段的时候，用户就会习惯它，从而记住它，认为短视频不错，从而起到锦上添花的效果。当然，应注意音频与视频内容的匹配，如果两者不匹配，最好不要添加，避免起到相反的效果。

## 三、留评率

留评率是指对视频进行评论的用户占观看视频用户的比例，是 TikTok 视频维度分析的一个重要指标。具有话题讨论性质的视频更加受到 TikTok 平台的青睐，因为只有当视频足够优秀或槽点太多时，用户才愿意评论。留评率越高，意味着视频内容越具有话题性，越能吸引用户主动加入讨论。留评率的计算方式是：留评率 = 评论量 ÷ 播放量。TikTok 评论量和播放量如图 7-36 所示。

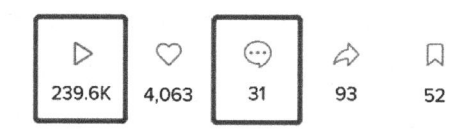

图 7-36　TikTok 评论量和播放量

根据数据总结，比较容易获得 TikTok 平台官方推荐的视频的留评率至少要达到 0.4%。如果你发布的视频的留评率低于 0.4%，就说明你的视频内容不能引起用户的共鸣或者缺乏槽点，需要进一步优化。总体来说，提高视频的留评率主要有以下几种方式。

### 1. 增加内容槽点

所谓槽点，即引发话题的地方。TikTok 平台上许多视频评论率不达标的原因就是没有槽点，你可以通过增加内容槽点的形式来吸引用户对视频进行评论。例如，在曾经特别流行的一个视频片段中，女生说："我宁愿坐在宝马里哭，也不愿坐在自行车上笑。"视频一经播出，就引发广大用户的讨论。有人认为她是对的，因为经济基础决定上层建筑；有人认为她是错的，因为言论表现出拜金主义，而金钱不是万能的。这就是不同价值观之间的碰撞，在设计视频内容时，可以加入一些容易形成争论的点，从而提高视频的留评率。

### 2. 加强情感共鸣

许多优秀的视频往往注重情感的传递，调动起目标用户的某些情绪，让用户感同身受。这类视频通常在形式上没有太多华丽的技巧，节奏也更加舒缓，但最终的效果不错，因为用户更容易带入自身的感受，更加会表示赞同。例如，在目标观众为女性的鸡汤类视频中，讲述独立强大的女性背后的脆弱与艰辛努力，能够激起广大女性观众的强烈共鸣，从而提高视频的留评率。

### 3. 加强互动指导

在 TikTok 视频当中，可以适当设置一些互动问题来引导用户留下评论。例如，选择 A，还是选择 B？在视频中出现了多少次 XX？你还可以及时回复用户的评论，提炼视频的核心内容，引导更多的用户参与讨论。与用户大量互动，既能拉近与用户的距离，又能提高视频的留评率，还可以顺便提高视频的完播率。

## 四、转发率

转发率是指对视频进行转发的用户占观看视频用户的比例，是 TikTok 视频维度分析的一个重要指标。那些有价值的视频或者比较新奇的视频更容易获得用户的转发，转发率越高意味着视频内容的新鲜感越强。用户通常会给对自己有价值的视频点赞，对对他人有价值的视频进行转发。转发率的计算方式是：转发率 = 转发量 ÷ 播放量。TikTok 的转发量和播放量如图 7-37 所示。

图 7-37 TikTok 转发量和播放量

根据数据总结，比较容易获得 TikTok 平台官方推荐的视频的转发率至少要达到 0.3%。如果你发布的视频的转发率低于 0.3%，就说明你的视频内容不够新奇或者用户认为价值低，需要进一步优化。总体来说，提高视频的转发率主要有以下几种方式。

### 1. 增强内容的新鲜感和新奇感

当网络上出现一些爆炸性新闻和热点新闻时，其传播流行的速度都非常快。当用户看到这些信息后，会产生将自己知道而别人不知道的信息与人分享的欲望。人们转发的动机来自消息是新的，如果是旧消息，人们大概率不会有强烈的转发意愿。因此，在发布视频的时候，可以考虑产品本身是否具有新奇的属性，如果产品本身是市场上没有出现过的，用户看到后自然会觉得新奇，从而转发，与朋友分享。你还可以用一种新奇的方式展示产品，从而提高视频的转发率。

## 2. 增强内容的价值感

提高视频转发率与提高视频点赞率的方法有些相似，但并不完全一样。提高点赞率中的价值感指的是用户认为视频对自己有价值，而提高视频转发率中的价值感指的是用户认为视频对他人有价值。例如，家庭群里的长辈经常转发一些养生类的文章，长辈转发这些信息的动机是认为对自己的晚辈有价值，但不一定对他们自身有价值。所以，在发布视频时，可以根据被转发人群的特点来创作视频内容，从而提高视频的转发率。

# 同步训练

## 一、选择题（多选题）

1. TikTok 推广具有的特点有（　　）。
   A. 传播速度快　　　　　　　　B. 互动性强
   C. 数据可视化程度高　　　　　D. 准入门槛高

2. TikTok 推广的广告类型有（　　）。
   A. 信息流广告　　　　　　　　B. 超级首位
   C. 开屏广告　　　　　　　　　D. 贴纸广告

3. TikTok 推广的目的有（　　）。
   A. 增加品牌曝光度　　　　　　B. 流量转化
   C. 触达目标用户　　　　　　　D. 增加客户黏性

4. TikTok 推广从以下哪些方面进行视频打造？（　　）
   A. 视频发布的时间　　　　　　B. 空间的选择
   C. 视频配乐选择　　　　　　　D. 视频文案撰写

5. TikTok 推广数据分析包括哪些方面？（　　）
   A. 点赞率　　　　　　　　　　B. 留评率
   C. 转发率　　　　　　　　　　D. 完播率

## 二、简答题

1. 简要阐述 TikTok 推广的步骤。
2. 简要阐述 TikTok 推广实施后的主要数据分析指标。

### 三、案例分析

某服装企业之前主要在国内市场销售产品。后来，企业负责人决定开拓海外市场，但在经过一段时间的 TikTok 推广之后发现客户和企业的互动、关注量与转化率都偏低。假设你是企业的海外推广人员，请制订一个 TikTok 推广方案，确定推广目的、推广步骤、推广方法，以及对数据进行分析与优化，具体如表 7-1 所示。

表 7-1 某服装企业 TikTok 推广方案

| 主营：时尚男装、时尚女装 ||
|---|---|
| 方案制订步骤 | 具体细节描述 |
| 1. 确定推广目的 | |
| 2. 确定推广步骤 | |
| 3. 确定推广方法 | |
| 4. 数据分析与优化 | |

## 项目八

# 展 会 推 广

## 学习目标

**（一）知识目标**

1. 了解展会推广的含义及意义。
2. 了解展会推广计划的制订方法。
3. 学习展会推广的方法和操作步骤。
4. 学习展会推广效果的检测与改进。

**（二）能力目标**

1. 熟练掌握展会推广的方法和操作步骤。
2. 学会分析展会推广效果并根据数据及时进行反思和改进。

**（三）素质目标**

1. 通过课程教学，介绍我国跨境电商展会的发展现状，培养学生的爱国主义情怀。
2. 通过课程教学，树立全球市场理念，培养学生的开放共享意识。
3. 通过课程教学，提升学生的统筹策划及管理能力。

## 导入案例

在新冠疫情期间，受全球疫情的影响，国际贸易线下展会不得不延期或取消；相比以往而言，线上展会拥有了更多的发展机会，呈现出不可多得的"井喷"

场景。

浙江义乌利用互联网等优势，将展会从线下延伸到线上，促进会展业务升级发展。借助移动互联网、数字化技术和视频化展示技术，线上展会打破了传统线下展会的时间和空间限制，可以实现产品展示、一键拨号、精准对接、平台支付、视频聊天等功能，进而实现足不出户也可在万里之外展示销售产品。

信息化技术发展是有力的技术助推，买家行为轨迹追踪、展品热度数字化衡量等方面都有了科学根据。数据信息是非常有价值的东西，掌握行业的数据信息，就相当于掌握了行业的动向。线上展会给买家推送符合其需求的产品，打造当季产品热度排行榜，甚至打造"数字展会＋电商带货"模式，针对性地推出多元化服务，让供需双方更有效地连接，提供有价值的服务，自然就能转化成看得见的利润。

线上展会不局限于图文、视频展示，还可以直播展示。买家可以发表弹幕评论，与卖家沟通。例如，利用VR和AI技术，让展品、展厅的体验感更强，买家可以从二维平面到多维空间去更好地体验产品。例如，利用大数据，可以找到与自己兴趣吻合的群体，解决行业社交需求的问题。

**思考：线上展会都有哪些优势？**

1. 线上展会是传统线下展会的补充，打破了时间和空间的限制。

2. 线上展会活动具有传播最大化、客户数据沉淀快、提供个性化和多元化服务等优势。

3. 线上展会不局限于图文、视频展示，还可以直播展示。

## 相关知识

### 一、展会推广的意义

展会是为了展示产品和技术、拓展渠道、促进销售、传播品牌而进行的一种宣传活动。就贸易性质的展会而言，有人下了这样的定义：在最短的时间内，在最小的空间里，用最小的成本做出最大的生意。展会可以让企业之间面对面地进行交谈，可以让目标客户实实在在地看到产品。为从未谋面的行业新朋友提供认识、交流、合作的平台，为行业老朋友提供叙旧、加深了解、建立合作的机会，为企业展示最新的产品、建立品牌形象搭建一个最佳的平台。展会经济具有较大的产业带动效益,对参加展会进行推广的企业来说,作用难以估量。企业的产品在展会上得到充分展示,进一步提升品牌的知名度和美誉度。积极的展会推广能为企业带来订单,为企业换取丰厚的经济效益。

## 二、贸易商业展会的发展趋势

随着全球经济一体化的趋势越加明显,贸易商业展会也开始呈现一定的趋势,具体有以下几点。

### 1. 世界会展产业"东移"趋势更加明显

伴随亚太、中东非、中南美等地区新兴市场国家经济发展的提速,国际会展产业出现了重心由发达国家向发展中国家转移的趋势。欧美国家在保持行业主导地位的同时,市场增速放缓,而亚太、中东非地区因人均可支配收入和生活水平的提升,其会展市场正以较高的年复合增长率快速增长。步入"新常态"的我国更加渴望有更多的、更大的平台进行自我展示,我国一系列国际会展的成功举办也为会展行业带来了难得的机遇,我国作为世界第二大经济体的会展市场将越来越令世界会展业瞩目。国际展览业巨头纷纷在我国移植或者举办新的会展,成绩斐然。我们可以预见,我国经济的进一步转型将为国际市场带来更加巨大的机会,国际市场和我国市场的双向需求将带动世界展览业加速"东移"。与此同时,为了展现中国制造,我国也将充分利用国外的展会平台,将中国企业的形象输出到国外,国内企业出国参展也将迎来历史性机遇。

### 2. 专业性展会已成未来趋势

综合与细分是设定展会内容的两种思路。从展览业的发展看,展会的内容从综合到细分,是展览业发育成熟并迈向专业化的主要标志。欧美展览大国已经开始进行行业细分之后的进一步细分,展览内容极具专业性,使采购商能够以最快的速度找到所需的产品。在我国,由于追求展览经济的规模效应和"大而全"的展示效果,偏重综合性的展会仍然大量存在。近几年,许多综合性展会开始将内容细分成专业性主题展会或主题馆。与欧美相比,这种划分仍显粗放,却已体现出我国展览业专业化进程的加速。我国展会将在市场的要求下对内容进行更合理、更专业的细分,许多大型展会可能分为规模更小、专业性更强的展会,与国际展览业的发展更为紧密地联系在一起。

### 3. 我国会展产业发展趋势

（1）政府推动力度加大。

在党的十八大报告中，现代服务业已成为我国经济战略结构调整的重要组成部分，令会展行业看到了更好的未来。2015年，《国务院关于进一步促进展览业改革发展的若干意见》指出，"积极推进展览业市场化进程。坚持专业化、国际化、品牌化、信息化方向，倡导低碳、环保、绿色理念，培育壮大市场主体，加快展览业转型升级，努力推动我国从展览业大国向展览业强国发展，更好地服务于国民经济和社会发展全局"。这是国务院首次全面系统地提出展览业发展的战略目标和主要任务，并对进一步促进展览业改革发展做出全面部署，对行业的持续、健康发展产生积极、深远的影响。

（2）市场力量推动会展行业进一步发展。

近年来，我国会展业市场化进程进一步加快，具体体现在政府展会项目外包、行业中介组织建设和行业标准建设三个方面取得的突破。政府展会项目正积极实施服务外包，如"中国光谷"国际光电子博览会暨论坛、中国-亚欧博览会、中国国际装备制造业博览会等一批政府展会项目。在积极筹备全国会展行业协会的进程中，行业中介组织建设也取得突破性进展。例如，2014年广东省筹备成立了广东省会展组展者协会，四川等地也相继成立了一些市场推动的会展行业中介组织。行业标准建设也取得进展，行业规范提上议事日程。2013—2014年，《会展中心（会议中心）服务规范》《会展设计搭建服务规范》《商贸类展览会等级分类标准》《会议分类与术语》《会展业节能降耗工作规范》等国家标准、行业标准先后颁布实施，浙江、广西、山东、四川等省区也颁布制定了一系列地方性会展行业标准。

（3）国际会展企业进入我国市场步伐加快。

近年来，国际会展企业进入我国市场步伐加快，进入方式灵活多样，包括收购我国会展项目、联合成立合资企业运营会展，以及缔结战略合作关系共同开发会展项目等，其中收购我国会展项目成为国外会展企业进入我国市场的重要方式。商务部发布的《2015年中国展览行业发展报告》统计，2014年1—10月，亚洲共发生会展行业并购案例18起，其中有8起发生在中国。此外，外资会展企业纷纷与国内相关机构合作，成立合资会展企业，共同举办展会。例如，英国I2I会展集团与中国纺织行业国际贸易促进委员会合作，共同举办中国国际针织博览会；成都市博览局与励展博览、博闻UBM、意大利罗马会展公司建立了战略合作关系。

（4）科技助推会展进步，线上线下融合发展。

近年来，新技术在展会活动中得到了广泛的应用，从现场数据的收集统计到线上、线下展会的共同发展，从信息技术的应用到会展科技资本的融合，都充分体现出会展与科技融合发展的总体趋势。随着时代的发展，会展业信息化水平显著提高。随着移动互联网的兴起，"自媒体"蓬勃发展，微博、微信等即时通信工具成为人们获取信息的重要来源，会展业也普遍应用官方微博、官方微信、公众号等，及时发布展览资讯，与客户开展交流互动。

## 三、常见的国外展览企业

### 1. 意大利米兰国际展览公司

意大利米兰国际展览公司拥有的米兰国际展览中心是世界上最大的展览中心，也是世界上设备最先进的展览场地。米兰是意大利最大的城市，同时也是世界最大的城市之一，是时尚与设计之都。米兰国际展览中心包括米兰展览馆、米兰RHO展览馆、米兰城市展览馆等，总占地面积近430万平方米，展览面积近140万平方米。米兰国际展览中心在国际上有着举足轻重的地位，著名的米兰国际家具展、米兰三年展、米兰时装周、米兰设计周、米兰建筑设计展等一系列世界级展会均在此举行。

### 2. 阿拉伯联合酋长国迪拜世界贸易中心公司

迪拜世界贸易中心高184米。20世纪80年代建成时，它是迪拜第一座摩天大楼。虽然这座大楼现在已经埋没在周围众多新的高层建筑中，但仍是迪拜的国际贸易和商务中心，众多国际性的重要会议在这里举行。2003年，投资1.77亿美元的迪拜国际会议展览中心在迪拜世界贸易中心旁边建成，展览中心共有9个主展厅，总面积3.7万平方米。迪拜国际会议展览中心建成当年，即作为国际货币基金组织和世界银行年度会议的举办地，迎接了多个国家和地区的15000多名参会代表。之后，迪拜世界贸易中心又在迪拜国际机场附近兴建了迪拜机场展览中心。迪拜大型展会项目，如中东通信技术展、阿拉伯医疗展、海湾食品展和中东国际汽车展等已成为阿拉伯联合酋长国每年固定的展出项目，吸引了众多海湾地区及世界其他国家和地区的观众。

### 3. 意大利维罗纳国际展览公司

意大利维罗纳国际展览公司成立于1898年，一直积极致力于组织协调并参加世界各地的大型农业方面的国际贸易展会。该公司现在举办的展会、活动也涉及一些新领域，如建筑工程、家具、运动、旅游、休闲、健康、职业培训等。维罗纳国际展览公司是欧洲大型展览场馆协会（EMECA）、全球展览业协会（UFI）、意大利展览中心协会（AEFI）和欧洲农业展览组织者联盟（EURASCO）的成员。企业每年平均举办30场展会，吸引1.3万名展商和100万名观众前来参展。

### 4. 新加坡展览公司

新加坡展览公司是亚洲顶尖的贸易活动主办机构之一，也是迅速发展且充满活力的展会行业的先驱，拥有丰富的经验。该企业主办的每次展会，外国的参展商几乎占整个展会场地的80%，一直以来都吸引了大量高水平的海外参展商出席。新加坡展览公司是奥伟展览联盟的成员，该联盟在世界各地设有超过50个办事处。新加坡展览公司筹办的展览及专业研讨会涉及范围广泛，包括以下行业：通信、资讯科技及电子媒体；饮食与膳宿；环境与水质管理、化学工程、仪器与实验室解析科技；机械工具及精密工程、制造业及油气与石油化工。

### 5. 德国慕尼黑国际展览集团

德国慕尼黑国际展览集团成立于1964年，是世界十大展览企业之一，每年在全球范围内举办近40场展览会，涉及资本货物、高科技和消费品，并在各个领域都拥有专业超群的品牌：资本货物类的工程机械、物流运输、环保科技、饮料酿造技术及房地产商务；消费品行业的体育休闲用品、高档消费品、时尚和化妆品；高科技产业的电子元器件、通信和电信、分析仪器和生命科学、材料和产品工程等。贸易和手工业类的展会则是该集团的另一亮点。每年有90多个国家的3万多家企业来到慕尼黑参展，观众遍及全球180多个国家和地区，总人数超过200万人。

### 6. 德国柏林国际展览公司

德国柏林国际展览公司是欧洲的国际知名服务商，是全球十大组展企业之一，拥有数十年举办国际性展览及专业会议的经验。该公司拥有相互连接的26个展览馆，展览总面积为 16 万平方米，露天面积 10 万平方米，并与欧洲最大的会议中心——柏林国际会议中心——紧密相连。

### 7. 大韩贸易投资振兴公社

大韩贸易投资振兴公社（KOTRA）是韩国政府属下的非营利贸易促进机构，始建于 1962 年，旨在促进韩国与海外地区的经贸交流，是各国经济与韩国经济联系的桥梁。大韩贸易投资振兴公社作为非营利性政府机构，提供全方位投资服务，为加强国家经济基础设施建设，积极与其他相关机构合作，并培养海外营销和投资专家。大韩贸易投资振兴公社凭借贸易和投资领域的长期经验和专业知识，通过积极配合协助韩国企业开展商务活动，为提高韩国企业的国际竞争力，实现韩国成为东亚地区商业和经济枢纽做积极的准备。其主要职能包括：组织进出口贸易洽谈会，开展国内外经济调查研究；搜集、发布经济贸易信息；主办或协办韩国部分展览并组织海外企业参加韩国展览；组织韩国国家展团参加海外大型展览；吸引外商投资，促进海外投资。

### 8. 英国励展博览集团

英国励展博览集团为全球最大的展览及会议活动主办机构，已积淀逾百年的全球品质展会的开发、策划、推广及销售经验，并赢得品质、知名、权威展会主办者的美誉。励展博览集团总部位于英国，是励德爱思唯尔集团的成员之一，目前在全球设有 34 个代表机构，每年在 42 个国家主办 500 个展览及会议活动，其展览及会议组合为跨美洲、欧洲、中东和亚太地区的 43 个行业部门提供服务。分布在世界各地的 2400 多位励展专业员工通过分享彼此的经验和技能，协助客户实现参展利益最大化。

### 9. 德国汉诺威展览公司

总部位于德国汉诺威的德国汉诺威展览公司成立于 1947 年，拥有世界最大的展览场馆——汉诺威展览中心，展出面积 49.7 万平方米。该企业的展览主题主要是资本货物。每年举办的德国汉诺威消费电子、信息及通信博览会（CeBIT）是世界规模最大的信息与通信技术展会，而汉诺威工业博览会则是全球最有影响力的展会。作为世界领先的展览企业之一，其在全球拥有 790 多位员工、70 个海外分支机构。

### 10. 德国杜塞尔多夫展览公司

德国杜塞尔多夫展览公司是德国五大展览集团之一，成立于1947年，在全球设有子公司或代表处，展览中心的展示面积超过20万平方米。

### 11. 德国汉维国际展览公司

德国汉维国际展览公司是一家专业从事展位设计和搭建的德国企业，在上海设有分公司，总部位于法兰克福。该企业在当地有自己的加工工厂和运输车队，并拥有35年以上的展览专业搭建经验，为亚太地区赴欧洲参展的企业提供优质的服务，如展位设计和搭建、展品运输、机票和酒店预订、报关、报检等综合展览服务。

### 12. 德国德马吉国际展览服务公司

德国德马吉国际展览服务公司是一家致力于全球展览设计、制作和搭建的专业性展览企业。该企业在德国总部拥有一批高素质的员工及专业部门，在中国、美国、英国、法国、印度、巴西、南非、俄罗斯、西班牙等32个国家和117个地区设有分支机构。该企业于2001年加入世界展览组织，共享全球展览搭建资源，与合作伙伴建立了密切的合作关系，实现了全球一站式服务。

### 13. 法国爱博展览集团

法国爱博展览集团是专业展览领域内的世界十大展览企业之一，具有50多年主办展会的经验和专长，在世界上享有极高的知名度。爱博展览集团每年举办120多个展会，其中10个展会在法国以外的国家举办。爱博展览集团办展的领域包括农牧业、工业设备、建筑、印刷、电子、信息技术、食品、包装、城市规划与生活环境、旅游等。

### 14. 德国法兰克福展览公司

德国法兰克福展览公司是世界上名列前茅的从事全球性贸易展览业务的企业，企业每年都在世界28个城市举办100多个贸易展览会。法兰克福展览公司在法兰克福市拥有10个展厅和会议中心，展览面积约为32.1万平方米，仅次于汉诺威展览公司和米兰国际展览公司，位居世界第三位。其主要业务是在国内外举办各种展览，而重点在亚洲市场。

图 8-1 所示为德国法兰克福国际秋季消费品展览会现场。

图 8-1　德国法兰克福国际秋季消费品展览会现场

## 项目情景

某皮具企业在成立的最初几年中都在大力发展国内市场，在境外市场方面，主要采取和第三方贸易企业合作的形式。经过多年的发展，企业的资金储备和企业规模相比以前都有了较大的提升，开始针对境外市场发力。小赵是该企业新晋升的年轻市场部主管，他带领自己的工作团队在上季度做了一次展会推广，发现其中明显存在一些问题：展位规划布置效果不佳，直接导致客户吸引率较低；展会现场管理不到位，工作人员没有做到真正的各司其职，齐心办展；展前目标并不明晰，展后评价反馈效果差；没有完成对新客户的拓展。针对这些问题，小赵及其团队经过思考之后，决定有计划、有系统且有针对性地完善本季度企业的展会推广工作。

## 任务一 展会推广计划制订

在经历前期的展会推广失败之后，小赵深知好的展会推广需具备完善的执行计划。展会推广计划的制订是首要的工作。在计划制订的过程中，需要明确参展目的，科学设计展位，随后合理配备参展人员，最后根据计划进行实际操作。在这个过程中，工作团队首先需要明确参展目的。

## 一、明确参展目的

小赵认为展商参展目的不尽相同，相应的推广方法也是不同的。展商参展的根本目的是销售，展示只是一种手段，但并不意味着只通过企业参展时签的订单数就可以显示出参展效果。企业参展的目的除了展示新产品、提升企业知名度，还可以了解市场变化情况。市场上什么样的产品最受欢迎、竞争对手的各种动态，这些都是展会带来的最有价值的东西，可以让企业及时地对自身的战略进行调整，并开始针对此次目的采取相应的参展措施。德国展览协会根据市场营销论将参展目的归纳为基本目标、产品目标、价格目标、宣传目标和销售目标五大类。为此，小赵从展品交易、深入了解市场和宣传企业形象三方面来分析他将要从事的展会推广目的。

### 1. 展品交易

展商在展会上可以结识同行业采购商和经销商，也可以不断寻求新客户，在很短的时间内与目标客户直接沟通，可将产品的信息发送给特定的客户，并可收获来自客户的即时反馈，收集客户对产品的意见，以便及时改进，从而获取订单，为企业带来利益。

### 2. 深入了解市场

由于展会聚集了同行业的各家企业，展商可以高效率地了解到本行业的市场动向。所谓"知己知彼，百战不殆"，通过展会期间的调查和观察，可以收集有关竞争者、分销商和新忠诚客户的信息，能够迅速、准确地了解国内外最新产品和发明的现状与行业发展趋势等，从而为制订下一步的发展战略及产品的研发和改进提供根据。图 8-2 所示为展商向客户讲解，介绍展品并对其使用需求和喜好进行了解。

图 8-2 展商向客户讲解

### 3. 宣传企业形象

企业参展，必然需要一定的空间，即展位。展位分为标准展位和特装展位。标准展位一般配置低，费用较低，而特装展位可以根据企业文化、产品概念等自主设计和搭建。展位就是企业形象的主要标志。现在更多的企业参加展会，并不是为了真正的交易，更多的是为了宣传企业形象，展示为主，签单为辅。图 8-3 所示为某展会中的特装展位。

图 8-3 某展会中的特装展位

通过对展会推广目的的梳理，考虑到企业此前出现的展会推广问题，小赵及团队认为企业目前需要加大海外推广力度，以提升知名度，获取更多客户。恰逢企业在本季度刚推出几个新品系列，所以小赵决定选择第二个和第三个目的作为此次海外展会推广的主要目的，即通过深入了解皮具市场消费需求及流行趋势和大力宣传企业的良好形象，打开市场，为新品的畅销做好铺垫。

## 二、科学设计展位

在一场展会中，产品设计和展位设计是其核心理念的体现，从展位的大小、位置、设计理念，我们可以看出一家企业的气质和野心。评价一个展位是否成功的标准，不是看它的展位是不是很华丽、很奢侈，而是看它的沟通能力、它所表达的概念、展位所确定的功能性和展品本身的内涵。总体来说，设计展位时主要有以下几个原则。

### 1. 目的性原则

展会策划起始于展会目标的选择，落实于展会目标的实现，体现在每个设计的细节。遵循目的性原则，设计人员需要使用技术和创造性来反映和表现参展企业的意图、风格和形象，达到参展企业希望的目的和效果。展会内容不能受制于表现手法，不能突出设计而忽略展位、展品。设计好坏不在于花钱多少，不在于是否符合艺术标准，而在于展位能否体现参展企业的形象和意图，能否吸引参观者的注意，展品能否反映出其特征和优势。

### 2. 艺术性原则

展位设计应当有艺术性。展位设计的艺术性表现在以下几个方面。

（1）展位有吸引力。展位富有吸引力，令人赏心悦目，给人以良好的感觉，给人留下深刻的印象。展位设计有很多因素，需要用艺术手法去组合这些因素，使其能产生最佳的视觉效果和良好的心理效应，而这正是对展位设计的基本要求。

（2）展位反映参展企业的形象，传达参展企业的意图。设计人员需要用具体的手段表现出抽象的展会思想。

（3）展位能吸引参观者的注意，引起参观兴趣。有研究表明，在充满竞争的、五光十色的环境中，观众看到展位的第一眼最关键。因此，展位应当引人注目，使人产生兴趣。展位的第一作用是吸引参观者注意，并产生兴趣；第二作用是吸引参观者走进展位，仔细观看展品。设计展位要讲究艺术性，但应注意避免华而不实。

### 3. 功能性原则

展位还应当具有功能性，设计人员不仅要考虑设计的外部形式、形象，也需要考虑内在功能，也就是要为展位的人员和展位工作提供良好的环境和条件。因此，展位设计需要考虑的功能有以下几个方面。

（1）对外功能。展位不仅要展示产品，吸引客户，还要有利于展位人员推销、宣传、调研、与观众交流、与客户洽谈。所有这些工作都要有相应的空间、位置、设备，都需要设计人员根据需要和条件进行合理的安排。相应的功能区域，包括问讯区域、展览区域、接待区域、洽谈区域等，要进行相应的考虑。

（2）内部工作功能。如果展出规模大，要考虑安排办公、开会等场地。内部工作大的话，相应区域包括办公室、会议室、工具房（维修间）等。

（3）辅助功能。辅助功能区域包括休息室、储藏室等。好的展位设计不仅要好看，还要好用，要有助于展位人员开展工作，有助于展出达到目的。

### 4. 科学性原则

展位设计的科学性表现在它是一个众多学科知识交叉融合的过程，在充分运用展览学、心理学、传播学、营销学、系统论、控制论等多学科知识的基础上，借助计算机等现代化的先进技术手段，为参展企业提供展位设计的根据和最佳的行动方案，以取得最好的经济效益和社会效益。

综合以上所述的展位设计原则，针对本次办展来说，需要结合展会的总目标进行选择，且需要在策划总的展会计划方案时不断根据现实条件进行调整。经过思考之后，小赵及团队认为，在此次展会推广中，展位应反映企业形象、吸引观众，展品要体现出企业产品的特征和优势，并方便参观者欣赏与体验。同时，要遵循得体出新、和谐简洁、节能环保、标志醒目、焦点突出，以及综合考虑各突发因素的总要求来设计本次展位。

## 三、合理配备参展人员

小赵深知，企业参展的一个重要目的，就是通过展会直接与客户进行面对面的交流。但即使是专业性展会，前来参展的客户涵盖的范围也相当广泛，有技术人员，有采购人员，还有负责收集市场信息的情报人员。对于技术人员来说，最想了解的是最新产品的设计进度和价位；对采购人员来说，寻找产品供应商是他们的最大目的；而对情报人员来说，其目的则是收集最新的设计视角、产品使用性能等信息，进行比较分析，帮助企业设计和生产。

为此，小赵的团队必须做好充足的准备。针对不同的参观者类型和实际展位面积与工作量，根据团队成员的工作性质与特长来配备不同岗位需求的参展人员，具体可以分为展会筹备工作组和展会接待工作组。

展会筹备工作组可以配备处理行政事务的人员、展位设计及装修监督人员、产品及画册设计人员、展品制作报价和运输人员，以及公关宣传人员等。

展会接待工作组需要安排外贸业务员负责产品推介、客户接待及客户信息收集等工作，安排技术顾问负责产品、生产、技术问题解答等工作。为了增加参展客户的满意度，针对每次不同主题的展会，需要有针对性地进行安排，而且要求不同岗位的参展人员具备不同的专业素养。

### 1. 展会筹备工作组人员的条件

（1）个体素质要求。精力充沛，心理素质过硬，进取心强，主动性高，有团队合作精神。

（2）技能要求。具有规划和解决问题的能力、沟通能力、组织协调能力，有参展经验。

（3）知识结构要求。具有展会知识、企业相关知识、产品知识、装修知识、财务知识。

### 2. 展会接待工作组人员的条件

（1）个体素质要求。气质好，形象佳，精力充沛，心理素质过硬，进取心强，主动性高，有团队合作精神。

（2）技能要求。具有中英文沟通能力、说服能力，有参展经验。

（3）知识结构要求。具有展会知识、企业相关知识、产品知识、客户交际知识。

### 3. 展位人数配置

在熟知所需参展人员的素质要求后，接下来要配置展位人数。展位人数取决于商展性质、促销产品和服务，以及预估的参观者数量。展会筹备人员需要获取本届展会参观者信息，根据往届商展客户情况、销售情况来预估这次展会的客户情况，并配置展位人员。一般每9平方米的展位面积至少应该配有2名工作人员。如果展出时间过长，还应该考虑有两批甚至三批人员不断地轮换，以免过度疲劳，降低参展人员的工作效率。

图 8-4 所示为某展会中的展位。

图 8-4 某展会中的展位

## 任务二 展会推广操作步骤

小赵制订了展会推广方案，将方案上报给了上级主管。主管经过讨论之后，同意了小赵的方案。小赵决定有条理地推行他制订的方案。接下来，小赵决定分别从展前推广造势、展中展示产品、展会现场管理三个方面来完成前面制订的方案。

### 一、展前推广造势

小赵及团队总结了上次参展的不足之处，主要是展前大规模造势，为了造势而参展，导致投入大、产出小的问题。此次以高效参展为目标，进行展前造势宣传工作。展会的成功取决于准备阶段。如果想让人们参观自己的展位，需要确保客户知道自己在哪里参展。在展会开始前几周和前几个月，需要使用展前推广策略。

1. 邀请客户与调查

（1）邀请客户。

为展会活动专门整理制订一个客户名单列表，名单的来源可以基于对数据库列表进行兴趣、地点、行业、职业、企业大小等属性的筛选划分，由此挑选出参加此次展会的较为理想的客户。接下来，企业制作统一的邀请函和精美海报，邀请函根据企业文化和新产品特色制作；海报按用途分为摊位装饰海报、移动端推送海报和网页端海报，按功能分为展示型海报、通知型海报和营销型海报。

图 8-5 所示为移动端手机推送海报，属于通知型海报，用来通知客户企业即将参加的展会，并邀请客户参加。海报以手机页面尺寸设计，客户收到之后无须放大，即能看清楚所有内容，增强用户体验。

图 8-5　移动端手机推送海报

图 8-6 所示为营销型海报，目的是给客户展示新产品，突出产品亮点，进行营销。

图 8-6　营销型海报

表 8-1 为邀请函和海报的设计制作要求。

表8-1 邀请函和海报的设计制作要求

| 邀请函 | 精美海报 |
| --- | --- |
| 美观大方 | 精简表达 |
| 热情、真诚邀请 | 展示独特卖点 |
| 优化设计，方便阅读 | 大号字体，方便阅读 |
| 英文或多语言版本 | 英文或多语言版本 |
| 展示优秀企业文化 | 专业清晰的平面设计 |

邀请函和海报设计制作完成后，由业务人员通过邮件、微博、微信和短信等平台发送给客户，该项工作应当在展会开始前1个月内完成。如果客户对企业的邀请做出反应，就应该尽快确定对方的信息，如行程、参展代表姓名、有无前期合作、具体操作的业务人员、历次的报价清单、合作中存在的问题，以及企业希望向其推荐的新产品等。以上信息应当整理成文件形式的客户列表，出席展会的业务员必须大概了解，以便在展会现场接洽客户时使用。对未做出反应的客户，在展前再通知一遍。

（2）调查。

调查本身源于企业业务人员的销售习惯和平时的积累。国内的一些大型企业在参加展会时由专门人员负责管理该项事务，因此对展会的各方面信息有翔实的调查记录。调查工作主要包括以下内容。

① 分析展会规模和发展走向。

② 分析该展会中同类企业（最好为同类产品）的情况。

③ 设法获取以前出席过该展会的大客户名单。

④ 设定目标客户。

**2. 参展人员准备与培训**

不同的国家有不同的风俗习惯、文化和禁忌，所以熟悉和了解一个国家的情况，非常利于跟客户进行沟通和避免不必要的矛盾。因此，参展人员对于各国礼仪的认识就显得非常重要，应该将各国的礼仪整理成表，人手一份，在展会前或者展会期间，参展人员在闲暇时应加紧学习，提升礼仪和交流水平。例如，参展人员提前了解当地文化、习俗、交通、饮食、天气、酒店信息、备用的求助电话（报警或者护照丢失时的联系人，中国驻当地使领馆的相关信息），还需要清楚展会举办地点的消费习惯及客户的采购习惯、进口的特殊要求和当地常用的付款方式等。参展人员需要了解行业内最热卖的产品和展会中出现的新产品、新技术，拍照保留所有展位和新展品的照片。另外，最好给客户准备礼物，向优质客户或优质潜在客户赠送中国特产，如茶叶、丝绸、中国结等能代表企业美好合作意愿的礼物。

## 二、展中展示产品

参加展会，展品的准备是最重要的，也是最费时的。根据企业的参展情况，新产品发布与宣传企业良好形象需要将系列新产品、主打产品的样品和各种办公材料准备充分。

首先，选择好参加展会的样品款式及型号。如果需要重新打样或要赶在展会前出新产品的，就要尽早和工厂联系，安排生产样品。样品尽早出来，便于后期的各项工作的开展，如价格整理、样册制作等。在准备样品的同时，需要核算好每款样品的价格，准备好报价单。业务员要对产品价格非常熟悉，便于客户询价时能够以最快的速度报出准确的价格。

其次，在展示样品上最好贴上系列名称型号或货号，或者挂上特制的带有企业标志的吊牌，一方面能够给人专业的感觉，另一方面也能够准确地识别不同产品的型号，方便报价。在展会期间，来展位看的客户有时可能比较多，照顾不过来时，每个产品附上简介，客户就可以先自行了解。针对某些热销产品，或企业主推产品，样品可以适当多准备几个，以备不时之需。例如，有时展会上客户要求赠送样品，或者样品损坏、丢失，就可以及时替补。

最后，对样品的质量要严格检验。在展会上，样品代表企业的形象，如果样品有问题，客户对企业和产品的印象就会大大降低，严重影响展会推广效果。而且，参展的所有样品都要拍照留底，做好记录，以便再次参加展会时碰到上次展会来过的客户，万一对方提及之前展会的样品，便于查找。样品全部准备好，装箱运往展会所在地时，每个箱子外面最好贴上箱内的产品型号清单，方便拆箱整理展出。

## 三、展会现场管理

展会现场管理工作计划是对准备在展会期间同时举办的各种相关活动做出计

划安排，一般包括展会开幕计划、展会现场管理计划、观众登记计划和撤展计划等。小赵及团队积极进行展会现场管理工作的计划安排，保证展会现场井然有序，展会秩序良好。

### 1. 展会现场管理内容

展会现场管理内容主要有十二项，分别是展会观众管理、展会现场广告管理、参展商行为管理、安全管理、交通物流管理、餐饮管理、证件管理、参展商和观众投诉处理、新闻管理、知识产权和观众投诉处理、现场保洁，以及展览会布展和撤展管理。

### 2. 展会现场管理步骤

**步骤一**：布展阶段。

（1）设立场地前台接待。

①负责参展企业报到登记。

②根据参展报名情况落实参展证的派发和展品进入场地确认。

③派发参展企业在参会期间的参会指南。

④进行一些相关企业的咨询活动，介绍展会现场的大体安排情况。

（2）酒店接待处。

①设立前台接待处。

②进行参展商住宿登记。

③住宿表要求填写企业名称、房间号码、酒店联系方式、房客姓名。

（3）场馆现场协调工作。

①负责监督现场施工，即根据参展企业要求进行装修的展位施工。

②在现场工作中注意防火、防电、防盗等。

③为企业协调现场租赁业务。

④根据企业报名表，布置安排会场外的广告宣传（一般为参展企业根据要求设立）。

（4）交通运输安排及搬运工作。

①企业运输展品的接待及装卸。

②搬运工作协调。

**步骤二**：开展阶段。

（1）展会的开幕式组织工作。

① 确定邀请参加展会开幕式的贵宾名单。
② 确定邀请参展企业的记者名录。
③ 开幕式的场地搭建要求。
④ 开幕式主持人讲话内容的审定及参加嘉宾讲话内容的审定。
⑤ 开幕式结束后，带领嘉宾参观，讲解人员到位，以及会后的安排工作。

（2）展会召开期间。
① 做好展会的参观人数的统计、分类。
② 发放展会的展览会刊（每天定时发放，根据参观对象的身份发放）。
③ 协调展会期间研讨会议的组织和安排工作，做到研讨会与展览会有机结合。
④ 做好最后的中间人形象，积极为企业牵线搭桥，为企业服务。
⑤ 统计展会的成交额，做好记录。
⑥ 积极听取参会代表对展会的意见和建议。
⑦ 根据参会信息，再次邀请参会企业参加下一届的展会。

**步骤三**：撤展阶段。

会展结束的标志是撤展会议的召开。撤展会议一般在撤展前一天上午召开，商讨撤展的各个环节，明确各单位的职责，尤其决定撤展的具体时间，依次为停止观众登记的时间、停止观众入场的时间、观众清场的时间、断电的时间、开出门证的时间、开启货物通道的时间、闭馆的时间等。撤展前一天下午，办展机构就可以把有关情况以书面形式通知各参展商，以利于其安排第二天的工作。撤展具体工作包括：撤除展位；协助参展商顺利退还展具，协助参展商妥善处理展品；做好展场清洁，加强安全和消防保卫工作，及时处理撤展留下的大量垃圾；全场断电后，查看展场的电表读数，以便结账；核对并确认现场费用清单，约定时间结清费用；将主办方的所有现场资料和设备等整理后运出展会现场。展会结束后，主办方对展会中遇到的新老问题进行总结并提出解决方案或建议，为以后的工作提供借鉴。

展会现场管理对办好展会至关重要。现场管理工作做得不好，会影响专业观众和参展商对展会的满意程度，甚至影响整个展会的品质。展会现场管理具体体现在对观众和参展商提供的服务上。在服务外包的大趋势下，展会主办方要不断通过加强与各个服务承包商之间的合作来改善展览环境，提高服务水平，尽最大力量满足参展商和观众的要求。

小赵及团队在了解现场管理工作的具体内容后，决定更加积极地配合主办方开展接下来参展全过程的一系列现场管理工作。最终，小赵根据前面制订的计划，有条理地安排前期造势宣传及准备工作、现场管理工作，最终顺利结束了此次展会。接下来，他们需要根据整个参展期间的订单数、接待客户数和咨询客户数进行数据分析，以便进一步优化自身的展会推广方案。

## 任务三　推广数据分析与反思

经过方案的制订和对方案的近乎完美的实施，为了能够看到方案实施的效果，小赵决定进行统计分析，比较和分析本次展会的推广效果。统计工作主要是将收集的展览数据和情况加以整理，计算总数和比例。比较工作主要是参照评估标准进行比较，从而得出统计结果，通过比较分析能理性地判断出展会是否实现预期目标、展出是否成功、展会组织工作效率的高低、展会效益的大小等。经过展前两个月的计划准备和为期三天的参展日程，小赵依次统计出客户列表数、接待客户数、咨询客户数和订单成交数（取现场签订合同数和展后订单成交数的总数）。小赵对上次和本次的展会数据进行比较分析。上次展会的各项数据如表8-2所示。

表8-2　上次展会的各项数据

| 项目 | 数据 |
| --- | --- |
| 客户列表数 | 150人以上 |
| 接待客户数 | 46人 |
| 咨询客户数 | 98人 |
| 订单成交数 | 32份 |

在经过系统的展会推广方案制订及实施之后，企业的展会推广相关数据有了很大的改善，本次展会的各项数据如表8-3所示。

表8-3　本次展会的各项数据

| 项目 | 数据 |
| --- | --- |
| 客户列表数 | 300人以上 |

续表

| 项目 | 数据 |
|---|---|
| 接待客户数 | 88人 |
| 咨询客户数 | 197人 |
| 订单成交数 | 59份 |

现在，小赵决定对方案的实施效果进行对比评估。他决定从接待客户数、咨询客户数和转化率三个方面来进行最后的数据分析与反思。

## 一、接待客户数

结识客商是参展目标的重要组成部分，一般要分类统计展会观众数量，包括普通观众数、现实客户数、潜在客户数。而接待客户数是指现实客户数和潜在客户数之和。对比两次参展情况，由于展前宣传工作比较到位，使客户列表数有了很大的增加，为本次展会增加很大的人气；展位布置的创新性和现场业务人员出色的接待能力和应变能力也使接待客户数有了很大的增加，从而使现场订单数也有了上升。这说明本次参展计划中提及并且实施的内容对展会推广起了很大的促进作用。

无论是任何有经验的参展商，在每一次参加不同的展会时，都需要高度关注对客户的接待工作，因为客户接待工作的成败直接影响参展效率的高低，同样是一项动态变化且极其艰难的工作。具体来说，在展会上接待客户应注意以下细节。

### 1. 展中接待要从容灵活

首先，在不确定对方是否说英语，身边是否带有翻译的情况下，用热情大方、简单易懂的开场白吸引客户的到来。在介绍自身产品时，切记抓住重点、突出优势、多做准备，因为机会都是留给有准备的人的。客户已经站在展位前观摩展品，可是业务人员却无从下手去讲解产品的特点，必然会导致客户的流失。遇到各种展前没有预料到的突发情况，不要慌乱，要紧急向工作伙伴或主办方负责人求助，齐心协力，共同想办法解决问题。适时应用一些小技巧，例如，在展会时给客户优惠价格，送些礼物，抓住客户的心理，让其坐下来谈，然后找个好的理由让客户下单；能够当场下单的就不要拖，因为现场信息传递最透明，接待效果最好。

**2. 展后跟进要科学高效**

在展会期间要积极接待客商，并有意识地收集更多有意向的潜在客户的信息，并在展会之后进行资料整理及跟踪访问，是落实展会成果的主要手段之一。参展企业一般会在展会上遇到众多的意向客户，如何将这些意向客户变成真正的客户呢？在展会后应该及时联系相关客户。

（1）对在展会上收集的客户名片一一筛选，然后给一些潜在客户发送企业产品的介绍图片，并且在邮件中表明是在展会上认识的，很希望与其进行相关业务合作等。双方毕竟有过一面之缘，这样比发邮件给不认识的客户强得多，最起码客户不会直接删除你的邮件。

（2）如果客户在回复邮件中询盘，你就可以根据客户在展会中比较感兴趣的产品，发送价格高、中、低的三款产品的彩色图片给客户，这样客户不但有了选择，也有了比较，更容易发出二次询盘。如果收到二次询盘，客户一般想压价。压价就说明客户对你的产品感兴趣，只是因价格因素不能下单。这个时候只要能解决好价格问题，这个客户下单就基本上没有什么问题了。

（3）对展会中客户索要样品的处理。要分析样品是现有产品还是需要特殊定制的，如果是现有样品则可以和客户商量，问对方是否可以承担运费。如果是需要特殊定制的，则需要和生产技术人员确定成本和生产周期，然后给客户回复邮件，要求客户承诺，如果样品合格，订货量不能低于多少。

（4）对于报价之后杳无音信的客户，不用着急。开发客户的过程就是一个持续的过程，不要想着一口气可以拿下，可以随时发一些新品发布图片或者节日问候邮件。俗话说，"买卖不成仁义在"，先和客户建立一定的信任基础，有了这个基础之后，你再慢慢和客户套近乎，看看对方是否还需要其他产品。如果客户真的需要其他产品，而且碰巧也是你们企业生产的，那么一笔生意就这样做成了。

## 二、咨询客户数

咨询客户指在展会中进入展位并与工作人员有业务交流的客户。本次展会的咨询客户数较上次展会有所增加。小赵分析认为，咨询客户数的增加，主要是因为在展位设计和配备参展人员方面下足了功夫。相比其他展位，本企业的展位有很强的吸引力，使众多观众前来参观咨询，并且本次参展的新产品是在做足市场调查工作，了解大众喜好和当前流行元素、流行趋势的基础上设计推出的，对于部分不常见的采购商很有新鲜感,这种优势要继续保持下去。此外,咨询客户数大约是客户列表数的三分之二,说明不仅是在展前的邮件、微博、微信平台等的新品推送,还是在展位上的推广,都要加大力度,做好准备,因为只有吸引来了更多的潜在客户,才能使潜在客户更高效地转化成最终的忠实客户。

## 三、转化率

综合以上的分析内容,小赵发现成功的展会推广对于本企业的境外推广来说作用确实很大,例如,增加了订单数、吸引了新的潜在客户、丰富了企业职员的参展经验、锻炼了展会推广能力等。但是,对于潜在客户的转化或者吸引更多细分市场的目光并且很好地宣传企业形象,从展会推广这一角度来说,需要做的还有很多。对于企业目前急需的提升客户转化率,可以从以下几点入手。

### 1. 明确参展目的

通过找准自身需求来明确参展目的,提高参展效果。对企业来说,参展的最大目的就是接订单、拓展市场。因此,中国香港春秋两季展、德国法兰克福展,以及日本、南非、巴西、泰国、马来西亚等国一些国际性展会应该成为之后参展需要关注的重点。同时,开拓不同地区的市场,对于展会的选择也有所不同。

### 2. 合理选择展会

在选择展会时,要核实主办单位的真实性;尽量选择知名、成熟、专业的展会,这类展会往往吸引的参展商和买家更多,成交的可能性更大,尤其是区分明确的专业展会;慎重选择参展的时间和地点,看准时机,并且研究展会的主办地及周边辐射地区是否是企业的目标市场,是否有潜在购买力。

### 3. 创意独特

参加展会要使用独特的创意,打造别致的展位,挑选醒目的员工,以及准备充足的展品和资料。例如,2013年广州国际照明展览会(光亚展),佛山朗士照明公司展厅的航空母舰造型颇为引人关注,进一步提高了成交率。欧曼科技总经理李小平在接受采访时表示,欧曼在选择展位、展品,以及在人员配备上,都遵循针对性、代表性、独特性的原则:对展位的选择根据人潮的移动方向来定,展品要符合企业参展的目的、方针、性质和内容,人员要根据展会性质来配备,进行知识培训，以多角度、全方位地展示出企业的实力与形象，取得最佳的参展效果。

### 4. 优质的现场产品

现场产品要好，中途服务要优，后期对接要及时。但凡参加过展会的企业都知道，在展会现场签下订单的概率比较低。因此，如何在最短的时间内拿下意向签单客户，是每个参展企业必须费时思考的问题。要想在参展中取得较好的成效，企业参展的产品不能求"全"，要求"精"，同时价格要相对"亲民"。

### 5. 贴心的配套服务

配套的服务也很重要。例如，企业配备免费大巴车将有意向下单的观展客户拉到自己的生产车间、整合多种渠道进行宣传等。剩下的工作就是后期的对接，企业通过沟通，了解客户对产品的要求，客户最终签下订单。如果服务到位，客户口碑相传，没准还能带来更多订单。

总之，这些技巧可以在一定程度上提高客户的转化率，以上的内容也相当于对参展全程所要准备和重点留意之处做了一个概括总结，希望这些能对企业下一步提升参展效果和转化率有所帮助。

## 同步训练

### 一、选择题（多选题）

1. 展会推广的意义有（　　　）。

A. 传播品牌　　　　　　　　B. 拓展销售渠道

C. 展示产品和技术　　　　　D. 提升企业知名度和美誉度

2. 展位设计原则分为（　　　）。

A. 目的性原则　　　　　　　B. 功能性原则

C. 艺术性原则　　　　　　　D. 全能性原则

3. 展会现场管理的内容有（　　　）。

A. 观众管理　　　　　　　　B. 安全管理

C. 餐饮管理　　　　　　　　D. 布展管理

4. 住宿表的填写内容有（　　）。

A. 企业名称　　　　　　　　B. 房间号码

C. 房客姓名　　　　　　　　D. 酒店联系方式

5. 展中展示产品的要点有（　　）。

A. 选择展品款式及型号　　　B. 向询价客户报价

C. 为展品附上简介货号　　　D. 检验样品质量

## 二、简答题

1. 展会的开幕式的组织工作有哪些？

2. 提升转化率的手段有哪些？

## 三、案例分析

某照明灯饰企业之前主要在国内市场销售产品。后来，企业决定开拓海外市场，但前期的展会推广效果不佳，企业接待的客户数和转化率都偏低。假设你是企业的海外推广人员，需要你准备一个展会推广方案，请确定推广目的、推广步骤、推广方法，以及对数据进行分析与优化，具体如表8-4所示。

表8-4　某照明灯饰企业展会推广方案

| 主营：家用照明灯饰、办公场所照明灯饰 ||
|---|---|
| 方案制订步骤 | 具体细节描述 |
| 1. 确定推广目的 | |
| 2. 确定推广步骤 | |
| 3. 确定推广方法 | |
| 4. 数据分析与优化 | |

# 参考文献

[1] 李迅. SEM 深度解析 搜索引擎营销及主流网站分析实战 [M]. 北京：人民邮电出版社，2017.

[2] 钟景松. 外贸参展全攻略：如何有效参加 B2B 贸易商展（第三版）[M]. 北京：中国海关出版社，2015.

[3] 薄如骢. 外贸电邮营销实战：小小开发信 订单滚滚来（第二版）[M]. 北京：中国海关出版社，2016.

[4] 恒盛杰电商资讯. 出口跨境电商：速卖通 SEO 精准引流与数据化运营 [M]. 北京：机械工业出版社，2017.

[5] 陆明，陈庆渺，刘静丹. 海外社交媒体营销 [M]. 北京：人民邮电出版社，2016.

[6] 冯晓宁，梁永创，齐建伟. 跨境电商 速卖通搜索排名规则解析与 SEO 技术 [M]. 北京：人民邮电出版社，2016.

[7] 速卖通大学. 跨境电商营销：阿里巴巴速卖通宝典 [M]. 北京：电子工业出版社，2015.